Y. 5520.
Ad. 3.

ŒUVRES
DE
MOLIERE,
NOUVELLE ÉDITION

Enrichie de Figures en taille-douce.

TOME TROISIEME.

A AMSTERDAM,
Aux dépens de la Compagnie.

M. DCC. LXXII.

TABLE

DES PIECES CONTENUES

dans ce troifieme Tome.

LA CRITIQUE DE L'ÉCOLE DES FEMMES.

L'INPROMPTU DE VERSAILLES.

LA PRINCESSE D'ÉLIDE.

FÊTES DE VERSAILLES, en 1664.

LE MARIAGE FORCÉ, Comédie.

LE MARIAGE FORCÉ, Ballet.

DOM JUAN, *ou* LE FESTIN DE PIERRE.

L'AMOUR MÉDECIN.

LA CRITIQUE
DE
L'ÉCOLE DES FEMMES,

COMÉDIE.

A LA REINE MERE.

MADAME,

Je fçais bien que Votre Majesté n'a que faire de toutes mes dédicaces, & que ces prétendus devoirs dont on lui dit élégamment qu'on s'acquitte envers Elle, font des hommages, à dire vrai, dont Elle nous difpenferoit très-volontiers. Mais je ne laiffe pas d'avoir l'audace de lui dédier la Critique de l'École des Femmes ; & je n'ai pu refufer cette petite occafion de pouvoir témoigner ma joie à Votre Majesté, & fur cette heureufe convalefcence, qui redonne à nos vœux la plus grande & la meilleure Princeffe du monde, & nous promet en Elle de longues années d'une fanté vigoureufe. Comme chacun regarde les chofes du côté de ce qui le touche, je me réjouis dans cette allégreffe générale, de pouvoir encore avoir l'honneur de divertir Votre Majesté. Elle, Madame, qui prouve fi bien que la véritable dé-

votion n'est point contraire aux honnêtes divertissemens ; qui, de ses hautes pensées, & de ses importantes occupations, descend si humainement dans le plaisir de nos spectacles, & ne dédaigne pas de rire de cette même bouche ; dont ELLE *prie si bien Dieu. Je flatte, dis-je, mon esprit, de l'espérance de cette gloire ; j'en attends le moment avec toutes les impatiences du monde ; & quand je jouirai de ce bonheur, ce sera la plus grande joie que puisse recevoir,*

MADAME,

DE VOTRE MAJESTÉ,

Le très-humble, très-obéissant,
& très-fidele serviteur,
MOLIERE.

ACTEURS.

URANIE.

ELISE.

CLIMENE.

LE MARQUIS.

DORANTE ou LE CHEVALIER.

LYSIDAS, Poëte.

GALOPIN, laquais.

La Scene est à Paris, dans la maison d'Uranie.

Tome. II.

LA CRITIQUE DE L'ECOLE DES FEMMES.

LA CRITIQUE
DE
L'ÉCOLE DES FEMMES,
COMÉDIE.

SCENE PREMIERE.
URANIE, ELISE.

URANIE.

Uoi, coufine, perfonne ne t'eſt venu rendre viſite ?
ELISE.
Perfonne du monde.
URANIE.
Vraiment, voilà qui m'étonne, que nous ayions été feules l'une & l'autre tout aujourd'hui.
ELISE.
Cela m'étonne auſſi ; car ce n'eſt gueres notre coutume ; & votre maiſon, Dieu merci, eſt le refuge ordinaire des fainéans de la Cour.
URANIE.
L'après-dînée, à dire vrai, m'a ſemblé fort longue,

ELISE.
Et moi, je l'ai trouvée fort courte.

URANIE.
C'eſt que les beaux eſprits, couſine, aiment la ſolitude.

ELISE.
Ah! très-humble ſervante au bel eſprit, vous ſçavez que ce n'eſt pas-là que je viſe.

URANIE.
Pour moi, j'aime la compagnie, je l'avoue.

ELISE.
Je l'aime auſſi : mais je l'aime choiſie, & la quantité des ſottes viſites qu'il vous faut eſſuyer parmi les autres, eſt cauſe bien ſouvent que je prends plaiſir d'être ſeule.

URANIE.
La délicateſſe eſt trop grande, de ne pouvoir ſouffrir que des gens triés.

ELISE.
Et la complaiſance eſt trop générale de ſouffrir indifféremment toutes ſortes de perſonnes.

URANIE.
Je goûte ceux qui ſont raiſonnables, & me divertis des extravagans.

ELISE.
Ma foi, les extravagans ne vont gueres loin ſans vous ennuyer, & la plupart de ces gens-là ne ſont plus plaiſans dès la ſeconde viſite. Mais à propos d'extravagans, ne voulez-vous pas me défaire de votre Marquis incommode? Penſez-vous me le laiſſer toujours ſur les bras, & que je puiſſe durer à ſes turlupinades perpétuelles?

URANIE.
Ce langage eſt à la mode, & l'on le tourne en plaiſanterie à la Cour.

ELISE.
Tant pis pour ceux qui le font, & qui ſe tuent tout le jour à parler ce jargon obſcur. La belle choſe de

faire entrer, aux conversations du Louvre, de vieilles équivoques ramassées parmi les boues des halles & de la place Maubert ! La jolie façon de plaisanter pour des courtisans, & qu'un homme montre d'esprit lorsqu'il vient vous dire : Madame, vous êtes dans la Place royale, & tout le monde vous voit de trois lieues de Paris, car chacun vous voit de bon œil; à cause que Bonneuil est un village à trois lieues d'ici ! Cela n'est-il pas bien galant & bien spirituel; & ceux qui trouvent ces belles rencontres, n'ont-ils pas lieu de s'en glorifier.

URANIE.
On ne dit pas cela aussi, comme une chose spirituelle, & la plupart de ceux qui affectent ce langage, sçavent bien eux-mêmes qu'il est ridicule.

ELISE.
Tant pis encore, de prendre peine à dire des sottises, & d'être mauvais plaisans de dessein formé. Je les en tiens moins excusables, & si j'en étois juge, je sçais bien à quoi je condamnerois tous ces Messieurs les turlupins.

URANIE.
Laissons cette matiere qui t'échauffe un peu trop, & disons que Dorante vient bien tard, à mon avis, pour le souper que nous devons faire ensemble.

ELISE.
Peut-être l'a-t-il oublié, & que....

SCENE II.
URANIE, ELISE, GALOPIN.
GALOPIN.

Voilà Climene, Madame, qui vient ici pour vous voir.
URANIE.
Hé, mon Dieu ! Quelle visite !
ELISE.
Vous vous plaignez d'être seule ; aussi le ciel vous en punit.
URANIE.
Vîte, qu'on aille dire que je n'y suis pas.
GALOPIN.
On a déjà dit que vous y étiez.
URANIE.
Et qui est le sot qui l'a dit ?
GALOPIN.
Moi, Madame.
URANIE.
Diantre soit le petit vilain ! Je vous apprendrai bien à faire vos réponses de vous-même.
GALOPIN.
Je vais lui dire, Madame, que vous voulez être sortie.
URANIE.
Arrêtez, animal, & la laissez monter, puisque la sottise est faite.
GALOPIN.
Elle parle encore à un homme dans la rue.
URANIE.
Ah ! Cousine, que cette visite m'embarrasse à l'heure qu'il est !
ELISE.
Il est vrai que la Dame est un peu embarrassante de son naturel ; j'ai toujours eu pour elle une furieuse

averſion, &, n'en déplaiſe à ſa qualité, c'eſt la plus ſotte bête qui ſe ſoit jamais mêlée de raiſonner.
URANIE.
L'épithéte eſt un peu forte.
ELISE.
Allez, allez, elle mérite bien cela, & quelque choſe de plus, ſi on lui faiſoit juſtice. Eſt-ce qu'il y a une perſonne qui ſoit plus véritablement qu'elle, ce qu'on appelle précieuſe, à prendre le mot dans ſa plus mauvaiſe ſignification ?
URANIE.
Elle ſe défend bien de ce nom, pourtant.
ELISE.
Il eſt vrai. Elle ſe défend du nom, mais non pas de la choſe : car enfin elle l'eſt depuis les pieds juſqu'à la tête, & la plus grande façonniere du monde. Il ſemble que tout ſon corps ſoit démonté, & que les mouvemens de ſes hanches, de ſes épaules, & de ſa tête n'aillent que par reſſorts. Elle affecte toujours un ton de voix languiſſant, & niais, fait la moue pour montrer une petite bouche, & roule les yeux pour les faire paroître grands.
URANIE.
Doucement donc. Si elle venoit à entendre....
ELISE.
Point, point, elle ne monte pas encore. Je me ſouviens toujours du ſoir qu'elle eut envie de voir Damon ſur la réputation qu'on lui donne, & les choſes que le public a vues de lui. Vous connoiſſez l'homme, & ſa naturelle pareſſe à ſoutenir la converſation. Elle l'avoit invité à ſouper comme bel eſprit, & jamais il ne parut ſi ſot, parmi une demi douzaine de gens à qui elle avoit fait fête de lui, & qui le regardoient avec de grands yeux, comme une perſonne qui ne devoit pas être faite comme les autres. Ils penſoient tous qu'il étoit là pour défrayer la compagnie de bons mots, que chaque parole qui ſortoit de ſa bouche devoit être extraordinaire,

qu'il devoit faire des inpromptu sur tout ce qu'on disoit, & ne demander à boire qu'avec une pointe. Mais il les trompa fort par son silence, & la Dame fut aussi mal satisfaite de lui, que je le fus d'elle.

URANIE.

Tais-toi. Je vais la recevoir à la porte de la chambre.

ELISE.

Encore un mot. Je voudrois bien la voir mariée avec le Marquis, dont nous avons parlé. Le bel assemblage que ce seroit d'une précieuse & d'un turlupin.

URANIE.

Veux-tu te taire ? La voici.

SCENE III.

CLIMENE, URANIE, ELISE.

URANIE.

Vraiment, c'est bien tard que....

CLIMENE.

Hé, de grace, ma chere, faites-moi vîte donner un siege.

URANIE à Galopin.

Un fauteuil promptement.

CLIMENE.

Ah, mon Dieu !

URANIE.

Qu'est-ce donc ?

CLIMENE.

Je n'en puis plus.

URANIE.

Qu'avez-vous ?

CLIMENE.

Le cœur me manque.

URANIE.

Sont-ce vapeurs qui vous ont pris ?

CLIMENE.

Non.

URANIE.

Voulez-vous qu'on vous délace?

CLIMENE.

Mon Dieu, non. Ah!

URANIE.

Quel est donc votre mal, & depuis quand vous a-t-il pris?

CLIMENE.

Il y a plus de trois heures, & je l'ai apporté du Palais royal.

URANIE.

Comment?

CLIMENE.

Je viens de voir, pour mes péchés, cette méchante rapsodie de l'école des Femmes. Je suis encore en défaillance du mal de cœur que cela m'a donné, & je pense que je n'en reviendrai de plus de quinze jours.

ELISE.

Voyez un peu, comme les maladies arrivent sans qu'on y songe.

URANIE.

Je ne sçais pas de quel tempérament nous sommes, ma cousine & moi; mais nous fumes avant-hier à la même Piece, & nous en revînmes toutes deux saines & gaillardes.

CLIMENE.

Quoi! vous l'avez vue?

URANIE.

Oui; & écoutée d'un bout à l'autre.

CLIMENE.

Et vous n'en avez pas été jusques aux convulsions, ma chere?

URANIE.

Je ne suis pas si délicate, Dieu merci, & je trouve, pour moi, que cette Comédie seroit plutôt capable de guérir les gens que de les rendre malades.

CLIMENE.

Ah, mon Dieu! que dites-vous-là? Cette proposition peut-elle être avancée par une personne qui a du revenu en sens commun? Peut-on impunément, comme vous faites, rompre en visiere à la raison, & dans le vrai de la chose, est-il un esprit si affamé de plaisanterie, qu'il puisse tâter des fadaises dont cette Comédie est assaisonnée? Pour moi, je vous avoue que je n'ai pas trouvé le moindre grain de sel dans tout cela. *Les enfans par l'oreille* m'ont paru d'un goût détestable; *la tarte à la créme* m'a affadi le cœur, & j'ai pensé vomir au *potage*.

ELISE.

Mon Dieu! que tout cela est dit élégamment. J'aurois cru que cette piece étoit bonne; mais Madame a une éloquence si persuasive, elle tourne les choses d'une maniere si agréable, qu'il faut être de son sentiment, malgré qu'on en ait.

URANIE.

Pour moi, je n'ai pas tant de complaisance, &, pour dire ma pensée, je tiens cette Comédie une des plus plaisantes que l'Auteur ait produites.

CLIMENE.

Ah! vous me faites pitié de parler ainsi; & je ne sçaurois vous souffrir cette obscurité de discernement. Peut-on, ayant de la vertu, trouver de l'agrément dans une Piece, qui tient sans cesse la pudeur en alarme, & salit à tout moment l'imagination.

ELISE.

Les jolies façons de parler que voilà! Que vous êtes, Madame, une rude joueuse en critique, & que je plains le pauvre Moliere de vous avoir pour ennemie.

CLIMENE.

Croyez-moi, ma chere, corrigez de bonne foi votre jugement, &, pour votre honneur, n'allez point dire par le monde que cette Comédie vous ait plu.

DES FEMMES, COMÉDIE.

URANIE.

Moi, je ne sçais pas ce que vous y avez trouvé qui blesse la pudeur.

CLIMENE.

Hélas ! tout ; & je mets en fait qu'une honnête femme ne la sçauroit voir sans confusion, tant j'y ai découvert d'ordures & de saletés.

URANIE.

Il faut donc que pour les ordures vous ayiez des lumieres que les autres n'ont pas ; car, pour moi, je n'y en ai point vu.

CLIMENE.

C'est que vous ne voulez pas en avoir vu, assurément ; car enfin toutes ces ordures, Dieu merci, y sont à visage découvert. Elles n'ont pas la moindre envelope qui les couvre, & les yeux les plus hardis sont effrayés de leur nudité.

ELISE.

Ah !

CLIMENE.

Hai, hai, hai.

URANIE.

Mais encore, s'il vous plaît ; marquez-moi une de ces ordures que vous dites.

CLIMENE.

Hélas ! est-il nécessaire de vous les marquer ?

URANIE.

Oui. Je vous demande seulement, un endroit, qui vous ait fort choquée.

CLIMENE.

En faut-il d'autre que la scene de cette Agnès, lorsqu'elle dit ce qu'on lui a pris ?

URANIE.

Et que trouvez-vous-là de sale ?

CLIMENE.

Ah !

URANIE.

De grace.

CLIMENE.
Fi.
URANIE.
Mais encore?
CLIMENE.
Je n'ai rien à vous dire.
URANIE.
Pour moi, je n'y entends point de mal.
CLIMENE.
Tant pis pour vous.
URANIE.
Tant mieux plutôt, ce me semble. Je regarde les choses du côté qu'on me les montre, & ne les tourne point pour y chercher ce qu'il ne faut pas voir.
CLIMENE.
L'honnêteté d'une femme....
URANIE.
L'honnêté d'une femme n'est pas dans les grimaces. Il sied mal de vouloir être plus sage que celles qui sont sages. L'affectation en cette matiere est pire qu'en toute autre; & je ne vois rien de si ridicule, que cette délicatesse d'honneur qui prend tout en mauvaise part, donne un sens criminel aux plus innocentes paroles, & s'offense de l'ombre des choses. Croyez-moi; celles qui font tant de façons, n'en sont pas estimées plus femmes de bien. Au contraire, leur sévérité mystérieuse, & leurs grimaces affectées irritent la censure de tout le monde, contre les actions de leur vie. On est ravi de découvrir ce qu'il peut y avoir à redire; &, pour tomber dans l'exemple, il y avoit l'autre jour des femmes à cette Comédie, vis-à-vis de la loge où nous étions, qui, par les mines qu'elles affecterent durant toute la Piece, leurs détournemens de tête & leurs cachemens de visage, firent dire de tous côtés cent sottises de leur conduite, que l'on n'auroit pas dites sans cela: & quelqu'un même des laquais cria tout haut:

DES FEMMES, COMÉDIE. 17

qu'elles étoient plus chastes des oreilles, que de tout le reste du corps.

CLIMENE.
Enfin il faut être aveugle dans cette piece, & ne pas faire semblant d'y voir les choses.

URANIE.
Il ne faut pas y vouloir voir ce qui n'y est pas.

CLIMENE.
Ah ! je soutiens encore un coup, que les saletés y crevent les yeux.

URANIE.
Et moi, je ne demeure pas d'accord de cela.

CLIMENE.
Quoi ! la pudeur n'est pas visiblement blessée par ce que dit Agnès dans l'endroit dont nous parlons ?

URANIE.
Non, vraiment. Elle ne dit pas un mot, qui de soi ne soit fort honnête ; & si vous voulez entendre dessous quelque autre chose, c'est vous qui faites l'ordure, & non pas elle, puisqu'elle parle seulement d'un ruban qu'on lui a pris.

CLIMENE.
Ah ! ruban, tant qu'il vous plaira ; mais ce *le*, où elle s'arrête, n'est pas mis pour des prunes. Il vient sur ce *le*, d'étranges pensées. Ce *le* scandalise furieusement ; &, quoique vous puissiez dire, vous ne sçauriez défendre l'insolence de ce *le*.

ELISE.
Il est vrai, ma cousine, je suis pour Madame contre ce *le*. Ce *le*, est insolent au dernier point, & vous avez tort de défendre ce *le*.

CLIMENE.
Il a une obscénité qui n'est pas supportable.

ELISE.
Comment dites-vous ce mot-là, Madame ?

CLIMENE.
Obscénité, Madame.

ELISE.

Ah, mon Dieu ! Obscénité. Je ne sais ce que ce mot veut dire ; mais je le trouve le plus joli du monde.

CLIMENE.

Enfin, vous voyez comme votre sang prend mon parti.

URANIE.

Hé mon Dieu ! c'est une causeuse qui ne dit pas ce qu'elle pense. Ne vous y fiez pas beaucoup, si vous m'en voulez croire.

ELISE.

Ah ! que vous êtes méchante de me vouloir rendre suspecte à Madame ! Voyez un peu où j'en serois, si elle alloit croire ce que vous dites. Serois-je si malheureuse, Madame, que vous eussiez de moi cette pensée ?

CLIMENE.

Non, non, je ne m'arrête pas à ses paroles, & je vous crois plus sincere qu'elle ne dit.

ELISE.

Ah ! que vous avez bien raison, Madame, & que vous me rendrez justice, quand vous croirez que je vous trouve la plus engageante personne du monde, que j'entre dans tous vos sentimens, & suis charmée de toutes les expressions qui sortent de votre bouche.

CLIMENE.

Hélas ! Je parle sans affectation.

ELISE.

On le voit bien, Madame, & que tout est naturel en vous. Vos paroles, le ton de votre voix, vos regards, vos pas, votre action, & votre ajustement ont je ne sçais quel air de qualité, qui enchante les gens. Je vous étudie des yeux & des oreilles ; & je suis si remplie de vous, que je tâche d'être votre singe, & de vous contrefaire en tout.

CLIMENE.

Vous vous moquez de moi, Madame.

DES FEMMES, COMEDIE. 19

ELISE.

Pardonnez-moi, Madame. Qui voudroit se moquer de vous?

CLIMENE.

Je ne suis pas un bon modele, Madame.

ELISE.

Oh, que si, Madame!

CLIMENE.

Vous me flattez, Madame.

ELISE.

Point du tout, Madame.

CLIMENE.

Epargnez-moi, s'il vous plaît, Madame.

ELISE.

Je vous épargne aussi, Madame, & je ne dis pas la moitié de ce que je pense, Madame.

CLIMENE.

Ah! Mon Dieu, brisons-là de grace. Vous me
(*à Uranie.*)
jetteriez dans une confusion épouvantable. Enfin, nous voilà deux contre vous, & l'opiniâtreté sied si mal aux personnes spirituelles....

SCENE IV.

LE MARQUIS, CLIMENE, URANIE, ELISE, GALOPIN.

GALOPIN *à la porte de la chambre.*

Arêtez, s'il vous plaît, Monsieur.

LE MARQUIS.

Tu ne me conois pas sans doute.

GALOPIN.

Si fait, je vous connois: mais vous n'enttrerez pas.

LE MARQUIS.
Ah! que de bruit, petit laquais!
GALOPIN.
Cela n'est pas bien de vouloir entrer malgré les gens.
LE MARQUIS.
Je veux voir ta maîtresse.
GALOPIN.
Elle n'y est pas, vous dis-je.
LE MARQUIS.
La voilà dans sa chambre.
GALOPIN.
Il est vrai, la voilà : mais elle n'y est pas.
URANIE.
Qu'est-ce donc qu'il y a là ?
LE MARQUIS.
C'est votre laquais, Madame, qui fait le sot.
GALOPIN.
Je lui dis que vous n'y êtes pas, Madame, & il ne veut pas laisser d'entrer.
URANIE.
Et pour quoi dire à Monsieur que je n'y suis pas ?
GALOPIN.
Vous me grondâtes l'autre jour de lui avoir dit que vous y étiez.
URANIE.
Voyez cet insolent ! je vous prie, Monsieur, de ne pas croire ce qu'il dit. C'est un petit écervelé, qui vous a pris pour un autre.
LE MARQUIS.
Je l'ai bien vu, Madame, & sans votre respect, je lui aurois appris à connoître les gens de qualité.
ELISE.
Ma cousine vous est fort obligée de cette déférence.
URANIE *à Galopin.*
Un siege donc, impertinent.

GALOPIN.
N'en voilà-t-il pas un ?
URANIE.
Approche-le
(*Galopin pousse le siege rudement & fort.*)

SCENE V.
LE MARQUIS, CLIMENE, URANIE, ELISE.

LE MARQUIS.
Votre petit laquais, Madame, a du mépris pour ma personne.
ELISE.
Il auroit tort, sans doute.
LE MARQUIS.
C'est peut-être que je paie l'intérêt de ma mauvaise mine : (*il rit*) hai, hai, hai.
ELISE.
L'âge le rendra plus éclairé en honnêtes gens.
LE MARQUIS.
Sur quoi en étiez-vous, Mesdames, lorsque je vous ai interrompues ?
URANIE.
Sur la Comédie de l'Ecole des Femmes.
LE MARQUIS.
Je ne fais que d'en sortir.
CLIMENE.
Hé bien, Monsieur, comment la trouvez-vous, s'il vous plaît ?
LE MARQUIS.
Tout-à-fait impertinente.
CLIMENE.
Ah ! que j'en suis ravie !

LE MARQUIS.

C'eſt la plus méchante choſe du monde. Comment, diable ! A peine ai-je pu trouver place. J'ai penſé être étouffé à la porte, & jamais on ne m'a tant marché ſur les pieds. Voyez comme mes canons & mes rubans en ſont ajuſtés, de grace.

ELISE.

Il eſt vrai que cela crie vengeance contre l'Ecole des Femmes, & que vous la condamnez avec juſtice.

LE MARQUIS.

Il ne s'eſt jamais fait, je penſe, une ſi méchante Comédie.

URANIE.

Ah ! voici Dorante que nous attendions.

SCENE VI.

DORANTE, CLIMENE, URANIE, ELISE, LE MARQUIS.

DORANTE.

NE bougez, de grace, & n'interrompez point votre diſcours. Vous êtes-là ſur une matiere, qui, depuis quatre jours, fait preſque l'entretien de toutes les maiſons de Paris, & jamais on n'a rien vu de ſi plaiſant, que la diverſité des jugemens qui ſe font là-deſſus. Car enfin, j'ai oui condamner cette Comédie à certaines gens, par les mêmes choſes que j'ai vu d'autres eſtimer le plus.

URANIE.

Voilà Monſieur le Marquis qui en dit force mal.

LE MARQUIS.

Il eſt vrai. Je la trouve déteſtable, morbleu, déteſtable, du dernier déteſtable ; ce qu'on appelle déteſtable.

DORANTE.

Et moi, mon cher Marquis, je trouve le jugement détestable.

LE MARQUIS.

Quoi, Chevalier, est-ce que tu prétends soutenir cette Piece?

DORANTE.

Oui, je prétends la soutenir.

LE MARQUIS.

Parbleu, je la garantis détestable.

DORANTE.

La caution n'est bas bourgeoise. Mais, Marquis, par quelle raison, de grace, cette Comédie est-elle ce que tu dis?

LE MARQUIS.

Pourquoi elle est détestable?

DORANTE.

Oui.

LE MARQUIS.

Elle est détestable, parce qu'elle est détestable.

DORANTE.

Après cela, il n'y a rien à dire; voilà son procès fait. Mais encore instruis-nous, & nous dis les défauts qui y sont.

LE MARQUIS.

Que sçais-je moi? Je ne me suis pas seulement donné la peine de l'écouter. Mais enfin, je sçais bien que je n'ai jamais rien vu de si méchant, Dieu me sauve; & Dorilas, contre qui j'étois, a été de mon avis.

DORANTE.

L'autorité est belle, & te voilà bien appuyé.

LE MARQUIS.

Il ne faut que voir les continuels éclats de rire que le parterre y fait. Je ne veux point d'aure chose pour témoigner qu'elle ne vaut rien.

DORANTE.

Tu es donc, Marquis, de ces Messieurs du bel air, qui ne veulent pas que le parterre ait du sens commun, & qui feroient fâchés d'avoir ri avec lui, fût-ce de la meilleure chofe du monde ? Je vis l'autre jour fur le théatre un de nos amis qui fe rendit ridicule par-là. Il écouta toute la Piece avec un férieux le plus fombre du monde, &, tout ce qui égayoit les autres, ridoit fon front. A tous les éclats de rifée, il hauffoit les épaules, & regardoit le parterre en pitié; & quelquefois auffi le regardant avec dépit, il lui difoit tout haut, *Ri donc, parterre, ri donc.* Ce fut une feconde Comédie, que le chagrin de notre ami. Il la donna en galant homme à toute l'affemblée, & chacun demeura d'accord, qu'on ne pouvoit pas mieux jouer qu'il fit. Apprends, Marquis, je te prie, & les autres auffi, que le bon fens n'a point de place déterminée à la Comédie; que la différence du demi louis d'or, & de la piece de quinze fols, ne fait rien du tout au bon goût; que debout ou affis, l'on peut donner un mauvais jugement; & qu'enfin, à le prendre en général, je me fierois affez à l'approbation du parterre, par la raifon qu'entre ceux qui le compofent, il y en a plufieurs qui font capables de juger d'une Piece felon les regles, & que les autres en jugent par la bonne façon d'en juger, qui eft de fe laiffer prendre aux chofes, & de n'avoir ni prévention aveugle, ni complaifance affectée, ni délicateffe ridicule.

LE MARQUIS.

Te voilà donc, Chevalier, le défenfeur du parterre ? Parbleu, je m'en réjouis, & je ne manquerai pas de l'avertir, que tu es de fes amis. Hai, hai, hai, hai, hai, hai.

DORANTE.

Ri tant que tu voudras. Je fuis pour le bon fens, & ne fçaurois fouffrir les ébullitions de cerveau de nos Marquis de Mafcarille. J'enrage de voir de ces gens qui fe traduifent en ridicules, malgré leur qualité; de ces gens qui décident toujours & parlent hardiment

DES FEMMES, COMÉDIE.

nent de toutes choses, sans s'y connoître; qui, dans une Comédie se récrieront aux méchans endroits, & ne branleront pas à ceux qui sont bons; qui, voyant un tableau, ou écoutant un concert de musique, blâment de même & louent tout à contre-sens, prennent par où ils peuvent les termes de l'art qu'ils attrapent, & ne manquent jamais de les estropier, & de les mettre hors de place. Hé, morbleu, Messieurs, taisez-vous. Quand Dieu ne vous a pas donné la connoissance d'une chose, n'apprêtez point à rire à ceux qui vous entendent parler, & songez qu'en ne disant mot, on croira peut-être que vous êtes d'habiles gens.

LE MARQUIS.
Parbleu, Chevalier, tu le prends-là...

DORANTE.
Mon Dieu, Marquis, ce n'est pas à toi que je parle. C'est à une douzaine de Messieurs qui déshonorent les gens de Cour par leurs manieres extravagantes, & font croire parmi le peuple que nous nous ressemblons tous. Pour moi, je m'en veux justifier le plus qu'il me sera possible; & je les dauberai tant en toutes rencontres, qu'à la fin ils se rendront sages.

LE MARQUIS.
Dis-moi un peu, Chevalier, crois-tu que Lysandre ait de l'esprit?

DORANTE.
Oui, sans doute; & beaucoup.

URANIE.
C'est une chose qu'on ne peut pas nier.

LE MARQUIS.
Demande-lui ce qu'il lui semble de l'École des Femmes. Tu verras qu'il te dira qu'elle ne lui plaît pas.

DORANTE.
Hé, mon Dieu! Il y en a beaucoup que le trop d'esprit gâte, qui voient mal les choses à force de lu-

Tome III. B

mun, & qui feroient fâchés d'avoir ri avec lui, fût-ce de la meilleure chofe du monde ? Je vis l'autre jour fur le théatre un de nos amis qui fe rendit ridicule par-là. Il écouta toute la Piece avec un férieux le plus fombre du monde, &, tout ce qui égayoit les autres, ridoit fon front. A tous les éclats de rifée, il hauffoit les épaules, & regardoit le parterre en pitié ; & quelquefois auffi le regardant avec dépit, il lui difoit tout haut, *Ri donc, parterre, ri donc.* Ce fut une feconde Comédie, que le chagrin de nôtre ami. Il la donna en galant homme à toute l'affemblée, & chacun demeura d'accord, qu'on ne pouvoit pas mieux jouer qu'il fit. Apprends, Marquis, je te prie, & les autres auffi, que le bon fens n'a point de place déterminée à la Comédie ; que la différence du demi louis d'or, & de la piece de quinze fols, ne fait rien du tout au bon goût ; que debout ou affis, l'on peut donner un mauvais jugement ; & qu'enfin, à le prendre en général, je me fierois affez à l'approbation du parterre, par la raifon qu'entre ceux qui le compofent, il y en a plufieurs qui font capables de juger d'une Piece felon les regles, & que les autres en jugent par la bonne façon d'en juger, qui eft de fe laiffer prendre aux chofes, & de n'avoir ni prévention aveugle, ni complaifance affectée, ni délicateffe ridicule.

LE MARQUIS.

Te voilà donc, Chevalier, le défenfeur du parterre ? Parbleu, je m'en réjouis, & je ne manquerai pas de l'avertir, que tu es de fes amis. Hai, hai, hai, hai, hai, hai.

DORANTE.

Ri tant que tu voudras. Je fuis pour le bon fens, & ne fçaurois fouffrir les ébullitions de cerveau de nos Marquis de Mafcarille. J'enrage de voir de ces gens qui fe traduifent en ridicules, malgré leur qualité ; de ces gens qui décident toujours & parlent hardi-

ment

ment de toutes choses , sans s'y connoître ; qui, dans une Comédie se récrieront aux méchans endroits, & ne branleront pas à ceux qui sont bons ; qui, voyant un tableau, ou écoutant un concert de musique, blâment de même & louent tout à contre-sens, prennent par où ils peuvent les termes de l'art qu'ils attrapent, & ne manquent jamais de les estropier, & de les mettre hors de place. Hé, morbleu, Messieurs, taisez-vous. Quand Dieu ne vous a pas donné la connoissance d'une chose, n'apprêtez point à rire à ceux qui vous entendent parler, & songez qu'en ne disant mot, on croira peut-être que vous êtes d'habiles gens.

LE MARQUIS.

Parbleu, Chevalier, tu le prends-là...

DORANTE.

Mon Dieu, Marquis, ce n'est pas à toi que je parle. C'est à une douzaine de Messieurs qui déshonorent les gens de Cour par leurs manieres extravagantes, & font croire parmi le peuple que nous nous ressemblons tous. Pour moi, je m'en veux justifier le plus qu'il me sera possible ; & je les dauberai tant en toutes rencontres, qu'à la fin ils se rendront sages.

LE MARQUIS.

Dis-mois un peu, Chevalier, crois-tu que Lysandre ait de l'esprit ?

DORANTE.

Oui, sans doute ; & beaucoup.

URANIE.

C'est une chose qu'on ne peut pas nier.

LE MARQUIS.

Demande-lui ce qu'il lui semble de l'École des Femmes. Tu verras qu'il te dira qu'elle ne lui plaît pas.

DORANTE.

Hé, mon Dieu ! Il y en a beaucoup que le trop d'esprit gâte, qui voient mal les choses à force de lu-

miere, & même qui feroient bien fâchés d'être de l'avis des autres pour avoir la gloire de décider.
URANIE.
Il est vrai. Notre ami est de ces gens-là, sans doute. Il veut être le premier de son opinion, & qu'on attende par respect son jugement. Toute approbation qui marche avant la sienne, est un attentat sur ses lumieres, dont il se venge hautement en prenant le contraire parti. Il veut qu'on le consulte sur toutes les affaires d'esprit ; & je suis sûre que si l'Auteur lui eût montré sa Comédie avant que de la faire voir au Public, il l'eût trouvé la plus belle du monde.
LE MARQUIS.
Et que direz-vous de la Marquise Araminte, qui la publie par-tout pour épouvantable, & dit qu'elle n'a pu jamais souffrir les ordures dont elle est pleine ?
DORANTE.
Je dirai que cela est digne du caractere qu'elle a pris, & qu'il y a des personnes qui se rendent ridicules, pour vouloir avoir trop d'honneur. Bien qu'elle ait de l'esprit, elle a suivi le mauvais exemple de celles qui, étant sur le retour de l'âge, veulent remplacer de quelque chose ce qu'elles voient qu'elles perdent, & prétendent que les grimaces d'une pruderie scrupuleuse leur tiendront lieu de jeunesse & de beauté. Celle-ci pousse l'affaire plus avant qu'aucune ; & l'habileté de son scrupule découvre des saletés, où jamais personne n'en avoit vu. On tient qu'il va, ce scrupule, jusques à défigurer notre langue, & qu'il n'y a point presque de mots, dont la sévérité de cette Dame ne veuille retrancher ou la tête ou la queue, pour les syllabes deshonnêtes qu'elle y trouve.
URANIE.
Vous êtes bien fou, Chevalier.
LE MARQUIS.
Enfin, Chevalier, tu crois défendre ta Comédie,

DES FEMMES, COMÉDIE. 27

en faisant la satyre de ceux qui la condamnent.
DORANTE.
Non pas ; mais je tiens que cette Dame se candalise à tort...
ELISE.
Tout beau, Monsieur le Chevalier, il pourroit y en avoir d'autres qu'elles, qui seroient dans les mêmes sentimens.
DORANTE.
Je sçais bien que ce n'est pas vous, au moins, & que, lorsque vous avez vu cette représentation...
ELISE
(montrant Climéne.)
Il est vrai ; mais j'ai changé d'avis, & Madame sçait appuyer le sien, par des raisons si convaincantes, qu'elle m'a entraînée de son côté.
DORANTE à *Climéne.*
Ah ? Madame, je vous demande pardon, &, si vous le voulez, je me dédirai, pour l'amour de vous, de tout ce que j'ai dit.
CLIMENE.
Je ne veux pas que ce soit pour l'amour de moi, mais pour l'amour de la raison ; car enfin cette Piece, à le bien prendre, est tout-à-fait indéfendable, & je ne conçois pas...
URANIE.
Ah ! Voici l'Auteur Monsieur Lysidas. Il vient tout à propos, pour cette matiere. Monsieur Lysidas, prenez un siege vous-même, & vous mettez-là.

SCENE VII.

LYSIDAS, CLIMENE, URANIE, ELISE, DORANTE, LE MARQUIS.

LYSIDAS.

Madame, je viens un peu tard; mais il m'a fallu lire ma Piece chez Madame la Marquise, dont je vous avois parlé, & les louanges qui lui ont été données, m'ont retenu une heure plus que je ne croyois.

ELISE.

C'est un grand charme que les louanges pour arrêter un Auteur.

URANIE.

Asseyez-vous donc, Monsieur Lysidas, nous lirons votre Piece après souper.

LYSIDAS.

Tous ceux qui étoient-là doivent venir à sa premiere representation, & m'ont promis de faire leur devoir comme il faut.

URANIE.

Je le crois. Mais encore une fois, asseyez-vous, s'il vous plaît. Nous sommes ici sur une matiere que je serai bien aise que nous poussions.

LYSIDAS.

Je pense, Madame, que vous retiendrez aussi une loge pour ce jour-là.

URANIE.

Nous verrons. Poursuivons, de grace, notre discours.

LYSIDAS.

Je vous donne avis, Madame, qu'elles sont presque toutes retenues.

URANIE.

Voilà qui est bien. Enfin, j'avois besoin de vous

DES FEMMES, COMEDIE. 29
lorsque vous êtes venu, & tout le monde étoit ici contre moi.
ELISE à Uranie.
(Montrant Dorante.)
Il s'eſt mis d'abord de votre côté : mais maintenant
(Montrant Climéne.)
qu'il ſçait que Madame eſt à la tête du parti contraire, je penſe que vous n'avez qu'à chercher un autre ſecours.
CLIMENE.
Non, non, je ne voudrois pas, qu'il fît mal ſa cour auprès de Madame votre couſine, & je permets à ſon eſprit d'être du parti de ſon cœur.
DORANTE.
Avec cette permiſſion, Madame, je prendrai la hardieſſe de me défendre.
URANIE.
Mais auparavant ſçachons un peu les ſentimens de Monſieur Lyſidas.
LISIDAS.
Sur quoi, Madame ?
URANIE.
Sur le ſujet de l'École des Femmes.
LYSIDAS.
Ah, ah !
DORANTE.
Que vous en ſemble ?
LYSIDAS.
Je n'ai rien à dire là-deſſus ; & vous ſçavez qu'entre nous autres Auteurs, nous devons parler des Ouvrages les uns des autres avec beaucoup de circonſpection.
DORANTE.
Mais encore, entre nous, que penſez-vous de cette Comédie.
LYSIDAS.
Moi, Monſieur ?

B 3

URANIN.
De bonne foi, dites-nous votre avis.
LYSIDAS.
Je la trouve fort belle.
DORANTE.
Aſſurément ?
LYSIDAS.
Aſſurément. Pourquoi non ? N'eſt-elle pas en effet la plus belle du monde ?
DORANTE.
Hon, hon, vous êtes un méchant diable, Monſieur Lyſidas ; vous ne dites pas ce que vous penſez.
LYSIDAS.
Pardonnez-moi.
DORANTE.
Mon Dieu ! Je vous connois. Ne diſſimulons point.
LYSIDAS.
Moi, Monſieur ?
DORANTE.
Je vois bien que le bien que vous dites de cette Piece n'eſt que par honnêteté, & que dans le fond du cœur, vous êtes de l'avis de beaucoup de gens, qui la trouvent mauvaiſe.
LYSIDAS.
Hai, hai, hai.
DORANTE.
Avouez, ma foi, que c'eſt une méchante choſe que cette Comédie.
LYSIDAS.
Il eſt vrai qu'elle n'eſt pas approuvée par les connoiſſeurs.
LE MARQUIS.
Ma foi, Chevalier, tu en tiens, & te voilà payé de ta raillerie. Ah, ah, ah, ah.
DORANTE.
Pouſſe, mon cher Marquis, pouſſe.
LE MARQUIS.
Tu vois que nous avons les ſçavans de notre côté.

DORANTE.

Il est vrai. Le jugement de Monsieur Lysidas est quelque chose de considérable. Mais Monsieur Lysidas veut bien que je ne me rende pas pour cela ; & puisque j'ai bien l'audace de me défendre contre
(Montrant Climene.)
les sentimens de Madame, il ne trouvera pas mauvais que je combatte les siens.

ELISE.

Quoi, vous voyez contre vous, Madame, Monsieur le Marquis, & Monsieur Lysidas, & vous osez résister encore ? Fi, que cela est de mauvaise grace.

CLIMENE.

Voilà qui me confond, pour moi, que des personnes raisonnables se puissent mettre en tête de donner protection aux sottises de cette Piece.

LE MARQUIS.

Dieu me damne, Madame, elle est misérable depuis le commencement jusqu'à la fin.

DORANTE.

Cela est bientôt dit, Marquis. Il n'est rien plus aisé que de trancher ainsi, & je ne vois aucune chose qui puisse être à couvert de la souveraineté de tes décisions.

LE MARQUIS.

Parbleu, tous les autres Comédiens qui étoient-là pour la voir, en ont dit tous les maux du monde.

DORANTE.

Ah ! Je ne dis plus mot, tu as raison, Marquis. Puisque les autres Comédiens en disent du mal, il faut les en croire assurément. Ce sont tous gens éclairés, & qui parlent sans intérêt. Il n'y a plus rien à dire, je me rends.

CLIMENE.

Rendez-vous, ou ne vous rendez pas, je sçais fort bien que vous ne me persuaderez point de souffrir les immodesties de cette Piece, non plus que les satyres désobligeantes qu'on y voit contre les femmes.

URANIE.

Pour moi, je me garderai bien de m'en offenfer, & de prendre rien fur mon compte de tout ce qui s'y dit. Ces fortes de fatyres tombent directement fur les mœurs, & ne frappent les perfonnes que par réflexion. N'allons point nous appliquer à nous-mêmes les traits d'une cenfure générale, & profitons de la leçon, fi nous pouvons, fans faire femblant qu'on parle à nous. Toutes les peintures ridicules qu'on expofe fur les Théatres, doivent être regardées fans chagrin de tout le monde. Ce font miroirs publics où il ne faut jamais témoigner qu'on fe voie; & c'eft fe taxer hautement d'un défaut, que fe fcandalifer qu'on le reprenne.

CLIMENE.

Pour moi, je ne parle pas de ces chofes par la part que j'y puiffe avoir, & je penfe que je vis d'un air dans le monde à ne pas craindre d'être cherchée dans les peintures qu'on fait là des femmes qui fe gouvernent mal.

ELISE.

Affurément, Madame, on ne vous y cherchera point. Votre conduite eft affez connue, & ce font de ces fortes de chofes qui ne font conteftées de perfonne.

URANIE à *Climene*.

Auffi, Madame, n'ai-je rien dit qui aille à vous, & mes paroles, comme les fatyres de la Comédie, demeurent dans la thèfe générale.

CLIMENE.

Je n'en doute pas, Madame. Mais enfin paffons fur ce chapitre. Je ne fçais pas de quelle façon vous recevez les injures qu'on dit à notre fexe dans un certain endroit de la Piece; & pour moi, je vous avoue que je fuis dans une colere épouvantable, de voir que cet Auteur impertinent nous appelle *des animaux*.

URANIE.

Ne voyez-vous pas que c'est un ridicule qu'il fait parler ?

DORANTE.

Et puis, Madame, ne sçavez-vous pas que les injures des amans n'offensent jamais ; qu'il est des amours emportés aussi-bien que des doucereux, & qu'en de pareilles occasions les paroles les plus étranges, & quelque chose de pis encore, se prennent bien souvent pour des marques d'affection, par celles mêmes qui les reçoivent ?

ELISE.

Dites tout ce que vous voudrez, je ne sçaurois digérer cela, non plus que le *potage* & *la tarte à la créme*, dont Madame a parlé tantôt.

LE MARQUIS.

Ah! Ma foi, oui, *tarte à la créme* ! Voilà ce que j'avois remarqué tantôt ; *tarte à la créme*. Que je vous suis obligé, Madame, de m'avoir fait souvenir de *tarte à la créme*. Y a-t-il assez de pommes en Normandie pour *tarte à la créme* ? *Tarte à la créme*, morbleu, *tarte à la créme* !

DORANTE.

Hé bien, que veux-tu dire ? *Tarte à la créme* !

LE MARQUIS.

Parbleu, *tarte à la créme*, Chevalier.

DORANTE.

Mais encore ?

LE MARQUIS.

Tarte à la créme.

DORANTE.

Di nous un peu tes raisons.

LE MARQUIS.

Tarte à la créme.

URANIE.

Mais il faut expliquer sa pensée, ce me semble.

LE MARQUIS.

Tarte à la créme, Madame.

URANIE.
Que trouverez-vous là à redire ?

LE MARQUIS.
Moi, rien. *Tarte à la créme.*

URANIE.
Ah ! je le quitte.

ELISE.
Monsieur le Marquis s'y prend bien, & vous bourre de la belle maniere. Mais je voudrois bien que Monsieur Lysidas voulût les achever, & leur donner quelques petits coups de sa façon.

LYSIDAS.
Ce n'est pas ma coutume de rien blâmer, & je suis assez indulgent pour les ouvrages des autres. Mais enfin, sans choquer l'amité que Monsieur le Chevalier témoigne pour l'Auteur, on m'avouera que ces sortes de Comédies ne sont pas proprement des Comédies, & qu'il y a une grande différence de toutes ces bagatelles, à la beauté des Pieces sérieuses. Cependant tout le monde donne là-dedans aujourd'hui ; on ne court plus qu'à cela, & l'on voit une solitude effroyable aux grands ouvrages, lorsque des sottises ont tout Paris. Je vous avoue que le cœur m'en saigne quelquefois, & cela est honteux pour la France.

CLIMENE.
Il est vrai que le goût des gens est étrangement gâté là-dessus, & que le siecle s'encanaille furieusement.

ELISE
Celui-là est joli encore, s'encanaille. Est-ce vous qui l'avez inventé, Madame !

CLIMENE.
Hé !

ELISE.
Je m'en suis bien douté.

DORANTE.
Vous croyez donc, Monsieur Lysidas, que tout l'esprit & toute la beauté sont dans les Poëmes sé-

rieux, & que les Pieces comiques font des miseries qui ne méritent aucune louange.

URANIE.

Ce n'est pas mon sentiment, pour moi. La Tragédie, sans doute, est quelque chose de beau quand elle est bien touchée ; mais la Comédie a ses charmes, & je tiens que l'une n'est pas moins difficile que l'autre.

DORANTE.

Assurément, Madame ; & quand, pour la difficulté, vous mettriez un peu plus du côté de la Comédie, peut-être que vous ne vous abuseriez pas. Car enfin, je trouve qu'il est bien plus aisé de se guinder sur de grands sentimens, de braver en vers la fortune, accuser les destins, & dire des injures aux dieux, que d'entrer, comme il faut, dans le ridicule des hommes, & de rendre agréablement sur le Théatre les défauts de tout le monde. Lorsque vous peignez des Héros, vous faites ce que vous voulez. Ce sont des Portraits à plaisir, où l'on ne cherche point de ressemblance ; & vous n'avez qu'à suivre les traits d'une imagination qui se donne l'essor, & qui souvent laisse le vrai pour attraper le merveilleux. Mais lorsque vous peignez les hommes, il faut peindre d'après nature. On veut que ces Portraits ressemblent ; & vous n'avez rien fait, si vous n'y faites reconnoître les gens de votre siecle. En un mot, dans les Pieces sérieuses, il suffit pour n'être point blâmé, de dire des choses qui soient de bon sens, & bien écrites ; mais ce n'est pas assez dans les autres, & il y faut plaisanter ; & c'est une étrange entreprise que celle de faire rire les honnêtes-gens.

CLIMENE.

Je crois être du nombre des honnêtes-gens ; & cependant je n'ai pas trouvé un mot pour rire dans tout ce que j'ai vu.

LE MARQUIS.

Ma foi, ni moi non plus.

DORANTE.

Pour toi, Marquis, je ne m'en étonne pas. C'est que tu n'y as pas trouvé de turlupinades.

LYSIDAS.

Ma foi, Monsieur, ce qu'on y rencontre ne vaut guéres mieux, & toutes les plaisanteries y sont assez froides, à mon avis.

DORANTE.

La Cour n'a pas trouvé cela....

LYSIDAS.

Ah! Monsieur, la Cour.

DORANTE.

Achez, Monsieur Lysidas. Je vois bien que vous voulez dire que la Cour ne se connoît pas à ces choses, & c'est le refuge ordinaire de vous autres Messieurs les Auteurs dans le mauvais succès de vos Ouvrages, que d'accuser l'injustice du siecle, & le peu de lumiere des Courtisans. Sçachez, s'il vous plaît, Monsieur Lysidas, que les Courtisans ont d'aussi bons yeux que d'autres, qu'on peut être habile avec un point de Venise & des plumes, aussi-bien qu'avec une perruque courte, & un petit rabat uni; que la grande épreuve de toutes vos Comédies, c'est le jugement de la Cour; que c'est son goût qu'il faut étudier pour trouver l'art de réussir; qu'il n'y a point de lieu où les décisions soient si justes, &, sans mettre en ligne de compte tous les gens sçavans qui y sont, que, du simple bon sens naturel & du commerce de tout le beau monde, on s'y fait une maniere d'esprit, qui, sans comparaison, juge plus finement des choses, que tout le sçavoir enrouillé des pédens.

URANIE.

Il est vrai que pour peu qu'on y demeure, il vous passe-là tous les jours assez de choses devant les yeux, pour acquérir quelque habitude de les connoître; & fur-tout, pour ce qui est de la bonne ou mauvaise plaisanterie.

DORANTE.

La Cour a quelques ridicules, j'en demeure d'accord, & je fuis, comme on voit, le premier à les fronder. Mais, ma foi, il y en a un grand nombre parmi les beaux efprits de profeffion ; & fi l'on joue quelques Marquis, je trouve qu'il y a bien plus de quoi jouer les Auteurs, & que ce feroit une chofe plaifante à mettre fur le Théatre, que leurs grimaces fçavantes, & leurs rafinemens ridicules, leur vicieufe coutume, d'affaffiner les gens de leurs ouvrages, leurs friandifes de louange, leurs ménagemens de penfées, leur trafic de réputation, & leurs ligues offenfives & défenfives, auffi-bien que leurs guerres d'efprit, & leurs combats de profes & de vers.

LYSIDAS.

Moliere eft bien heureux, Monfieur, d'avoir un protecteur auffi chaud que vous. Mais enfin, pour venir au fait, il eft queftion de fçavoir fi la Piece eft bonne, & je m'offre d'y montrer par-tout cent défauts vifibles.

URANIE.

C'eft une étrange chofe de vous autres Meffieurs les Poëtes, que vous condamniez toujours les Pieces où tout le monde court, & ne difiez jamais du bien que de celles où perfonne ne va. Vous montrez pour les unes une haine invincible, & pour les autres une tendreffe qui n'eft pas concevable.

DORANTE.

C'eft qu'il eft généreux de fe ranger du côté des affligés.

URANIE.

Mais de grace, Monfieur Lyfidas, faites-nous voir ces défauts, dont je ne me fuis point apperçue.

LYSIDAS.

Ceux qui poffedent Ariftote & Horace, voient d'abord, Madame, que cette Comédie péche contre toutes les regles de l'art.

URANIE.

Je vous avoue que je n'ai aucune habitude avec ces Meſſieurs-là, & que je ne ſcais point les regles de l'art.

DORANTE.

Vous êtes de plaiſantes gens avec vos regles dont vous embarraſſez les ignorans, & nous étourdiſſez tous les jours. Il ſemble à vous ouir parler, que ces regles de l'art ſoient les plus grands myſteres du monde, & cependant, ce ne ſont que quelques obſervations aiſées que le bon ſens a faites ſur ce qui peut ôter le plaiſir que l'on prend à ces ſortes de Poëmes ; & le même bon ſens qui a fait autrefois ces obſervations, les fait fort aiſément tous les jours ſans le ſecours d'Horace & d'Ariſtote. Je voudrois bien ſçavoir ſi la grande regle de toutes les regles n'eſt pas de plaire, & ſi une Piece de Théatre qui a attrappé ſon but, n'a pas ſuivi un bon chemin ? Veut-on que tout un public s'abuſe ſur ces ſortes de choſes, & que chacun n'y ſoit pas juge du plaiſir qu'il y prend ?

URANIE.

J'ai remarqué une choſe de ces Meſſieurs-là, c'eſt que ceux qui parlent le plus des regles, & qui les ſçavent mieux que les autres, font des Comédies que perſonne ne trouve belles.

DORANTE.

Et c'eſt ce qui marque, Madame, comme on doit s'arrêter peu à leurs diſputes embarraſſantes. Car enfin, ſi les Pieces qui ſont ſelon les regles ne plaiſent pas, & que celles qui plaiſent ne ſoient pas ſelon les regles, il faudroit de néceſſité que les regles euſſent été mal faites. Mocquons-nous donc de cette chicane, où ils veulent aſſujettir le goût du public, & ne conſultons dans une Comédie que l'effet qu'elle fait ſur nous. Laiſſons-nous aller de bonne foi aux choſes qui nous prennent par les entrailles, & ne cherchons point de raiſonnemens pour nous empêcher d'avoir du plaiſir.

URANIE.

Pour moi, quand je vois une Comédie, je regarde seulement si les choses me touchent, &, lorsque je m'y suis bien divertie, je ne vais point demander si j'ai eu tort, & si les regles d'Aristote me défendoient de rire.

DORANTE.

C'est justement comme un homme qui auroit trouvé une sauce excellente, & qui voudroit examiner si elle est bonne, sur les préceptes du cuisinier François.

URANIE.

Il est vrai; & j'admire les rafinemens de certaines gens, sur des choses que nous devons sentir nous-mêmes.

DORANTE.

Vous avez raison, Madame, de les trouver étranges tous ces rafinemens mystérieux. Car enfin, s'ils ont lieu, nous voilà réduits à ne nous plus croire; nos propres sens seront esclaves en toutes choses; & jusqu'au manger & au boire, nous n'oserons plus trouver rien de bon, sans le congé de Messieurs les Experts.

LYSIDAS.

Enfin, Monsieur, toute votre raison, c'est que l'Ecole des Femmes a plu; & vous ne vous souciez point qu'elle ne soit pas dans les regles, pourvu...

DORANTE.

Tout beau, Monsieur Lysidas, je ne vous accorde pas cela. Je dis bien que le grand art est de plaire, & que cette Comédie ayant plu à ceux pour qui elle est faite, je trouve que c'est assez pour elle, & qu'elle doit peu se soucier du reste. Mais avec cela je soutiens qu'elle ne péche contre aucunes des regles dont vous parlez. Je les ai lues, Dieu merci, autant qu'un autre, & je ferois voir aisément, que peut-être n'avons-nous point de Piece au Théatre plus réguliere que celle-là.

ELISE.

Courage, Monsieur Lysidas, nous sommes perdus, si vous reculez.

LYSIDAS.

Quoi, Monsieur, la protase, l'épitase, & la péripétie...

DORANTE.

Ah! Monsieur Lysidas, vous nous assommez avec vos grands mots. Ne paroissez point si sçavant, de grace. Humanisez votre discours & parlez pour être entendu. Pensez-vous qu'un nom Grec donne plus de poids à vos raisons? Et ne trouveriez-vous pas qu'il fût aussi beau de dire l'exposition du sujet, que la protase ; le nœud, que l'épitase, & le dénouement, que la péripétie?

LYSIDAS.

Ce sont termes de l'art dont il est permis de se servir. Mais puisque ces mots blessent vos oreilles, je m'expliquerai d'une autre façon, & je vous prie de répondre positivement a trois ou quatre choses que je vais dire. Peut-on souffrir une Piece qui péche contre le nom propre des Pieces de Théatre ? car enfin, le nom de Poëme dramatique vient d'un mot Grec qui signifie agir, pour montrer que la nature de ce Poëme consiste dans l'action ; & dans cette Comédie-ci, il ne se passe point d'actions, & tout consiste en des recits que viennent faire, ou Agnès ou Horace.

LE MARQUIS.

Ah, ah, Chevalier !

CLIMENE.

Voilà qui est spirituellement remarqué, & c'est prendre le fin des choses.

LYSIDAS.

Est-il rien de si peu spirituel, ou pour mieux dire, rien de si bas, que quelques mots où tout le monde rit, & sur-tout celui *des enfans par l'oreille*.

CLIMENE.

Fort bien.

ELISE.
Ah !
LYSIDAS.
La Scene du Valet & de la Servante au-dedans de la maison, n'eſt-elle pas d'une longueur ennuyeuſe, & tout-à-fait impertinente ?
LE MARQUIS.
Cela eſt vrai.
CLIMENE.
Aſſurément.
ELISE.
Il a raiſon.
LYSIDAS.
Arnolphe ne donne-t-il pas trop librement ſon argent à Horace ? Puiſque c'eſt le perſonnage ridicule de la Piece, falloit-il lui faire faire l'action d'un honnête-homme ?
LE MARQUIS.
Bon. La remarque eſt encore bonne.
CLIMENE.
Admirable.
ELISE.
Merveilleuſe.
LYSIDAS.
Le ſermon & les maximes ne ſont-elles pas des choſes ridicules, & qui choquent même le reſpect que l'on doit à nos myſteres ?
LE MARQUIS.
C'eſt bien dit.
CLIMENE.
Voilà parler comme il faut.
ELISE.
Il ne ſe peut rien de mieux.
LYSIDAS.
Et ce Monſieur de la Souche enfin, qu'on nous fait un homme d'eſprit, & qui paroît ſi ſérieux en tant d'endroits, ne deſcend-il point dans quelque choſe de trop comique, & de trop outré au cinquieme

Acte, lorsqu'il explique à Agnès la violence de son amour, avec ces roulemens d'yeux extravagans, ces soupirs ridicules, & ces larmes niaises qui font rire tout le monde ?

LE MARQUIS.
Morbleu, merveille !

CLIMENE.
Miracle !

ELISE.
Vivat, Monsieur Lysidas.

LYSIDAS.
Je laisse cent mille autres choses de peur d'être ennuyeux.

LE MARQUIS.
Parbleu, Chevalier, te voilà mal ajusté.

DORANTE.
Il faut voir.

LE MARQUIS.
Tu as trouvé ton homme.

DORANTE.
Peut-être.

LE MARQUIS.
Répond, répond, répond, répond.

DORANTE.
Volontiers. Il....

LE MARQUIS.
Répond donc, je te prie.

DORANTE.
Laisse-moi donc faire. Si...

LE MARQUIS.
Parbleu, je te défie de répondre.

DORANTE.
Oui. Si tu parles toujours.

CLIMENE.
De grace, écoutons ses raisons.

DORANTE.
Premiérement, il n'est pas vrai de dire que toute la Piece n'est qu'en recits. On y voit beaucoup d'ac-

tions qui se passent sur la Scene ; & les recits eux-mémes y sont des actions, suivant la constitution du sujet ; d'autant qu'ils sont tous faits innocemment, ces recits, à la personne intéressée, qui par-là entre à tous coups dans une confusion à réjouir les spectateurs, & prend, à chaque nouvelle, toutes les mesures qu'il peut, pour se parer du malheur qu'il craint.

URANIE.

Pour moi, je trouve que la beauté du sujet de l'Ecole des Femmes consiste dans une confidence perpétuelle ; & ce qui me paroît assez plaisant, c'est qu'un homme qui a de l'esprit, & qui est averti de tout par une innocente qui est sa maîtresse, & par un étourdi, qui est son rival, ne puisse avec cela éviter ce qui lui arrive.

LE MARQUIS.

Bagatelle, bagatelle.

CLIMENE.

Foible réponse.

ELISE.

Mauvaises raisons.

DORANTE.

Pour ce qui est des *enfans par l'oreille*, ils ne sont plaisans que par réflexion à Arnolphe, & l'Auteur n'a pas mis cela pour être de soi un bon mot ; mais seulement pour une chose qui caractérise l'homme ; & peint d'autant mieux son extravagance, puisqu'il rapporte une sottise triviale qu'a dite Agnès, comme la chose la plus belle du monde, & qui lui donne une joie inconcevable.

LE MARQUIS.

C'est mal répondre.

CLIMENE.

Cela ne satisfait point.

ELISE.

C'est ne rien dire.

DORANTE.

Quant à l'argent qu'il donne librement, outre que la lettre de son meilleur ami lui est une caution suffisante, il n'est pas incompatible qu'une personne soit ridicule en certaines choses, & honnête-homme en d'autres. Et, pour la Scene d'Alain & de Georgette dans le logis, que quelques-uns ont trouvée longue & froide, il est certain qu'elle n'est pas sans raison ; & de même qu'Arnolphe se trouve attrapé pendant son voyage par la pure innocence de sa maîtresse, il demeure au retour long-tems à sa porte par l'innocence de ses valets, afin qu'il soit par-tout puni, par les choses dont il a cru faire la sûreté de ses précautions.

LE MARQUIS.
Voilà des raisons qui ne valent rien.

CLIMENE.
Tout cela ne fait que blanchir.

ELISE.
Cela fait pitié.

DORANTE.
Pour le discours moral que vous appellez un sermon, il est certain que de vrais dévots qui l'ont ouï, n'ont pas trouvé qu'il choquât ce que vous dites ; & sans doute que ces paroles d'*enfer* & de *chaudieres bouillantes* sont assez justifiées par l'extravagance d'Arnolphe, & par l'innocence de celle à qui il parle. Et quant au transport amoureux du cinquieme Acte, qu'on accuse d'être trop outré & trop comique, je voudrois bien savoir si ce n'est pas faire la satyre des Amans, & si les honnêtes-gens même & les plus sérieux, en de pareilles occasions, ne font pas des choses....

LE MARQUIS.
Ma foi, Chevalier, tu ferois mieux de te taire.

DORANTE.
Fort bien. Mais enfin si nous nous regardions nous-mêmes, quand nous sommes bien amoureux....

LE MARQUIS.
Je ne veux pas seulement t'écouter.

DES FEMMES, COMEDIE. 45
DORANTE.
Ecoute-moi ſi tu veux. Eſt-ce que dans la violence de la paſſion....
LE MARQUIS.
La, la, la, la, lare, la, la, la, la, la, la.
(*Il chante.*)
DORANTE.
Quoi.....
LE MARQUIS.
La, la, la, la, lare, la, la, la, la, la, la.
DORANTE.
Je ne ſçais pas ſi....
LE MARQUIS.
La, la, la, la, lare, la, la, la, la, la, la.
URANIE.
Il me ſemble que....
LE MARQUIS.
La, la, la, lare, la, la, la, la, la, la, la, la, la, la.
URANIE.
Il ſe paſſe des choſes aſſez plaiſantes dans notre diſpute. Je trouve qu'on en pourroit bien faire une petite Comédie, & que ſela ne ſeroit pas trop mal à la queue de l'Ecole des Femmes.
DORANTE.
Vous avez raiſon.
LE MARQUIS.
Parbleu, Chevalier, tu jouerois là-dedans un rôle qui ne te ſeroit pas avantageux.
DORANTE.
Il eſt vrai, Marquis.
CLIMENE.
Pour moi, je ſouhaiterois que cela ſe fît, pourvu qu'on traitât l'affaire comme elle s'eſt paſſée.
ELISE.
Et moi, je fournirois de bon cœur mon perſonnage.
LYSIDAS.
Je ne refuſerois pas le mien, que je penſe.

URANIE.

Puisque chacun en seroit content, Chevalier, faites un mémoire de tout, & le donnez à Moliere que vous connoissez, pour le mettre en Comédie.

CLIMENE.

Il n'auroit garde, sans doute, & ce ne seroit pas des vers à sa louange.

URANIE.

Point, point, je connois son humeur; il ne se soucie pas qu'on fronde ses Pieces, pourvu qu'il y vienne du monde.

DORANTE.

Oui. Mais quel dénouement pourroit-il trouver à ceci? Car il ne sçauroit y avoir ni mariage ni reconnoissance, & je ne sçais point par où l'on pourroit faire finir la dispute.

URANIE.

Il faudroit rêver à quelque incident pour cela.

SCENE DERNIERE.

CLIMENE, URANIE, ELISE, DORANTE, LE MARQUIS, LYSIDAS, GALOPIN.

GALOPIN.

Madame, on a servi sur table.

DORANTE.

Ah, voilà justement ce qu'il faut pour le dénouement que nous cherchions, & l'on ne peut rien trouver de plus naturel. On disputera fort & ferme de part & d'autre, comme nous avons fait, sans que personne se rende; un petit laquais viendra dire qu'on a servi, on se levera, & chacun ira souper.

URANIE.

La Comédie ne peut pas mieux finir, & nous ferons bien d'en demeurer-là.

FIN.

L'INPROMPTU
DE VERSAILLES,
COMÉDIE.

ACTEURS.

MOLIERE, Marquis ridicule.
BRECOURT, Homme de qualité.
LA GRANGE, Marquis ridicule.
DU CROISY, Poëte.
Mademoiselle DU PARC, Marquise façonniere.
Mademoiselle BEJART, Prude.
Mademoiselle DE BRIE, sage Coquette.
Mademoiselle MOLIERE, satyrique spirituelle.
Mademoiselle DU CROISY, Peste doucereuse.
Mademoiselle HERVÉ, Servante précieuse.
LA THORILLIERE, Marquis fâcheux.
BEJART, Homme qui fait le nécessaire.
QUATRE NÉCESSAIRES.

La Scene est à Versailles, dans l'antichambre du Roi.

L'IMPROMPTU DE VERSAILLE

L'INPROMPTU DE VERSAILLES,
COMÉDIE.

SCENE PREMIERE.

MOLIERE, BRECOURT, LA GRANGE, DU CROISY, Mesdemoiselles DU PARC, BÉJART, DE BRIE, MOLIERE, DU CROISY, HERVÉ.

MOLIERE *seul, parlant à ses camarades qui sont derriere le Théatre.*

LLONS donc, Messieurs & Mesdames, vous mocquez-vous, avec votre longueur, & ne voulez-vous pas tous venir ici ? La peste soit des gens ! Holà, ho, Monsieur de Brécourt.
BRECOURT *derriere le Théatre.*
Quoi ?

Tome III. C

MOLIERE.
Monsieur de la Grange.

LA GRANGE *derriere le Théatre.*
Qu'est-ce ?

MOLIERE.
Monsieur du Croisy.

DU CROISY *derriere le Théatre.*
Plaît-il ?

MOLIERE.
Mademoiselle du Parc.

Mademoiselle DU PARC *derriere le Théatre.*
Hé bien ?

MOLIERE.
Mademoiselle Béjart.

Mademoiselle BEJART *derriere le Théatre.*
Qu'y a-t-il ?

MOLIERE.
Mademoiselle de Brie.

Mademoiselle DE BRIE *derriere le Théatre.*
Que veut-on ?

MOLIERE.
Mademoiselle du Croisy.

Mademoiselle DU CROISY *derriere le Théatre.*
Qu'est-ce que c'est ?

MOLIERE.
Mademoiselle Hervé.

Mademoiselle HERVÉ *derriere le Théatre.*
On y va.

MOLIERE.
Je croi que je deviendrai fou avec tous ces gens-ci. Hé !

(*Brécourt, la Grange, du Croisy, entrent.*)
Têtebleu, Messieurs, me voulez-vous faire enrager aujourd'hui ?

BRECOURT.
Que voulez-vous qu'on fasse ? Nous ne sçavons pas nos rôles, & c'est nous faire enrager vous-même, que de nous obliger de jouer de la sorte.

COMEDIE.

MOLIERE.

Ah ! les étranges animaux à conduire que des Comédiens.

(Mesdemoiselles Béjart, du Parc, de Brie, Moliere, du Croisy & Hervé, arrivent.)

Mademoiselle BEJART.

Hé bien : nous voilà : Que prétendez-vous faire ?

Mademoiselle DU PARC.

Quelle est votre pensée ?

Mademoiselle DE BRIE.

De quoi est-il question ?

MOLIERE.

De grace, mettons-nous ici, & puisque nous voilà tous habillés, & que le Roi ne doit venir de deux heures, employons ce tems à répéter notre affaire, & voir la maniere dont il faut jouer les choses.

LA GRANGE.

Le moyen de jouer ce que l'on ne sait pas.

Mademoiselle DU PARC.

Pour moi, je vous déclare que je ne me souviens pas d'un mot de mon personnage.

Mademoiselle DE BRIE.

Je sais bien qu'il me faudra souffler le mien d'un bout à l'autre.

Mademoiselle BEJART.

Et moi, je me prépare fort à tenir mon rôle à la main.

Mademoiselle MOLIERE.

Et moi aussi.

Mademoiselle HERVÉ.

Pour moi, je n'ai pas grand'chose à dire.

Mademoiselle DU CROISY.

Ni moi non plus ; mais, avec cela, je ne répondrois pas de ne point manquer.

DU CROISY.

J'en voudrois être quitte pour dix pistoles.

BRECOURT.

Et moi, pour vingt bons coups de fouet, je vous assure.

MOLIERE.

Vous voilà tous bien malades d'avoir un méchant rôle à jouer. Et que feriez-vous donc si vous étiez à ma place ?

Mademoiselle BEJART.

Qui, vous ? Vous n'êtes pas à plaindre, car, ayant fait la Piece, vous n'avez pas peur d'y manquer.

MOLIERE.

Et n'ai-je à craindre que le manquement de mémoire ? Ne comptez-vous pour rien l'inquiétude d'un succès qui ne regarde que moi seul ? Et pensez-vous que ce soit une petite affaire, que d'exposer quelque chose de comique devant une assemblée comme celle-ci, que d'entreprendre de faire rire des personnes qui nous impriment le respect, & ne rient que quand elles veulent ? Est-il Auteur qui ne doive trembler lorsqu'il vient à cette épreuve, & n'est-ce pas à moi de dire que je voudrois en être quitte pour toutes les choses du monde ?

Mademoiselle BEJART.

Si cela vous faisoit trembler, vous prendriez mieux vos précautions, & n'auriez pas entrepris en huit jours ce que vous avez fait.

MOLIERE.

Le moyen de m'en défendre, quand un Roi me l'a commandé.

Mademoiselle BEJART.

Le moyen ? Une respectueuse excuse fondée sur l'impossibilité de la chose dans le peu de tems qu'on vous donne, & tout autre, en votre place, ménageroit mieux sa réputation, & se seroit bien gardé de se commettre, comme vous faites. Où en serez-vous, je vous prie, si l'affaire réussit mal, & quel avantage pensez-vous qu'en prendront tous vos ennemis ?

COMEDIE.

Mademoiselle DE BRIE.

En effet. Il falloit s'excuser avec respect envers le Roi, ou demander du tems davantage.

MOLIERE.

Mon Dieu ! Mademoiselle, les Rois n'aiment rien tant qu'une prompte obéissance, & ne se plaisent point du tout à trouver des obstacles. Les choses ne sont bonnes que dans le tems qu'ils les souhaitent ; & leur en vouloir reculer le divertissement, est en ôter pour eux toute la grace. Ils veulent des plaisirs qui ne se fassent point attendre, & les moins préparés leur sont les plus agréables. Nous ne devons jamais nous regarder dans ce qu'ils desirent de nous, nous ne sommes que pour leur plaire ; & lorsqu'ils nous ordonnent quelque chose, c'est à nous à profiter vîte de l'envie où ils sont. Il vaut mieux s'acquitter mal de ce qu'ils nous demandent, que de ne s'en acquitter pas assez tôt ; &, si l'on a honte de n'avoir pas bien réussi, on a toujours la gloire d'avoir obéi vîte à leurs commandemens. Mais songeons à répéter, s'il vous plaît.

Mademoiselle BEJART.

Comment prétendez-vous que nous fassions, si nous ne savons pas nos rôles.

MOLIERE.

Vous les saurez, vous dis-je, & quand même vous ne les sauriez pas tout-à-fait, pouvez-vous pas y suppléer de votre esprit, puisque c'est de la prose, & que vous savez votre sujet ?

Mademoiselle BEJART.

Je suis votre servante. La prose est pis encore que les vers.

Mademoiselle MOLIERE.

Voulez-vous que je vous dise ? Vous deviez faire une Comédie où vous auriez joué tout seul.

MOLIERE.

Taisez-vous, ma femme, vous êtes une bête.

Mademoiselle MOLIERE.

Grand merci, Monsieur mon mari. Voilà ce que c'est ! Le mariage change bien les gens, & vous ne m'auriez pas dit cela il y a dix-huit mois.

MOLIERE.

Taisez-vous, je vous prie.

Mademoiselle MOLIERE.

C'est une chose étrange, qu'une petite cérémonie soit capable de nous ôter toutes nos belles qualités ; & qu'un mari & un galant regardent la même personne avec des yeux si différens.

MOLIERE.

Que de discours ?

Mademoiselle MOLIERE.

Ma foi, si je faisois une Comédie, je la ferois sur ce sujet. Je justifierois les femmes de bien des choses dont on les accuse, & je ferois craindre aux maris la différence qu'il y a de leurs manieres brusques, aux civilités des galans.

MOLIERE.

Hai ! laissons cela. Il n'est pas question de causer maintenant, nous avons autre chose à faire.

Mademoiselle BEJART.

Mais, puisqu'on vous a commandé de travailler sur le sujet de la critique qu'on a faite contre vous, que n'avez-vous fait cette Comédie des Comédiens, dont vous nous avez parlé il y a long-tems ? C'étoit une affaire toute trouvée, & qui venoit fort bien à la chose, & d'autant mieux, qu'ayant entrepris de vous peindre, ils vous ouvroient l'occasion de les peindre aussi, & que cela auroit pu s'appeller leur portrait, à bien plus juste titre, que tout ce qu'ils ont fait ne peut être appellé le vôtre. Car vouloir contrefaire un Comédien dans un rôle comique, ce n'est pas le peindre lui-même, c'est peindre d'après lui les personnages qu'il represente, & se servir des mêmes traits & des mêmes couleurs, qu'il est obligé d'employer aux différens tableaux des caracteres ridicules qu'il imite d'après nature ; mais contrefaire un Comédien dans des rôles sérieux, c'est le peindre par des défauts qui sont entiérement de lui, puisque ces sortes de personnages ne veulent, ni les gestes, ni les tons de voix ridicules, dans lesquels on les reconnoît.

MOLIERE.

Il est vrai ; mais j'ai des raisons pour ne le pas faire, & je n'ai pas cru, entre nous, que la chose en valût la peine ; & puis, il falloit plus de tems pour exécuter cette idée. Comme leurs jours de Comédie sont les mêmes que les nôtres, à peine ai-je été les voir trois ou quatre fois depuis que nous sommes à Paris ; je n'ai attrapé de leur maniere de reciter, que ce qui m'a d'abord sauté aux yeux, & j'aurois eu besoin de les étudier davantage pour faire des portraits bien ressemblans.

Mademoiselle DUPARC.

Pour moi, j'en ai reconnu quelques-uns dans votre bouche.

Mademoiselle DE BRIE.

Je n'ai jamais ouï parler de cela.

MOLIERE.

C'est une idée qui m'avoit passé une fois par la tête, & que j'ai laissée-là comme une bagatelle, une badinerie, qui peut-être n'auroit pas fait rire.

Mademoiselle DE BRIE.

Dites-la moi un peu, puisque vous l'avez dite aux autres.

MOLIERE.

Nous n'avons pas le tems maintenant.

Mademoiselle DE BRIE.

Seulement deux mots.

MOLIERE.

J'avois songé une Comédie, où il y auroit eu un Poëte, que j'aurois représenté moi-même, qui seroit venu pour offrir une Piece à une Troupe de Comédiens nouvellement arrivés de campagne. Avez-vous, auroit-il dit, des Acteurs & des Actrices qui soient capables de bien faire valoir un ouvrage, car ma Piece est une Piece... Hé! Monsieur, auroient répondu les Comédiens, nous avons des hommes & des femmes qui ont été trouvés raisonnables par tout où nous avons passé. Et qui fait les Rois parmi vous? Voilà un Acteur qui s'en démêle par fois. Qui? Ce jeune homme bien fait? Vous moquez-vous? Il faut un Roi qui soit gros & gras comme quatre. Un Roi, morbleu, qui soit entr.paillé comme il faut. Un Roi d'une vaste circonférence, & qui puisse remplir un Trône de la belle maniere. La belle chose qu'un Roi d'une taille galante! Voilà déjà un grand défaut, mais que je l'entende un peu reciter une douzaine de vers. Là-dessus le Comédien auroit recité, par exemple, quelques vers du Roi de Nicomede,

Te le dirai-je, Araspe, il m'a trop bien servi,
Augmentant mon pouvoir....

le plus naturellement qu'il lui auroit été possible. Et le Poëte: Comment? Vous appellez cela reciter? C'est se railler; il faut dire les choses avec emphase. Ecoutez-moi.

(*Il contrefait Monfleury, Comédien de l'Hôtel de Bourgogne.*)

Te le dirai-je, Araspe.... &c.

Voyez-vous cette posture? Remarquez bien cela. Là, appuyez comme il faut le dernier vers. Voilà ce qui attire l'approbation, & fait faire le brouhaha. Mais, Monsieur, auroit répondu le Comédien, il me semble qu'un Roi qui s'entretient tout seul avec son Capitaine des Gardes, parle un peu plus humainement, & ne prend guere ce ton de démoniaque. Vous ne sçavez ce que c'est. Allez-vous-en reciter comme vous faites, vous verrez si vous ferez faire aucun ah! voyons un peu une Scene d'Amant & d'Amante. Là-dessus une

Comédienne & un Comédien auroient fait une scene ensemble, qui est celle de Camille & de Curiace,

Iras-tu, ma chere ame, & ce funeste honneur
Te plaît-il aux dépens de tout notre bonheur ?
Hélas ! Je vois trop bien... &c.

tout de même que l'autre, & le plus naturellement qu'ils auroient pû. Et le Poëte aussi-tôt : Vous vous moquez, vous ne faites rien qui vaille, & voici comme il faut reciter cela.
(*Il imite Mademoiselle de Beauchâteau, Comédienne de l'Hôtel de Bourgogne.*)

Iras-tu, ma chere ame...
Non, je te connois mieux ... &c.

Voyez-vous comme cela est naturel & passionné ? Admirez ce visage riant qu'elle conserve dans les plus grandes afflictions. Enfin, voilà l'idée ; & il auroit parcouru de même tous les Acteurs & toutes les Actrices.

Mademoiselle DE BRIE.

Je trouve cette idée assez plaisante, & j'en ai reconnu là dès le premier vers. Continuez, je vous prie.

MOLIERE *imitant Beauchâteau, Comédien de l'Hôtel de Bourgogne, dans les stances du Cid.*

Percé jusques au fond du cœur, &c.

Et celui-ci, le reconnoîtrez-vous bien, dans Pompée de Sertorius ?
(*Il contrefait Hauteroche, Comédien de l'Hôtel de Bourgogne.*)

L'inimitié qui regne entre les deux partis,
N'y rend pas de l'honneur, &c.

Mademoiselle DE BRIE.

Je le reconnois un peu, je pense.

MOLIERE.

Et celui-ci?

(*Imitant de Villiers, Comédien de l'Hôtel de Bourgogne.*)

Seigneur, Polybe est mort, &c.

Mademoiselle DE BRIE.

Oui, je sçais qui c'est ; mais il y en a quelques-uns d'entr'eux, je crois, que vous auriez peine à contrefaire.

MOLIERE.

Mon Dieu ! Il n'y en a point qu'on ne pût attraper par quelque endroit, si je les avois bien étudiés, mais vous me faites perdre un tems qui nous est cher. Songeons à nous, de grace, & ne nous amusons

(*à la Grange.*)

pas davantage à discourir. Vous, prenez garde à bien représenter avec moi votre rôle de Marquis.

Mademoiselle MOLIERE.

Toujours des Marquis ?

MOLIERE.

Oui, toujours des Marquis. Que diable voulez-vous qu'on prenne pour un caractere agréable de Théatre ? Le Marquis aujourd'hui est le plaisant de la Comédie ; &, comme dans toutes les Comédies anciennes, on voit toujours un valet bouffon qui fait rire les Auditeurs, de même dans toutes nos Pieces de maintenant, il fait toujours un Marquis ridicule qui divertisse la compagnie.

Mademoiselle BEJART.

Il est vrai, on ne s'en sçauroit passer.

MOLIERE.

Pour vous, Mademoiselle....

Mademoiselle DU PARC.

Mon Dieu ! Pour moi, je m'acquitterai fort mal de mon personnage, & je ne sçais pas pourquoi vous m'avez donné ce rôle de façonniere.

MOLIERE.

Mon Dieu, Mademoiselle ! Voilà comme vous difiez, lorſqu'on vous donna celui de la Critique de l'École des Femmes ; cependant vous vous en êtes acquittée à merveille, & tout le monde eſt demeuré d'accord qu'on ne peut pas mieux faire que vous avez fait. Croyez-moi, celui-ci ſera de même, & vous le jouerez mieux que vous ne penſez.

Mademoiſelle DU PARC.

Comment cela ſe pourroit-il faire ? Car il n'y a point de perſonne au monde qui ſois moins façonniere que moi.

MOLIERE.

C'eſt vrai & c'eſt en quoi vous faites mieux voir que vous êtes une excellente Comédienne, de bien repreſenter un perſonnage, qui eſt ſi contraire à votre humeur. Tâchez donc de bien prendre, tous, le caractere de vos rôles, & de vous figurer que vous êtes ce que vous repreſentez.

(*à du Croiſy.*)

Vous faites le Poëte, vous, & vous devez vous remplir de ce perſonnage, marquer cet air pédant qui ſe conſerve parmi le commerce du beau monde, ce ton de voix ſententieux, & cette exactitude de prononciation qui appuie ſur toutes les ſyllabes, & ne laiſſe échaper aucune lettre de la plus ſévere orthographe.

(*à Brécourt.*)

Pour vous, vous faites un honnête homme de Cour, comme vous avez déjà fait dans la Critique de l'Ecole des Femmes, c'eſt-à-dire, que vous devez prendre un air poſé, un ton de voix naturel, & geſticuler le moins qu'il vous ſera poſſible.

(*à la Grange.*)

Pour vous je n'ai rien à vous dire.

(*à Mademoiſelle Béjart.*)

Vous vous repréſentez une de ces Femmes, qui pourvû qu'elles ne faſſent point l'amour, croient que tout le reſte leur eſt permis ; de ces Femmes qui ſe retranchent toujours fiérement ſur leur pruderie, regardent

C 6

un chacun de haut en bas, & veulent que toutes les plus belles qualités que possédent les autres, ne soient rien en comparaison d'un misérable honneur dont personne ne se soucie. Ayez toujours ce caractere devant les yeux pour en bien faire les grimaces.

(*à Mademoiselle de Brie.*)

Pour vous, vous faites une de ces femmes qui pensent être les plus vertueuses personnes du monde, pourvû qu'elles sauvent les apparences ; de ces femmes qui croient que le péché n'est que dans le scandale, qui veulent conduire doucement les affaires qu'elles ont, sur le pied d'attachement honnête, & appellent amis, ce que les autres nomment galans. Entrez bien dans ce caractere.

(*à Mademoiselle Moliere.*)

Vous, vous faites le même personnage que dans la Critique, & je n'ai rien à vous dire non plus qu'à Mademoiselle du Parc.

(*à Mademoiselle du Croisy.*)

Pour vous, vous representez une de ces personnes qui prétent doucement des charités à tout le monde, de ces femmes qui donnent toujours le petit coup de langue en passant, & seroient bien fâchées d'avoir souffert qu'on eût dit du bien du prochain. Je crois que vous ne vous acquitterez pas mal de ce rôle.

(*à Mademoiselle Hervé.*)

Et pour vous, vous étes la soubrette de la précieuse, qui se mêle de tems en tems dans la conversation, & attrape, comme elle peut, tous les termes de sa maîtresse. Je vous dis tous vos caracteres, afin que vous vous les imprimiez fortement dans l'esprit. Commençons maintenant à répéter, & voyons comme cela ira. Ah ! voici justement un fâcheux. Il ne nous falloit plus que cela.

COMEDIE.

SCENE II.

LA THORILLIERE, MOLIERE, BRECOURT, LA GRANGE, DU CROISY, Mesdemoiselles DU PARC, BEJART, DE BRIE, MOLIERE, DU CROISY, HERVÉ.

LA THORILLIERE.

BOn jour, Monsieur Moliere.

MOLIERE.
(à part.)

Monsieur, votre serviteur. La peste soit de l'homme !

LA THORILLIERE.
Comment vous en va ?

MOLIERE.
(aux Actrices.)

Fort bien, pour vous servir. Mesdemoiselles, ne...

LA THORILLIERE.
Je viens d'un lieu, où j'ai dit bien du bien de vous.

MOLIERE.
(à part.)   (aux Acteurs.)

Je vous suis obligé. Que le diable t'emporte ! Ayez un peu soin....

LA THORILLIERE.
Vous jouez une Piece nouvelle aujourd'hui ?

MOLIERE.
(aux Actrices.)

Oui, Monsieur. N'oubliez pas....

LA THORILLIERE.
C'est le Roi qui vous la fait faire ?

MOLIERE.
(aux Acteurs.)

Oui, Monsieur. De grace, songez....

LA THORILLIERE.

Comment l'appellez-vous ?

MOLIERE.

Oui, Monsieur.

LA THORILLIERE.

Je vous demande comment vous la nommez.

MOLIERE.
(aux Actrices.)

Ah, ma foi, je ne sais. Il faut, s'il vous plait, que vous....

LA THORILLIERE.

Comment serez-vous habillés ?

MOLIERE.
(aux Acteurs.)

Comme vous voyez. Je vous prie...

LA THORILLIERE.

Quand commencez-vous ?

MOLIERE.
(à part.)

Quand le Roi sera venu. Au diantre le questionneur.

LA THORILLIERE.

Quand croyez-vous qu'il vienne ?

MOLIERE.

La peste m'étouffe, Monsieur, si je le sçais.

LA THORILLIERE.

Sçavez-vous point...

MOLIERE.

Tenez, Monsieur, je suis le plus ignorant homme du monde. Je ne sçais rien de tout ce que vous pourrez
(à part.)
me demander, je vous jure. J'enrage. Ce bourreau vient avec un air tranquille vous faire des questions, & ne se soucie pas qu'on ait en tête d'autres affaires.

COMEDIE.
LA THORILLIERE.
Mesdemoiselles, votre serviteur.
MOLIERE.
Ah! bon. Le voilà d'un autre côté.
LA THORILLIERE *à Mademoiselle du Croisy.*
Vous voilà belle comme un petit ange. Jouez-vous toutes deux aujourd'hui? (*en regardant Mademoiselle Hervé.*)
Mademoiselle DU CROISY.
Oui, Monsieur.
LA THORILLIERE.
Sans vous, la Comédie ne vaudroit pas grand'chose.
MOLIERE *bas aux Actrices.*
Vous ne voulez pas faire en aller cet homme-là?
Mademoiselle DE BRIE *à la Thorilliere.*
Monsieur nous avons ici quelque chose à répéter ensemble.
LA THORILLIERE.
Ah, parbleu, je ne veux pas vous empêcher; vous n'avez qu'à poursuivre.
Mademoiselle DE BRIE.
Mais....
LA THORILLIERE.
Non, non, je serois fâché d'incommoder personne. Faites librement ce que vous avez à faire.
Mademoiselle DE BRIE.
Mais...
LA THORILLIERE.
Je suis homme sans cérémonie, vous dis-je, & vous pouvez répéter ce qu'il vous plaira.
MOLIERE.
Monsieur, ces Demoiselles ont peine à vous dire qu'elles souhaiteroient fort que personne ne fût ici pendant cette répétition.
LA THORILLIERE.
Pourquoi? Il n'y a point de danger pour moi.
MOLIERE.
Monsieur, c'est une coutume qu'elles observent, &

vous aurez plus de plaisir quand les choses vous sur-
prendront.
LA THORILLIERE.
Je m'en vais donc dire que vous êtes prêts.
MOLIERE.
Point du tout, Monsieur, ne vous hâtez pas, de grace.

SCENE III.

MOLIERE, BRECOURT, LA GRANGE, DU CROISY, Mesdemoiselles DU PARC, BEJART, DE BRIE, MOLIERE, DU CROISY, HERVÉ.

MOLIERE.

AH! que le monde est plein d'impertinens! Or sus, commençons. Figurez-vous donc premiérement que la Scene est dans l'antichambre du Roi, car c'est un lieu où il se passe tous les jours des choses assez plaisantes. Il est aisé de faire venir là toutes les personnes qu'on veut, & on peut trouver des raisons même pour y autoriser la venüe des femmes que j'introduis. La Comédie s'ouvre par deux Marquis qui se rencontrent.

(à la Grange.)

Souvenez-vous bien, vous, de venir, comme je vous ai dit, là, avec cet air qu'on nomme le bel air, peignant votre perruque, & grondant une petite chanson entre vos dents. La, la, la, la, la, la, la. Rangez-vous donc, vous autres, car il faut du ter-rein à deux Marquis, & ils ne sont pas gens à tenir leur personne dans un petit espace.

(à la Grange.)

Allons, parlez.

COMEDIE.
LA GRANGE.
Bon jour, Marquis.
MOLIERE.
Mon Dieu! ce n'eſt point-là le ton d'un Marquis; il faut le prendre un peu plus haut, & la plupart de ces Meſſieurs affectent une maniere de parler particuliere pour ſe diſtinguer du commun. *Bon jour, Marquis.* Recommencez donc.
LA GRANGE.
Bon jour, Marquis.
MOLIERE.
Ah, Marquis, ton ſerviteur.
LA GRANGE.
Que fais-tu-là?
MOLIERE.
Parbleu, tu vois; j'attends que tous ces Meſſieurs aient débouché la porte, pour preſenter là mon viſage.
LA GRANGE.
Têtebleu, quelle foule! je n'ai garde de m'y aller frotter, & j'aime bien mieux entrer des derniers.
MOLIERE.
Il y a là vingt gens qui ſont fort aſſurés de n'entrer point, & qui ne laiſſent pas de ſe preſſer, & d'occuper toutes les avenues de la porte.
LA GRANGE.
Crions nos deux noms à l'Huiſſier, afin qu'il nous appelle.
MOLIERE.
Cela eſt bon pour toi; mais, pour moi, je ne veux pas être joué par Moliere.
LA GRANGE.
Je penſe pourtant, Marquis, que c'eſt toi qu'il joue dans la Critique.
MOLIERE.
Moi? je ſuis ton valet, c'eſt toi-même en propre perſonne.

LA GRANGE.

Ah ! ma foi, tu es bon de m'appliquer ton personnage.

MOLIERE.

Parbleu, je te trouve plaisant de me donner ce qui t'appartient.

LA GRANGE riant.

Ah, ah, ah ! Cela est drôle.

MOLIERE riant.

Ah, ah, ah ! Cela est bouffon.

LA GRANGE.

Quoi ! tu veux soutenir que ce n'est pas toi qu'on joue dans le marquis de la Critique ?

MOLIERE.

Il est vrai ; c'est moi. Détestable, morbleu, détestable ; tarte à la crême. C'est moi, c'est moi, assurément, c'est moi.

LA GRANGE.

Oui, parbleu, c'est toi ; tu n'as que faire de railler ; &, si tu veux, nous gagerons, & verrons qui a raison des deux.

MOLIERE.

Et que veux-tu gager encore ?

LA GRANGE.

Je gage cent pistoles que c'est toi.

MOLIERE.

Et moi, cent pistoles que c'est toi.

LA GRANGE.

Cent pistoles comptant.

MOLIERE.

Comptant. Quatre-vingt-dix pistoles sur Amyntas, & dix pistoles comptant.

LA GRANGE.

Je le veux.

MOLIERE.

Cela est fait.

LA GRANGE.

Ton argent court grand risque.

COMEDIE. 67
MOLIERE.
Le tien est bien aventuré.
LA GRANGE.
A qui nous en rapporter ?
MOLIERE *à Brécourt.*
Voici un homme qui nous jugera. Chevalier.
BRECOURT.
Quoi ?
MOLIERE.
Bon. Voilà l'autre qui prend le ton de Marquis. Vous ai-je pas dit que vous faites un rôle, où l'on doit parler naturellement ?
BRECOURT.
Il est vrai.
MOLIERE.
Allons donc. *Chevalier.*
BRECOURT.
Quoi ?
MOLIERE.
Juge-nous un peu sur une gageure que nous avons faite.
BRECOURT.
Et quelle ?
MOLIERE.
Nous disputons qui est le Marquis de la Critique de Moliere ; il gage que c'est moi, je gage que c'est lui.
BRECOURT.
Et moi, je juge que ce n'est ni l'un ni l'autre. Vous êtes fous tous deux, de vouloir vous appliquer ces sortes de choses, & voilà de quoi j'ouïs l'autre jour se plaindre Moliere, parlant à des personnes qui le chargeoient de même choses que vous. Il disoit que rien ne lui donnoit du déplaisir, comme d'être accusé de regarder quelqu'un dans les portraits qu'il fait ; que son dessein est de peindre les mœurs sans vouloir toucher aux personnes, & que tous les personnages qu'il représente sont des personnages en l'air, & des fantômes proprement, qu'il habille à sa fantaisie pour réjouir les spectateurs ; qu'il seroit bien fâché d'y avoir jamais marqué qui que ce soit, & que si

quelque chose étoit capable de le dégoûter de faire des Comédies, c'étoit les ressemblances qu'on y vouloit toujours trouver, & dont ses ennemis tâchoient malicieusement d'appuyer la pensée, pour lui rendre de mauvais offices auprès de certaines personnes, à qui il n'a jamais pensé. En effet je trouve qu'il a raison ; car pourquoi vouloir, je vous prie, appliquer tous ses gestes & toutes ses paroles, & chercher à lui faire des affaires en disant hautement, il joue un tel, lorsque ce sont des choses qui peuvent convenir à cent personnes ? Comme l'affaire de la Comédie est de représenter en général tous les défauts des hommes, & principalement des hommes de notre siecle ; il est impossible à Moliere de faire aucun caractere qui ne rencontre quelqu'un dans le monde ; & , s'il faut qu'on l'accuse d'avoir songé à toutes les personnes où l'on peut trouver des défauts qu'il peint, il faut sans doute qu'il ne fasse plus de Comédies.

MOLIERE.

Ma foi, Chevalier, tu veux justifier Moliere, & épargner notre ami que voilà.

LA GRANGE.

Point du tout. C'est toi qu'il épargne ; & nous trouverons d'autres Juges.

MOLIERE.

Soit. Mais dis-moi, Chevalier, crois-tu pas que ton Moliere est épuisé maintenant, & qu'il ne trouvera plus de matiere pour....

BRECOURT.

Plus de matiere ? Hé, mon pauvre Marquis, nous lui en fournirons toujours assez, & nous ne prenons guere le chemin de nous rendre plus sages pour tout ce qu'il fait, & tout ce qu'il dit.

MOLIERE.

Attendez. Il faut marquer davantage tout cet endroit. Ecoutez-le moi dire un peu... & qu'il ne trouvera plus de matiere pour... Plus de matiere ! Hé, mon pauvre Marquis, nous lui en fournirons toujours assez, & nous ne prenons guere le chemin de nous rendre sages

COMEDIE. 69

pour tout ce qu'il fait & tout ce qu'il dit. Crois-tu qu'il ait épuisé dans ses Comédies tout le ridicule des hommes, &, sans sortir de la Cour, n'a-t-il pas encore vingt caracteres de gens où il n'a point touché? N'a-t-il pas, par exemple ceux qui se font les plus grandes amitiés du monde, & qui le dos tourné, font galanterie de se déchirer l'un l'autre? N'a-t-il pas ces adulateurs à outrance, ces flatteurs insipides qui n'assaisonnent d'aucun sel les louanges qu'ils donnent, & dont toutes les flatteries ont une douceur fade qui fait mal au cœur à ceux qui les écoutent? N'a-t-il pas ces lâches Courtisans de la faveur, ces perfides adorateurs de la fortune, qui vous encensent dans la prospérité, & vous accablent dans la disgrace? N'a-t-il pas ceux qui sont toujours mécontens de la Cour, ces suivans inutiles, ces incommodes assidus, ces gens, dis-je, qui, pour services, ne peuvent compter que des importunités, & qui veulent que l'on les récompense d'avoir obsédé le Prince dix ans durant? N'a-t-il pas ceux qui caressent également tout le monde, qui promenent leurs civilités à droit & à gauche, & courent à tous ceux qu'ils voient, avec les mêmes embrassades, & les mêmes protestations d'amitié? Monsieur, votre très-humble serviteur. Monsieur, je suis tout à votre service. Tenez-moi des vôtres, mon cher. Faites état de moi, Monsieur, comme du plus chaud de vos amis. Monsieur, je suis ravi de vous embrasser. Ah! Monsieur, je ne vous voyois pas. Faites-moi la grace de m'employer, soyez persuadé que je suis entiérement à vous. Vous êtes l'homme du monde que je révère le plus. Il n'y a personne que j'honore à l'égal de vous. Je vous conjure de le croire. Je vous supplie de n'en point douter. Serviteur. Très-humble valet. Va, va, Marquis, Moliere aura toujours plus de sujets qu'il n'en voudra, & tout ce qu'il a touché jusqu'ici n'est rien que bagatelle, au prix de ce qui reste Voilà à peu près comme cela doit être joué.

BRECOURT.

C'est assez.

MOLIERE.
Poursuivez.
BRECOURT.
Voici Clim ne & Elife.
MOLIERE.
(à Mefdemoifelles du Parc & Moliere.)
Là-deſſus, vous arriverez toutes deux.
(à Mademoiſelle du Parc.)
Prenez bien garde, vous, à vous débaucher comme il faut, & à faire bien des façons. Cela vous contraindra un peu ; mais qu'y faire ! Il faut par fois ſe faire violence.
Mademoiſelle MOLIERE.
Certes, Madame, je vous ai reconnue de loin, & j'ai bien vu à votre air que ce ne pouvoit être une autre que vous.
Mademoiſelle DU PARC.
Vous voyez. Je viens attendre ici la ſortie d'un homme avec qui j'ai une affaire à démêler.
Mademoiſelle MOLIERE.
Et moi de même.
MOLIERE.
Meſdames, voilà des coffres qui vous ſerviront de fauteuils.
Mademoiſelle DU PARC.
Allons Madame, prenez place, s'il vous plaît.
Mademoiſelle MOLIERE.
Après vous, Madame.
MOLIERE.
Bon. Après ces petites cérémonies muette, chacun prendra place, & parlera aſſis, hors les Marquis qui tantôt ſe leveront, & tantôt s'aſſoiront ſuivant leur inquiétude naturelle. *Parbleu, Chevalier, tu devrois faire prendre médecine à tes canons.*
BRECOURT.
Comment ?
MOLIERE.
Ils ſe portent fort mal.

COMEDIE.

BRECOURT.
Serviteur à la turlupinade.

Mademoiselle MOLIERE.
Mon Dieu ! Madame, que je vous trouve le teint d'une blancheur éblouïssante, les levres d'une couleur de feu surprenant !

Mademoiselle DU PARC.
Ah, que dites-vous-là, Madame ! Ne me regardez point, je suis du dernier laid aujourd'hui.

Mademoiselle MOLIERE.
Hé, Madame, levez un peu votre coëffe.

Mademoiselle DU PARC.
Fi. Je suis épouvantable, vous dis-je, & je me fais peur à moi-même.

Mademoiselle MOLIERE.
Vous êtes si belle.

Mademoiselle DU PARC.
Point, point.

Mademoiselle MOLIERE.
Montrez-vous.

Mademoiselle DU PARC.
Ah ! Fi donc, je vous prie.

Mademoiselle MOLIERE.
De grace.

Mademoiselle DU PARC.
Mon Dieu ! Non.

Mademoiselle MOLIERE.
Si fait.

Mademoiselle DU PARC.
Vous me désespérez.

Mademoiselle MOLIERE.
Un moment.

Mademoiselle DU PARC.
Hai.

Mademoiselle MOLIERE.
Résolument vous vous montrerez. On ne peut point se passer de vous voir.

Mademoiselle DU PARC.

Mon Dieu, que vous êtes une étrange personne ! Vous voulez furieusement ce que vous voulez.

Mademoiselle MOLIERE.

Ah, Madame, vous n'avez aucun désavantage à paroître au grand jour, je vous jure. Les méchantes gens, qui assuroient que vous mettiez quelque chose ! Vraiment, je les démentirai bien maintenant.

Mademoiselle DU PARC.

Hélas, je ne sçais pas seulement ce qu'on appelle mettre quelque chose ! Mais où vont ces Dames ?

Mademoiselle DE BRIE.

Vous voulez bien, Mesdames, que nous vous donnions en passant la plus agréable nouvelle du monde. Voilà Monsieur Lysidas qui vient de nous avertir qu'on a fait une Piece contre Moliere, que les grands Comédiens vont jouer.

MOLIERE.

Il est vrai, on me l'a voulu lire. C'est un nommé Br.... Brou.... Brossaut qui l'a faite.

Mademoiselle DU CROISY.

Monsieur, elle est affichée sous le nom de Boursaut, mais, à vous dire le secret, bien des gens ont mis la main à cet ouvrage, & l'on en doit concevoir une assez haute attente. Comme tous les Auteurs & tous les Comédiens regardent Moliere comme leur plus grand ennemi, nous nous sommes tous unis pour le desservir. Chacun de nous a donné un coup de pinceau d son portrait ; mais nous nous sommes bien gardés d'y mettre nos noms, il lui auroit été trop glorieux de succomber, aux yeux du monde, sous les efforts de tout le Parnasse, & pour rendre sa défaite plus ignominieuse, nous avons voulu choisir tout exprès un Auteur sans réputation.

Mademoiselle DU PARC.

Pour moi, je vous avoue que j'en ai toutes les joies imaginables.

MOLIERE

COMEDIE.
MOLIERE.
Et moi aussi. Par la sang-bleu, le railleur sera raillé ; il aura sur les doigts, ma foi.
Mademoiselle DU PARC.
Cela lui apprendra à vouloir satyriser tout. Comment ? cet impertinent ne veut pas que les femmes aient de l'esprit ? Il condamne toutes nos expressions élevées, & prétend que nous parlions toujours terre à terre ?
Mademoiselle DE BRIE.
Le langage n'est rien ; mais il censure tous nos attachemens, quelques innocens qu'ils puissent être, &, de la façon qu'il en parle, c'est être criminelle que d'avoir du mérite.
Mademoiselle DU CROISY.
Cela est insupportable. Il n'y a pas une femme qui puisse plus rien faire. Que ne laisse-t-il en repos nos maris, sans leur ouvrir les yeux, & leur faire prendre garde à des choses, dont ils ne s'avisent pas.
Mademoiselle BEJART.
Passe pour tout cela ; mais il satyrise même les femmes de bien, & ce méchant plaisant leur donne le titre d'honnêtes diablesses.
Mademoiselle MOLIERE.
C'est un impertinent. Il faut qu'il en ait tout le saoul.
DU CROISY.
La representation de cette Comédie, Madame, aura besoin d'être appuyée, & les Comédiens de l'hôtel.....
Mademoiselle DU PARC.
Mon Dieu ! qu'ils n'appréhendent rien. Je leur garantis le succès de leur Piece, corps pour corps.
Mademoiselle MOLIERE.
Vous avez raison, Madame. Trop de gens sont intéressés à la trouver belle. Je vous laisse à penser si tous ceux qui se croient satyrisés par Moliere, ne prendront point l'occasion de se venger de lui en applaudissant à cette Comédie.
BRECOURT ironiquement.
Sans doute ; & pour moi je réponds de douze Marquis,

de six précieuses, de vingt coquettes, & de trente cocus, qui ne manqueront pas d'y battre des mains.

Mademoiselle MOLIERE.

En effet. Pourquoi aller offenser toutes ces personnes-là, & particuliérement les cocus, qui sont les meilleures gens du monde ?

MOLIERE.

Par la sang-bleu, on m'a dit qu'on va le dauber, lui, & toutes ses Comédies, de la belle maniere, & que les Comédiens & les Auteurs, depuis le cédre jusqu'à l'hyssope, sont diablement animés contre lui.

Mademoiselle MOLIERE.

Cela lui sied fort bien. Pourquoi fait-il de méchantes Pieces que tout Paris va voir, & où il peint si bien les gens que chacun s'y connoît ? Que ne fait-il des Comédies comme celle de Monsieur Lysidas ? Il n'auroit personne contre lui, & tous les Auteurs en diroient du bien. Il est vrai que de semblables Comédies n'ont pas ce grand concours de monde ; mais, en revanche, elles sont toujours bien écrites, personne n'écrit contr'elles, & tous ceux qui les voient, meurent d'envie de les trouver belles.

DU CROISY.

Il est vrai que j'ai l'avantage de ne me point faire d'ennemis, & que tous mes ouvrages ont l'approbation des savans.

Mademoiselle MOLIERE.

Vous faites bien d'être content de vous. Cela vaut mieux que tous les applaudissemens du Public, & que tout l'argent qu'on sauroit gagner aux Pieces de Moliere. Que vous importe qu'il vienne du monde à vos Comédies, pourvu qu'elles soient approuvées par Messieurs vos confreres ?

LA GRANGE.

Mais quand jouera-t-on le portrait du peintre ?

DU CROISY.

Je ne sais ; mais je me prépare fort à paroître des premiers sur les rangs, pour crier ; Voilà qui est beau,

COMEDIE.
MOLIERE.
Et moi de même, parbleu.
LA GRANGE.
Et moi aussi, Dieu me sauve.
Mademoiselle DU PARC.
Pour moi, j'y paierai de ma personne, comme il faut ; & je réponds d'une bravoure d'approbation, qui mettra en déroute tous les jugemens ennemis. C'est bien la moindre chose que nous devions faire, que d'épauler de nos louanges le vengeur de nos intérêts.
Mademoiselle MOLIERE.
C'est fort bien dit.
Mademoiselle DE BRIE.
Et ce qu'il nous faut faire toutes.
Mademoiselle BEJART.
Assurément.
Mademoiselle DU CROISY.
Sans doute.
Mademoiselle HERVÉ.
Point de quartier à ce contrefaiseur de gens.
MOLIERE.
Ma foi, Chevalier mon ami, il faudra que ton Moliere se cache.
BRECOURT.
Qui ? Lui ? Je te promets, Marquis, qu'il fait dessein d'aller sur le Théatre, rire avec tous les autres, du portrait qu'on a fait de lui.
MOLIERE.
Parbleu, ce sera donc du bout des dents qu'il rira.
BRECOURT.
Va, va, peut-être qu'il y trouvera plus de sujets de rire que tu ne penses. On m'a montré la Piece, & comme tout ce qu'il y a d'agréable, sont effectivement les idées qui ont été prises de Moliere, la joie que cela pourra donner n'aura pas lieu de lui déplaire, sans doute ; car, pour l'endroit où on s'efforce de le noircir, je suis le plus trompé du monde, si cela est approuvé de personne ; & quant à tous les gens qu'ils

ont tâché d'animer contre lui, sur ce qu'il fait, dit-on, des portraits trop ressemblans, outre que cela est de fort mauvaise grace, je ne vois rien de plus ridicule & de plus mal pris ; & je n'avois pas cru jusqu'ici que ce fût un sujet de blâme pour un Comédien que de peindre trop bien les hommes.

LA GRANGE.

Les Comédiens m'ont dit qu'ils l'attendoient sur la réponse, & que...

BRECOURT.

Sur la réponse ? ma foi, je le trouverois un grand fou, s'il se mettoit en peine de répondre à leurs invectives. Tout le monde sait assez de quel motif elles peuvent partir ; & la meilleure réponse qu'il leur puisse faire, c'est une Comédie qui réussisse comme toutes les autres. Voilà le vrai moyen de se venger d'eux, comme il faut ; &, de l'humeur dont je les connois, je suis fort assuré qu'une Piece nouvelle qui leur enlevera le monde, les fâchera bien plus que toutes les satyres qu'on pourroit faire de leurs personnes.

MOLIERE.

Mais, Chevalier...

Mademoiselle BEJART.

Souffrez que j'interrompe pour un peu la répétition.

(à Moliere.)

Voulez-vous que je vous die ? si j'avois été en votre place, j'aurois poussé les choses autrement. Tout le monde attend de vous une réponse vigoureuse, &, après la maniere dont on m'a dit que vous étiez traité dans cette Comédie, vous étiez en droit de tout dire contre les Comédiens, & vous deviez n'en épargner aucun.

MOLIERE.

J'enrage de vous ouir parler de la sorte, & voilà votre manie à vous autres femmes. Vous voudriez que je prisse feu d'abord contr'eux, & qu'à leur exemple j'allasse éclater promptement en invectives & en injures. Le bel honneur que j'en pourrois tirer, & le grand dépit que je leur ferois ! Ne se font-ils pas préparés de bonne volonté à ces sortes de choses, & , lorsqu'ils ont délibéré s'ils joueroient le portrait du peintre sur la crainte d'une riposte, quelques-uns d'entr'eux n'ont-ils pas répondu ? Qu'il nous rende toutes les injures qu'il voudra, pourvu que nous gagnions de l'argent. N'est-ce pas-là la marque d'une ame fort sensible à la honte, & ne me vengerois-je pas bien d'eux, en leur donnant ce qu'ils veulent bien recevoir ?

Mademoiselle DE BRIE.
Ils se sont fort plaint toutefois de trois ou quatre mots que vous avez dit d'eux dans la Critique, & dans vos Précieuses.

MOLIERE.
Il est vrai, ces trois ou quatre mots sont trop offensans,& ils ont grande raison de les citer. Allez, allez; ce n'est pas cela. Le plus grand mal que je leur aie fait, c'est que j'aie eu le bonheur de plaire un peu plus qu'ils n'auroient voulu, & tout leur procédé, depuis que nous sommes venus à Paris, a trop marqué ce qui les touche ; mais laissons-les faire tant qu'ils voudront, toutes leurs entreprises ne doivent point m'inquiéter. Ils critiquent mes Pieces, tant mieux ; & Dieu me garde d'en faire jamais qui leur plaise. Ce seroit une mauvaise affaire pour moi.

Mademoiselle DE BRIE.
Il n'y a pas grand plaisir pourtant à voir déchirer ses Ouvrages.

MOLIERE.
Et qu'est-ce que cela me fait ? N'ai-je pas obtenu de ma Comédie tout ce que j'en voulois obtenir, puisqu'elle a eu le bonheur d'agréer aux augustes personnes, à qui particuliérement je m'efforce de plaire ? N'ai-je pas lieu d'être satisfait de sa destinée, & toutes leurs censures ne viennent-elles pas trop tard ? Est-ce moi, je vous prie, que cela regarde maintenant; & lorsqu'on attaque une Piece qui a eu du succès, n'est-ce pas attaquer plutôt le jugement de ceux

qui l'ont approuvée, que l'art de celui qui l'a faite ?

Mademoiselle DE BRIE.

Ma foi, j'aurois joué ce petit Monsieur l'Auteur qui se mêle d'écrire contre des gens qui ne songent pas à lui.

MOLIERE.

Vous êtes folle. Le beau sujet à divertir la Cour que Monsieur Boursaut ! Je voudrois bien savoir de quelle façon on pourroit l'ajuster pour le rendre plaisant ; & si, quand on le berneroit sur le Théatre, il seroit assez heureux pour faire rire le monde. Ce lui seroit trop d'honneur, que d'être joué devant une auguste assemblée, il ne demanderoit pas mieux, & il m'attaque de gaieté de cœur, pour se faire connoître, de quelque façon que ce soit. C'est un homme qui n'a rien à perdre, & les Comédiens ne me l'ont déchaîné, que pour m'engager à une sotte guerre, & me détourner par cet artifice des autres Ouvrages que j'ai à faire, & cependant vous êtes assez simples pour donner toutes dans ce panneau. Mais enfin, j'en ferai ma déclaration publiquement. Je ne prétends faire aucune réponse à toutes leurs critiques, & leurs contre-critiques. Qu'ils disent tous les maux du monde de mes Pieces, j'en suis d'accord. Qu'ils s'en saisissent après nous, qu'ils les retournent comme un habit pour les mettre sur leur Théatre, & tâchent à profiter de quelqu'agrément qu'on y trouve, & d'un peu de bonheur que j'ai ; j'y consens, ils en ont besoin, & je serai bien aise de contribuer à les faire subsister, pourvu qu'ils se contentent de ce que je puis leur accorder avec bienséance. La courtoisie doit avoir des bornes ; & il y a des choses qui ne font rire, ni les Spectateurs, ni celui dont on parle. Je leur abandonne de bon cœur mes ouvrages, ma figure, mes gestes, mes paroles, mon ton de voix, & ma façon de reciter, pour en faire, & dire tout ce qu'il leur plaira, s'ils en peuvent tirer quelque avantage. Je ne m'oppose point à toutes ces choses, & je ferai ravi que cela puisse réjouir le monde ; mais en leur abandonnant tout cela, ils me doivent faire la grace de me laisser le reste, & de ne point toucher à des matieres de la nature de celles, sur lesquelles on m'a dit qu'ils m'attaquoient dans leurs Comédies. C'est de quoi je prierai civilement cet honnête Monsieur qui se mêle d'écrire pour eux, & voilà toute la réponse qu'ils auront de moi.

Mademoiselle BEJART.

Mais enfin....

MOLIERE.

Mais enfin, vous me feriez devenir fou. Ne parlons point de cela davantage, nous nous amusons à faire des discours, au lieu de répéter notre Comédie. Où en étions-nous ? Je ne m'en souviens plus.

Mademoiselle DE BRIE.

Vous en étiez à l'endroit.....

MOLIERE.

Mon Dieu, j'entends du bruit, c'est le Roi qui arrive assurément, & je vois bien que nous n'aurons pas le tems de passer outre. Voilà ce que c'est de s'amuser. Oh bien, faites donc, pour le reste, du mieux qu'il vous sera possible.

Mademoiselle BEJART.

Par ma foi, la frayeur me prend, & je ne sçaurois aller jouer mon rôle, si je ne le répéte tout entier.

MOLIERE.

Comment, vous ne sçauriez aller jouer votre rôle ?

Mademoiselle BEJART.

Non.

Mademoiselle DU PARC.

Ni moi, le mien.

Mademoiselle DE BRIE.

Ni moi non plus.

Mademoiselle MOLIERE.

Ni moi.

Mademoiselle HERVÉ.

Ni moi.

Mademoiselle DU CROISY.

Ni moi.

MOLIERE.

Que pensez-vous donc faire ? Vous moquez-vous toutes de moi ?

SCENE IV.

BEJART, MOLIERE, LA GRANGE, DU CROISY, Mesdemoiselles DU PARC, BEJART, DE BRIE, MOLIERE, DU CROISY, HERVÉ.

BEJART.

Messieurs, je viens vous avertir que le Roi est venu, & qu'il attend que vous commenciez.

MOLIERE.

Ah ! Monsieur, vous me voyez dans la plus grande peine du monde ; je suis désespéré à l'heure que je vous parle. Voici des femmes qui s'effraient, & qui disent qu'il leur faut répéter leurs rôles, avant que d'aller commencer. Nous demandons, de grace encore un moment. Le Roi a de la bonté, & il sçait bien que la chose a été précipitée.

SCENE V.

MOLIERE, & les mêmes Acteurs, à l'exception de Béjart.

MOLIERE.

Hé ! de grace, tâchez de vous remettre, prenez courage, je vous prie.

Mademoiselle DU PARC.

Vous devez vous aller excuser.

MOLIERE.

Comment m'excuser ?

SCENE VI.

MOLIERE, & *les mêmes Acteurs*, UN NÉCESSAIRE.

UN NÉCESSAIRE.

Messieurs, commencez donc.

MOLIERE.

Tout à l'heure, Monsieur. Je crois que je perdrai l'esprit de cette affaire-ci, &......

SCENE VII.

MOLIERE, & *les mêmes Acteurs*, UN SECOND NÉCESSAIRE.

LE SECOND NÉCESSAIRE.

Messieurs, commencez donc.

MOLIERE.

(*à ses Camarades.*)

Dans un moment, Monsieur. Hé quoi donc ! Voulez-vous que j'aie l'affront.....

SCENE VIII.

MOLIERE, & *les mêmes Acteurs*, UN TROISIEME NÉCESSAIRE.

LE TROISIEME NÉCESSAIRE.

Messieurs, commencez donc.

MOLIERE.

Oui, Monsieur, nous y allons. Hé ! Que de gens se font de fête, & viennent dire, commencez donc, à qui le Roi ne l'a pas commandé ?

SCENE IX.

MOLIERE, & *les mêmes Acteurs*, UN QUATRIEME NÉCESSAIRE.

LE QUATRIEME NÉCESSAIRE.

Meſſieurs, commencez donc.

MOLIERE.
(*à ſes Camarades.*)

Voilà qui eſt fait, Monſieur. Quoi donc ! Recevrai-je la confuſion......

SCENE X.
SCENE DERNIERE.

BEJART, MOLIERE, & *les mêmes Acteurs*.

MOLIERE.

Monſieur, vous venez pour nous dire de commencer, mais......

BEJART.

Non, Meſſieurs, je viens pour vous dire qu'on a dit au Roi l'embarras où vous vous trouviez, & que, par une bonté toute particuliere, il remet votre nouvelle Comédie à une autre fois, & ſe contente pour aujourd'hui de la premiere que vous pourrez donner.

MOLIERE.

Ah ! Monſieur, vous me redonnez la vie. Le Roi nous fait la plus grande grace du monde de nous donner du tems, pour ce qu'il a ſouhaité ; & nous allons tous le remercier des extrêmes bontés qu'il nous fait paroître.

F I N.

LA PRINCESSE D'ÉLIDE,

COMÉDIE-BALLET.

AVERTISSEMENT.

ON n'a pas cru devoir fuivre l'ordre des anciennes Editions, pour l'impreffion de *la Princeffe d'Elide*. Cette Piece étoit confondue parmi tous les détails des Fêtes qui furent faites à Verfailles en 1664, depuis le 7 Mai jufques & compris le 13 du même mois. Sans priver le Public de ces détails qui peuvent être amufans & curieux, on s'eft contenté de mettre le tout dans un meilleur ordre. On a auffi changé le titre général de *Plaifirs de l'Ifle enchantée*, avec d'autant plus de raifon, que ce titre ne convient qu'aux trois premieres journées, qui feules font comprifes dans ce fujet; les quatre autres n'y ont aucun rapport, & on y a fubftitué celui de *Fêtes de Verfailles en 1664*.

ACTEURS DU PROLOGUE.

L'AURORE.
LYCISCAS, Valet de chiens.
TROIS VALETS DE CHIENS, chantans.
VALETS DE CHIENS dansans.

ACTEURS DE LA COMÉDIE.

IPHITAS, Prince d'Elide, pere de la Princesse.
LA PRINCESSE D'ELIDE.
EURIALE, Prince d'Ithaque.
ARISTOMENE, Prince de Messéne.
THEOCLE, Prince de Pyle.
AGLANTE, Cousine de la Princesse.
CINTHIE, Cousine de la Princesse.
ARBATE, Gouverneur du Prince d'Ithaque.
PHILIS, Suivante de la Princesse.
MORON, Plaisant de la Princesse.
LYCAS, Suivant d'Iphitas.

ACTEURS DES INTERMEDES.

PREMIER INTERMEDE.

MORON.
CHASSEURS, dansans.

SCOND INTERMEDE.

PHILIS.
MORON.
UN SATYRE, chantant.
SATYRES, dansans.

TROISIEME INTERMEDE.

PHILIS.
TIRCIS, Berger chantant.
MORON.

QUATRIEME INTERMEDE.

LA PRINCESSE.
PHILIS.
CLIMENE.

CINQUIEME INTERMEDE.

BERGERS & BERGERES, chantans.
BERGERS & BERGERES, dansans.

La Scene est en Elide.

LA PRINCESSE D'ELIDE,
COMÉDIE-BALLET.

PROLOGUE.

SCENE PREMIERE.

L'AURORE, LYCISCAS, & *plusieurs autres* VALETS DE CHIENS *endormis & couchés sur l'herbe.*

L'AURORE *chante.*

Quand l'amour à vos yeux offre un choix agréable,
   Jeunes beautés, laissez-vous enflammer ;
Moquez-vous d'affecter cet orgueil indomptable,
   Dont on vous dit qu'il est beau de s'armer.
    Dans l'âge où l'on est aimable,
    Rien n'est si beau que d'aimer.
Soupirez librement pour un amant fidele,
   Et bravez ceux qui voudront vous blâmer ;
Un cœur tendre est aimable, & le nom de cruelle
   N'est pas un nom à se faire estimer :
    Dans le tems où l'on est belle,
    Rien n'est si beau que d'aimer.

Tome. II.

LA PRINCESSE D'ELIDE

SCENE II.

LYCISCAS, & *plusieurs* VALETS DE CHIENS *endormis*, TROIS VALETS DE CHIENS *chantans*, *réveillés par le recit de l'Aurore.*

TOUS TROIS ENSEMBLE *chantent.*

Holà, holà. Debout, debout, debout.
Pour la chasse ordonnée il faut préparer tout;
  Holà ho, debout, vîte debout.
PREMIER.
Jusqu'aux plus sombres lieux le jour se communique.
DEUXIÉME.
  L'air sur les fleurs en perles se résout.
TROISIEME.
  Les rossignols commencent leur musique,
Et leurs petits concerts retentissent par-tout.
TOUS TROIS ENSEMBLE.
  Sus, sus, debout, vîte, debout.
   (*à Lyciscas endormi.*)
Qu'est ceci, Lyciscas? Quoi, tu ronfles encore?
Toi, qui promettois tant de devancer l'Aurore,
  Allons, debout, vîte, debout.
Pour la chasse ordonnée, il faut préparer tout,
Debout, vîte, debout, dépêchons, ho, debout.
LYCISCAS *en s'éveillant.*
Par la morbleu, vous êtes de grands braillards, vous autres, & vous avez la gueule ouverte de grand matin.

PROLOGUE.

TOUS TROIS ENSEMBLE.

Ne vois-tu pas le jour qui se répand par-tout ?
Allons debout, Lyciscas, debout.

LYCISCAS.

Hé ! laissez-moi dormir encore un peu, je vous conjure.

TOUS TROIS ENSEMBLE.

Non, non, debout, Lyciscas debout.

LYCISCAS.

Je ne vous demande plus qu'un petit quart-d'heure.

TOUS TROIS ENSEMBLE.

Point, point, debout, vîte, debout.

LYCISCAS.

Hé ! je vous prie.

TOUS TROIS ENSEMBLE.

Debout.

LYCISCAS.

Un moment.

TOUS TROIS ENSEMBLE.

Debout.

LYCISCAS.

De grace.

TOUS TROIS ENSEMBLE.

Debout.

LYCISCAS.

Hé !

TOUS TROIS ENSEMBLE.

Debout.

LYCISCAS.

Je ....

TOUS TROIS ENSEMBLE.

Debout.

LYCISCAS.

J'aurai fait incontinent....

TOUS TROIS ENSEMBLE.

Non, non, debout, Lyciscas, debout.
Pour la chasse ordonnée il faut préparer tout.
Vîte debout, dépêchons, debout.

PROLOGUE.
LYSISCAS.
Hé bien, laissez-moi, je vais me lever. Vous êtes d'étranges gens de me tourmenter comme cela, vous ferez cause que je ne me porterai pas bien de toute la journée; car voyez-vous le sommeil est nécessaire à l'homme, & lorsqu'on ne dort pas sa réfection, il arrive.... que.... on n'est....

(*Il se rendort.*)

PREMIER.
Lyciscas.
DEUXIEME.
Lyciscas.
TROISIEME.
Lyciscas.
TOUS TROIS ENSEMBLE.
Lyciscas.
LYCISCAS.
Diable soit des brailleurs! Je voudrois que vous eussiez la gueule pleine de bouillie bien chaude.
TOUS TROIS ENSEMBLE.
Debout, debout.
Vîte, debout, dépêchons, debout.
LYCISCAS.
Ah, quelle fatigue de ne pas dormir son saoul.
PREMIER.
Holà, ho.
DEUXIEME.
Holà, ho.
TROISIEME.
Holà, ho.
TOUS TROIS ENSEMBLE.
Ho! ho!
LYCISCAS.
Ho! ho! La peste soit des gens avec leurs chiens de hurlemens! Je me donne au diable, si je ne vous assomme. Mais voyez un peu quel diable d'enthousiasme il leur prend, de me venir chanter aux oreilles comme cela. Je....

PROLOGUE.

TOUS TROIS ENSEMBLE.
Debout.
LYCISCAS.
Encore?
TOUS TROIS ENSEMBLE.
Debout.
LYCISCAS.
Que le diable vous emporte.
TOUS TROIS ENSEMBLE.
Debout.
LYCISCAS *en se levant.*
Quoi? toujours? A-t-on jamais vu une pareille furie de chanter? Par la sang-bleu, j'enrage. Puisque me voilà éveillé, il faut que j'éveille les autres ; & que je les tourmente comme on m'a fait. Allons, ho, Messieurs, debout, debout, vîte : c'est trop dormir. Je vais faire un bruit de diable par-tout.

(*Il crie de toute sa force.*)

Debout, debout, debout. Allons vîte, ho, ho, ho, debout, debout. Pour la chasse ordonnée, il faut préparer tout : debout, debout, Lycyscas, debout. Ho, ho, ho, ho.

(*Plusieurs cors & troupes de chasse se font entendre, les Valets de chiens que Lyciscas a réveillés dansent une entrée.*)

Fin du Prologue.

LA PRINCESSE D'ELIDE,
COMEDIE-BALLET.

ACTE PREMIER.

SCENE PREMIERE.
EURIALE, ARBATE.

ARBATE.

E silence rêveur, dont la sombre habitude
Vous fait à tout moment chercher la solitude,
Ces longs soupirs que laissent échapper votre cœur,
Et ces fixes regards si chargés de langueur,
Disent beaucoup, sans doute, à des gens de mon âge;
Et je pense, Seigneur, entendre ce langage.
Mais, sans votre congé, de peur de trop risquer,
Je n'ose m'enhardir jusques à l'expliquer.

EURIALE.

Explique, explique, Arbate, avec toute licence
Ces soupirs, ces regards & ce morne silence.
Je te permets ici de dire que l'amour
M'a rangé sous ses loix, & me brave à son tour,
Et je consens encor que tu me fasses honte
Des foiblesses d'un cœur qui souffre qu'on le dompte.

ARBATE.

Moi, vous blâmer, Seigneur, des tendres mouve-
   mens
Où je vois qu'aujourd'hui penchent vos sentimens ?
Le chagrin des vieux jours ne peut aigrir mon ame
Contre les doux transports de l'amoureuse flamme ;
Et bien que mon sort touche à ses derniers soleils,
Je dirai que l'amour sied bien à vos pareils ;
Que ce tribut qu'on rend aux traits d'un beau
   visage,
De la beauté d'une ame est un clair témoignage,
Et qu'il est mal-aisé que, sans être amoureux,
Un jeune Prince soit & grand & généreux.
C'est une qualité que j'aime en un Monarque,
La tendresse du cœur est une grande marque
Que d'un Prince à votre âge on peut tout présumer,
Dès qu'on voit que son ame est capable d'aimer.
Oui, cette passion, de toutes la plus belle,
Traine dans un esprit cent vertus après elle ;
Aux nobles actions elle pousse les cœurs ;
Et tous les grands héros ont senti ses ardeurs.
Devant mes yeux, Seigneur, a passé votre enfance,
Et j'ai de vos vertus vu fleurir l'espérance ;
Mes regards observoient en vous des qualités
Où je reconnoissois le sang dont vous sortez ;
J'y découvrois un fond d'esprit & de lumiere,
Je vous trouvois bien fait, l'air grand & l'ame fiere,
Votre cœur, votre adresse éclatoient chaque jour :
Mais je m'inquiétois de ne voir point d'amour ;
Et puisque les langueurs d'une plaie invincible
Nous montrent que votre ame à ses traits est sensible,

COMEDIE.

Je triomphe, & mon cœur d'allegreſſe rempli
Vous regarde à preſent comme un Prince accompli.

EURIALE.

Si d.l'amour un tems j'ai bravé la puiſſance,
Hélas! mon cher Arbate, il en prend bien ven-
　geance ;
Et ſçachant dans quels maux mon cœur s'eſt abymé,
Toi-même tu voudrois qu'il n'eût jamais aimé.
Car enfin, voi le ſort où mon aſtre me guide ;
J'aime, j'aime ardemment la Princeſſe d'Elide,
Et tu ſçais que l'orgueil ſous des traits ſi charmans
Arme contre l'amour ſes jeunes ſentimens,
Et comment elle fuit en cette illuſtre fête
Cette foule d'amans qui briguent ſa conquête.
Ah! qu'il eſt bien peu vrai que ce qu'on doit aimer
Auſſi-tôt qu'on le voit, prend droit de nous char-
　mer,
Et qu'un premier coup d'œil allume en nous les
　flammes
Où le Ciel en naiſſant, a deſtiné nos ames!
A mon retour d'Argos, je paſſai dans ces lieux,
Et ce paſſage offrit la Princeſſe à mes yeux ;
Je vis tous les appas dont elle eſt revêtue,
Mais de l'œil dont on voit une belle ſtatue.
Leur brillante jeuneſſe obſervée à loiſir
Ne porta dans mon ame aucun ſecret deſir,
Et d'Ithaque en repos je revis le rivage,
Sans m'en être en deux ans rappellé nulle image.
Un bruit vient cependant à répandre à ma cour
Le célebre mépris qu'elle fait de l'amour ;
On publie en tous lieux que ſon ame hautaine
Garde pour l'hymenée une invincible haine,
Et qu'un arc à la main, ſur l'épaule un carquois,
Comme une autre Diane, elle hante les bois,
N'aime rien que la chaſſe, & de toute la Gréce
Fait ſoupirer en vain l'héroïque jeuneſſe.
Admire nos eſprits, & la fatalité,
Ce que n'avoit point fait ſa vue & ſa beauté,

Le bruit de ses fiertés en mon ame fit naître
Un transport inconnu, dont je ne fus point maître:
Ce dédain si fameux eut des charmes secrets
A me faire avec soin rappeller tous ses traits,
Et mon esprit jettant de nouveaux yeux sur elle
M'en refit une image & si noble & si belle,
Me peignit tant de gloire & de telles douceurs
A pouvoir triompher de toutes ses froideurs,
Que mon cœur, aux brillans d'une telle victoire,
Vit de sa liberté s'évanouir la gloire;
Contre une telle amorce il eut beau s'indigner,
Sa douceur dans mes sens prit tel droit de régner,
Qu'entraîné par l'effort d'une occulte puissance,
J'ai d'Ithaque en ces lieux fait voile en diligence,
Et je couvre un effet de mes vœux enflammés.
Du desir de paroître à ces jeux renommés,
Où l'illustre Iphitas, pere de la Princesse,
Assemble la plupart des Princes de la Grece.
             ARBATE.
Mais à quoi bon, Seigneur, les soins que vous
   prenez?
Et pourquoi ce secret où vous vous obstinez?
Vous aimez, dites-vous, cette illustre Princesse,
Et venez à ses yeux signaler votre adresse,
Et nuls empressemens, paroles, ni soupirs
Ne l'ont instruite encor de vos brûlans desirs?
Pour moi, je n'entends rien à cette politique
Qui ne veut point souffrir que votre cœur s'ex-
   plique,
Et je ne sçais quel fruit peut prétendre un amour
Qui fuit tous les moyens de se produire au jour.
             EURIALE.
Et que ferai-je, Arbate, en déclarant ma peine,
Qu'attirer les dédains de cette ame hautaine,
Et me jetter au rang de ces Princes soumis
Que le titre d'amans lui peints en ennemis?
Tu vois les souverains de Messene & de Pyle,
Lui faire de leurs cœurs un hommage inutile,

Et de l'éclat pompeux des plus hautes vertus,
En appuyer en vain les respects assidus?
Ce rebut de leurs soins, sous un triste silence,
Retient de mon amour toute la violence,
Je me tiens condamné dans ces rivaux fameux,
Et je lis mon arrêt au mépris qu'on fait d'eux.

ARBATE.

Et c'est dans ce mépris, & dans cette humeur fiere
Que votre ame à ses vœux doit voir plus de lumiere,
Puisque le sort vous donne à conquérir un cœur
Que défend seulement une simple froideur,
Et qui n'impose point à l'ardeur qui vous presse
De quelque attachement l'invincible tendresse.
Un cœur préoccupé résiste puissamment;
Mais quand une ame est libre, on la force aisément,
Et toute la fierté de son indifférence
N'a rien dont ne triomphe un peu de patience.
Ne lui cachez donc plus le pouvoir de ses yeux,
Faites de votre flamme un éclat glorieux,
Et, bien loin de trembler de l'exemple des autres,
Du rebut de leurs vœux enflez l'espoir des vôtres.
Peut-être pour toucher ses séveres appas,
Aurez-vous des secrets que ces Princes n'ont pas;
Et, si de ses fiertés l'impérieux caprice
Ne vous fait éprouver un destin plus propice,
Au moins est-ce un bonheur en ces extrêmités,
Que de voir avec soi ses rivaux rebutés.

EURIALE.

J'aime à te voir presser cet aveu de ma flamme;
Combattant mes raisons, tu chatouilles mon ame,
Et, par ce que j'ai dit, je voulois pressentir
Si de ce que j'ai fait tu pourrois m'applaudir.
Car enfin, puisqu'il faut t'en faire confidence,
On doit à la Princesse expliquer mon silence,
Et peut-être, au moment que je t'en parle ici,
Le secret de mon cœur, Arbate, est éclairci.

Cette chasse, où pour fuir la foule qui l'adore,
Tu sçais qu'elle est allée au lever de l'aurore,
Est le tems que Moron pour déclarer mon feu
A pris.

ARBATE.
Moron, Seigneur !
EURIALE.
Ce choix t'étonne un peu,
Par son titre de fou tu crois le bien connoître ;
Mais sçache qu'il l'est moins qu'il ne le veut paroître,
Et que, malgré l'emploi qu'il exerce aujourd'hui,
Il a plus de bons sens que tel qui rit de lui.
La Princesse se plaît à ses bouffonneries,
Il s'en est fait aimer par cent plaisanteries,
Et peut dans cet accès dire & persuader
Ce que d'autres que lui n'oseroient hasarder ;
Je le vois propre, enfin à ce que j'en souhaite,
Il a pour moi, dit-il, une amitié parfaite,
Et veut, dans mes états ayant reçu le jour,
Contre tous mes rivaux appuyer mon amour,
Quelque argent mis en main pour soutenir ce zele....

SCENE II.

EURIALE, ARBATE, MORON.

MORON *derriere le Théatre.*

AU secours. Sauvez-moi de la bête cruelle.
EURIALE.
Je pense ouir sa voix.
MORON *derriere le Théatre.*
A moi, de grace, à moi.
EURIALE.
C'est lui-même. Où court-il avec un tel effroi ?

MORON

COMEDIE.

MORON *entrant sans voir personne.*
Où pourrai-je éviter ce sanglier redoutable ?
Grands Dieux ! Préservez-moi de sa dent effroya-
 ble ;
Je vous promets, pourvu qu'il ne m'attrape pas,
Quatre livres d'encens, & deux veaux des plus gras.
(*Rencontrant Euriale que dans sa frayeur il prend
 pour le sanglier qu'il évite.*)
Ah, je suis mort !

EURIALE.
Qu'as-tu ?

MORON.
Je vous croyois la bête,
Dont à me diffamer j'ai vu la gueule prête,
Seigneur, & je ne puis revenir de ma peur.

EURIALE.
Qu'est-ce ?

MORON.
O, que la Princesse est d'une étrange humeur !
Et qu'à suivre la chasse & ses extravagances,
Il nous faut essuyer de sottes complaisances !
Quel diable de plaisir trouvent tous les chasseurs
De se voir exposés à mille & mille pleurs ?
Encore si c'étoit qu'on ne fût qu'à la chasse
Des lievres, des lapins, & des jeunes dains ; passe :
Ce sont des animaux d'un naturel fort doux,
Et qui prennent toujours la fuite devant nous.
Mais aller attaquer de ces bêtes vilaines
Qui n'ont aucun respect pour les faces humaines,
Et qui courent les gens qui les veulent courir,
C'est un sot passe-tems, que je ne puis souffrir.

EURIALE.
Di-nous donc ce que c'est ?

MORON.
Le pénible exercice
Où de notre Princesse a volé le caprice !

J'en aurois bien juré qu'elle auroit fait le tour:
Et, la course des chars se faisant en ce jour,
Il falloit affecter ce contre-tems de chasse
Pour mépriser ces jeux avec meilleure grace,
Et faire voir... Mais chut. Achevons mon recit,
Et reprenons le fil de ce que j'avois dit.
Qu'ai-je dit ?

EURIALE.
Tu parlois d'exercice pénible.

MORON.
Ah ! Oui. Succombant donc à ce travail horrible,
Car en chasseur fameux j'étois enharnaché,
Et dès le point du jour je m'etois découché ;
Je me suis écarté de tous en galant homme,
Et trouvant un lieu propre à dormir d'un bon
    somme,
J'essayois ma posture, & m'ajustant bientôt,
Prenois déja mon ton pour ronfler comme il faut ;
Lorsqu'un murmure affreux m'a fait lever la vue,
Et j'ai d'un vieux buisson de la forêt touffue
Vu sortir un sanglier d'une énorme grandeur
Pour....

EURIALE.
Qu'est-ce ?

MORON.
           Ce n'est rien. N'ayez point de frayeur ;
Mais laissez-moi passer entrer vous deux, pour cause,
Je serai mieux en main pour vous conter la chose.
J'ai donc vu ce sanglier qui, par nos gens chassé,
Avoit d'un air affreux tout son poil hérissé ;
Ses deux yeux flamboyant ne lançoient que menace,
Et sa gueule faisoit une laide grimace,
Qui, parmi de l'écume, à qui l'osoit presser,
Montroit de certains crocs... Je vous laisse à
    penser.
A ce terrible aspect j'ai ramassé mes armes,
Mais le faux animal, sans en prendre d'allarmes,
Est venu droit à moi, qui ne lui disois mot.

COMEDIE.

ARBATE.

Et tu l'as de pied ferme attendu ?

MORON.

Quelque fot....
J'ai jetté tout par terre, & couru comme quatre.

ARBATE.

Fuir devant un fanglier ayant de quoi l'abattre !
Ce trait, Moron, n'eft pas généreux....

MORON.

J'y confens,
Il n'eft pas généreux, mais il eft de bon fens.

ARBATE.

Mais par quelques exploits fi l'on ne s'éternife...

MORON.

Je fuis votre valet. J'aime mieux que l'on dife,
C'eft ici qu'en fuyant, fans fe faire prier,
Moron fauva fes jours des fureurs d'un fanglier;
Que fi l'on y difoit. Voilà l'illuftre place
Où le brave Moron, d'une héroïque audace,
Affrontant d'un fanglier l'impétueux effort,
Par un coup de fes dents vit terminer fon fort.

EURIALE.

Fort bien.

MORON.

Oui, J'aime mieux, n'en déplaife à la gloire,
Vivre au monde deux jours, que mille ans dans
l'hiftoire.

EURIALE.

En effet, ton trépas fâcheroit tes amis;
Mais, fi de ta frayeur ton efprit eft remis,
Puis-je te demander fi, du feu tu me brûle....

MORON.

Il ne faut pas, Seigneur, que je vous diffimule.
Je n'ai rien fait encore, & n'ai point rencontré
De tems pour lui parler qui fût felon mon gré.
L'office de bouffon a des prérogatives;
Mais fouvent on rabat nos libres tentatives.

E 2

LA PRINCESSE D'ÉLIDE,

Le discours de vos feux est un peu délicat,
Et c'est, chez la Princesse, un affaire d'état.
Vous sçavez de quel titre elle se glorifie,
Et qu'elle a dans la tête une philosophie
Qui déclare la guerre au conjugal lien,
Et vous traite l'amour de déité de rien.
Pour n'effaroucher point son humeur de tigresse
Il me faut manier la chose avec adresse ;
Car on doit regarder comme l'on parle aux grands ;
Et vous êtes par fois d'assez fâcheuses gens.
Laissez-moi doucement conduire cette trame.
Je me sens-là pour vous un zèle tout de flamme,
Vous êtes né mon Prince, & quelques autres nœuds
Pourroient contribuer au bien que je vous veux.
Ma mere, dans son tems, passoit pour assez belle,
Et naturellement n'étoit pas fort cruelle ;
Feu votre pere alors, ce Prince généreux,
Sur la galanterie étoit fort dangereux,
Et je sçais qu'Elpénor, qu'on appelloit mon pere,
A cause qu'il étoit le mari de ma mere,
Comptoit pour grand honneur aux pasteurs d'aujourd'hui
Que le Prince autrefois étoit venu chez lui,
Et que, durant ce tems, il avoit l'avantage
De se voir salué de tous ceux du village.
Baste. Quoiqu'il en soit, je veux par mes travaux,
Mais voici la Princesse & deux de nos rivaux.

COMEDIE.

SCENE III.

LA PRINCESSE, AGLANTE, CINTHIE, ARISTOMENE, THEOCLE, EURIALE, PHILIS, ARBATE, MORON.

ARISTOMENE.

REprochez-vous, Madame, à nos juſtes allarmes
Ce péril dont tous deux avons ſauvé vos charmes ?
J'aurois penſé, pour moi, qu'abattre ſous nos coups
Ce ſanglier qui portoit ſa fureur juſqu'à vous,
Etoit une aventure, ignorant votre chaſſe,
Dont à nos bons deſtins nous dûſſions rendre grace ;
Mais, à cette froideur, je connois clairement
Que je dois concevoir un autre ſentiment,
Et quereller du ſort la fatale puiſſance
Qui me fait avoir part à ce qui vous offenſe.

THEOCLE.

Pour moi, je tiens, Madame, à ſenſible bonheur
L'action où pour vous a volé tout mon cœur,
Et ne puis conſentir, malgré votre murmure,
A quereller le ſort d'une telle aventure.
D'un objet odieux je ſçais que tout déplaît ;
Mais dût votre courroux être plus grand qu'il n'eſt,
C'eſt extrême plaiſir, quand l'amour eſt extrême,
De pouvoir d'un péril affranchir ce qu'on aime.

LA PRINCESSE.

Et penſez-vous, Seigneur, puiſqu'il me faut parler,
Qu'il eût eu, ce péril, de quoi tant m'ébranler !
Que l'arc & que le dard, pour moi ſi pleins de charmes,

Ne soient entre mes mains que d'inutiles armes ?
Et que je fasse enfin mes plus fréquens emplois
De parcourir nos monts, nos plaines & nos bois,
Pour n'oser, en chassant, concevoir l'espérance
De suffire, moi seule, à ma propre défense ?
Certes, avec le tems j'aurois bien profité
De ces soins assidus dont je fais vanité,
S'il falloit que mon bras, dans une telle quête,
Ne pût pas triompher d'une chétive bête.
Du moins, si pour prétendre à de sensibles coups
Le commun de mon sexe est trop mal avec vous,
D'un étage plus haut accordez-moi la gloire,
Et me faites tous deux cette grace de croire,
Seigneur, que, quel que fût le sanglier d'aujourd'hui,
J'en ai mis bas, sans vous, de plus méchans que lui.

THEOCLE.

Mais, Madame....

LA PRINCESSE.

Hé bien, soit. Je vois que votre envie
Est de persuader que je vous dois la vie ;
J'y consens. Oui. Sans vous, c'étoit fait de mes jours,
Je rends de tout mon cœur grace à ce grand secours,
Et je vais de ce pas au Prince, pour lui dire
Les bontés que pour moi votre amour vous inspire.

COMEDIE. 103

SCENE IV.
EURIALE, ARBATE, MORON.

MORON.

HE ! A-t-on jamais vu de plus farouche esprit ?
De ce vilain fanglier, l'heureux trépas l'aigrit.
Oh, comme volontiers j'aurois d'un beau falaire
Récompenfé tantôt qui m'en eût fçu défaire !

ARBATE à *Euriale*.

Je vous vois tout penfif, Seigneur, de fes dédains,
Mais ils n'ont rien qui doive empêcher vos defleins.
Son heure doit venir, & c'eft à vous, poffible,
Qu'eft réfervé l'honneur de la rendre fenfible.

MORON.

Il faut qu'avant la courfe elle apprenne vos feux,
Et je...

EURIALE.

Non. Ce n'eft plus, Moron, ce que je veux,
Garde-toi de rien dire, & me laiffe un peu faire ;
J'ai réfolu de prendre un chemin tout contraire.
Je vois trop que fon cœur s'obftine à dédaigner,
Tous ces profonds refpects qui penfent le gagner,
Et le Dieu qui m'engage à foupirer pour elle
M'infpire pour la vaincre une adreffe nouvelle.
Oui. C'eft lui d'où me vient ce foudain mouvement,
Et j'en attends de lui l'heureux événement.

ARBATE.

Peut-on fçavoir, Seigneur, par où votre efpérance...

EURIALE.

Tu le vas voir. Allons, & garde le filence.

MORON.

Jufqu'au revoir.

Fin du premier Acte.

E 4

PREMIER INTERMEDE.

SCENE PREMIERE.

MORON.

Pour moi, je reste ici, & j'ai une petite conversation à faire avec ces arbres & ces rochers.

Bois, prés, fontaines, fleurs, qui voyez mon teint blême,
Si vous ne le sçavez, je vous apprends que j'aime.
  Philis est l'objet charmant
  Qui tient mon cœur à l'attache,
  Et je devins son amant
  La voyant traire une vache.
Ses doigts tous pleins de lait, & plus blancs mille fois,
Pressoient les bouts du pis, d'une grace admirable.
  Ouf ! Cette idée est capable
  De me réduire aux abois.
  Ah ! Philis, Philis, Philis.

SCENE II.

MORON, UN ÉCHO.

L'ÉCHO.

Philis !

MORON.

Ah !

COMEDIE.

   L'ÉCHO.

Ah!

   MORON.

Hem.

   L'ÉCHO.

Hem.

   MORON.

Ah! ah!

   L'ÉCHO.

Ah!

   MORON.

Hi, hi.

   L'ÉCHO.

Hi.

   MORON.

Oh.

   L'ÉCHO.

Oh.

   MORON.

Oh.

   L'ÉCHO.

Oh.

   MORON.

Voilà un Echo qui est bouffon.

   L'ÉCHO.

On.

   MORON.

Hon.

   L'ÉCHO.

Hon.

   MORON.

Ah!

   L'ÉCHO.

Ah!

   MORON.

Hu.

   L'ÉCHO.

Hu.

MORON.
Voilà un Echo qui est bouffon.

SCENE III.

MORON *appercevant un Ours qui vient à lui.*

AH ! Monsieur l'Ours, je suis votre serviteur de tout mon cœur. De grace, épargnez-moi. Je vous assure que je ne vaux rien du tout à manger, je n'ai que la peau & les os, & je vois de certaines gens là-bas qui feroient bien mieux votre affaire. Hé ! Hé ! Hé ! Monseigneur, tout doux, s'il vous plaît. La,
(*Il caresse l'Ours, & tremble de frayeur.*)
la, la, la. Ah ! Monseigneur, que votre Altesse est jolie & bien faite ! Elle a tout-à-fait l'air galant & la taille la plus mignonne du monde. Ah, beau poil ! Belle tête, beaux yeux brillans & bien fendus ! Ah, beau petit nez ! Belle petite bouche ! Petites quenottes jolies ! Ah, belle gorge ! Belles petites menottes ! Petits ongles bien faits !
(*l'Ours se leve sur ses pattes de derriere.*)
A l'aide, au secours, je suis mort. Miséricorde ! Pauvre Moron ! Ah, mon Dieu ! Hé, vîte, à moi, je suis perdu.
(*Moron monte sur un arbre.*)

SCENE IV.

MORON, CHASSEURS.

MORON *monté sur un arbre, aux Chasseurs.*

HÉ, Messieurs, ayez pitié de moi.
(*les Chasseurs combattent l'Ours.*)
Bon, Messieurs, tuez-moi ce vilain animal-là. O ciel ! daigne les assister. Bon. Le voilà qui fuit. Le voilà qui s'arrête, & qui se jette sur eux. Bon, en voilà un qui vient de lui donner un coup dans la gueule. Les voilà tous à l'entour de lui. Courage, ferme, allons, mes amis. Bon, poussez fort, encore. Ah ! le voilà qui est à terre ; c'en est fait, il est mort. Descendons maintenant pour lui donner cent coups.
(*Moron descend de l'arbre.*)
Serviteur, Messieurs, je vous rends grace de m'avoir délivré de cette bête. Maintenant que vous l'avez tuée, je m'en vais l'achever, & en triompher avec vous.
(*Moron donne mille coups à l'Ours qui est mort.*)

ENTRÉE DE BALLET.

LEs Chasseurs *dansant pour témoigner leur joie d'avoir remporté la victoire.*

Fin du premier Intermede.

ACTE II.

SCENE PREMIERE.

LA PRINCESSE, AGLANTE, CINTHIE, PHILIS.

LA PRINCESSE.

OUi, J'aime à demeurer dans ces paisibles lieux;
On n'y découvre rien qui n'enchante les yeux,
Et de tous nos palais la sçavante structure
Cede aux simples beautés qu'y forme la nature.
Ces arbres, ces rochers, cette eau, ces gazons frais
Ont pour moi des appas à ne lasser jamais.

AGLANTE.

Je chéris comme vous ces retraites tranquilles,
Où l'on se vient sauver de l'embarras des villes.
De mille objets charmans ces lieux sont embellis;
Et ce qui doit surprendre, est qu'aux portes d'Elis
La douce passion de fuir la multitude
Rencontre une si belle & vaste solitude.
Mais, à vous dire vrai, dans ces jours éclatans,
Vos retraites ici me semblent hors du tems,
Et c'est fort maltraiter l'appareil magnifique
Que chaque Prince a fait pour la fête publique.
Ce spectacle pompeux de la course des chars
Devoit bien mériter l'honneur de vos regards.

LA PRINCESSE.

Quel droit ont-ils chacun d'y vouloir ma presence?
Et que dois-je après tout à leur magnificence?
Ce sont soins que produit l'ardeur de m'acquérir,
Et mon cœur est le prix qu'ils veulent tous courir.

Mais, quelque espoir qui flatte un projet de la sorte,
Je me tromperai fort, si pas un d'eux l'emporte.
CINTHIE.
Jusques à quand ce cœur veut-il s'effaroucher
Des innocens desseins qu'on a de le toucher,
Et regarder les soins que pour vous on se donne,
Comme autant d'attentats contre votre personne ?
Je sçais qu'en défendant le parti de l'amour
On s'expose chez vous à faire mal sa cour ;
Mais ce que par le sang j'ai l'honneur de vous être
S'oppose aux duretés que vous faites paroître,
Et je ne puis nourrir d'un flatteur entretien
Vos résolutions de n'aimer jamais rien.
Est-il rien de plus beau que l'inocente flamme
Qu'un mérite éclatant allume dans une ame,
Et seroit-ce un bonheur de respirer le jour,
Si d'entre les mortels on bannissoit l'amour ?
Non, non, tous les plaisirs se goûtent à le suivre
Et, vivre sans aimer, n'est pas proprement vivre.

AVIS.

LE dessein de l'Auteur étoit de traiter toute la Comédie en vers. Mais un commandement du Roi qui pressa cette affaire, l'obligea d'achever le reste en prose, & de passer legérement sur plusieurs Scenes, qu'il auroit étendues davantage, s'il avoit eu plus de loisir.

AGLANTE.
Pour moi, je tiens que cette passion est la plus agréable affaire de la vie. qu'il est nécessaire d'aimer pour vivre heureusement, & que tous les plaisirs sont fades, s'il ne s'y mêle un peu d'amour.
LA PRINCESSE.
Pouvez-vous bien, toutes deux, étant ce que vous êtes, prononcer ces paroles, & ne devez-vous pas

rougir d'appuyer une passion qui n'est qu'erreur, que foiblesse & qu'emportement, & dont tous les désordres ont tant de répugnance avec la gloire de notre sexe : J'en prétends soutenir l'honneur jusqu'au dernier moment de ma vie, & ne veux point du tout me commettre à ces gens qui font les esclaves auprès de nous, pour devenir un jour nos tyrans. Toutes ces larmes, tous ces soupirs, tous ces hommages, tous ces respects, sont des embûches qu'on tend à notre cœur, & qui souvent l'engagent à commettre des lâchetés. Pour moi, quand je regarde certains exemples, & les bassesses épouventables où cette passion ravale les personnes sur qui elle étend sa puissance, je sens tout mon cœur qui s'émeut, & je ne puis souffrir qu'une ame, qui fait profession d'un peu de fierté, ne trouve pas une honte horrible à de telles foiblesses.

CINTHIE.

Hé ! Madame, il est de certaines foiblesses qui ne sont point honteuses, & qu'il est beau même d'avoir dans les plus hauts degrés de gloire. J'espere que vous changerez un jour de pensée, & s'il plaît au ciel, nous verrons votre cœur avant qu'il soit peu....

LA PRINCESSE.

Arrêtez. N'achevez pas ce souhait étrange. J'ai une horreur trop invincible pour ces sortes d'abaissemens, &, si jamais j'étois capable d'y descendre, je serois personne, sans doute, à ne me le point pardonner.

AGLANTE.

Prenez garde, Madame. L'Amour sçait se venger des mépris que l'on fait de lui, & peut-être......

LA PRINCESSE.

Non, non. Je brave tous ses traits, & le grand pouvoir qu'on lui donne n'est rien qu'une chimere, & qu'une excuse des foibles cœurs, qui le font invincible pour autoriser leur foiblesse.

COMEDIE.

CINTHIE.

Mais enfin, toute la terre reconnoît sa puissance, & vous voyez que les Dieux mêmes sont assujettis à son empire. On nous fait voir que Jupiter n'a pas aimé pour une fois, & que Diane même, dont vous affectez tant l'exemple, n'a pas rougi de pousser des soupirs d'amour.

LA PRINCESSE.

Les croyances publiques sont toujours mêlées d'erreur. Les Dieux ne sont point faits comme les fait le vulgaire, & c'est leur manquer de respect, que de leur attribuer les foiblesses des hommes.

SCENE II.

LA PRINCESSE, AGLANTE, CINTHIE, PHILIS, MORON.

AGLANTHE.

Vien, approche, Moron, vien nous aider à défendre l'amour contre les sentimens de la Princesse.

LA PRINCESSE.

Voilà votre parti fortifié d'un grand défenseur.

MORON.

Ma foi, Madame, je crois, qu'après mon exemple, il n'y a plus rien à dire, & qu'il ne faut plus mettre en doute le pouvoir de l'amour. J'ai bravé ses armes assez long-tems, & fait de mon drôle comme un autre; mais enfin ma fierté a baissé l'o-

(Il montre Philis.)

reille, & vous avez une traîtresse qui m'a rendu plus doux qu'un agneau. Après cela, on ne doit plus faire aucun scrupule d'aimer; &, puisque j'ai bien passé par-là, il peut bien y en passer d'autres.

CLINTHIE.

Quoi! Moron se mêle d'aimer?

MORON.

Fort bien.

CINTHIE.

Et de vouloir être aimé?

MORON.

Et pourquoi non? est-ce qu'on n'est pas assez bien fait pour cela? Je pense que ce visage est assez passable, & que, pour le bel air, Dieu merci, nous ne le cédons à personne.

CINTHIE.

Sans doute, on auroit tort.....

SCENE III.

LA PRINCESSE, AGLANTE, CINTHIE, PHILIS, MORON, LYCAS.

LYCAS.

MAdame, le Prince votre pere vient vous trouver ici, & conduit avec lui les Princes de Pyle, & d'Itaque, & celui de Messene.

LA PRINCESSE.

O ciel! que prétend-il faire en me les amenant? Auroit-il résolu ma perte, & voudroit-il bien me forcer au choix de quelqu'un d'eux?

COMEDIE.

SCENE IV.

IPHITAS, EURIALE, ARISTOMENE, THEOCLE, LA PRINCESSE, AGLANTE, CINTHIE, PHILIS, MORON.

LA PRINCESSE à *Iphitas*.

Seigneur, je vous demande la licence de prévenir par deux paroles, la déclaration des pensées que vous pouvez avoir. Il y a deux vérités, Seigneur, aussi constantes l'une que l'autre, & dont je puis vous assurer également ; l'une que vous avez un absolu pouvoir sur moi, & que vous ne sçauriez m'ordonner rien où je ne réponde aussi-tôt par une obéissance aveugle ; l'autre, que je regarde l'hyménée ainsi que le trépas, & qu'il m'est impossible de forcer cette aversion naturelle. Me donner un mari, & me donner la mort, c'est une même chose ; mais votre volonté va la premiere, & mon obéissance m'est bien plus chere que ma vie. Après cela, parlez, Seigneur, prononcez librement ce que vous voulez.

IPHITAS.

Ma fille, tu as tort de prendre de telles allarmes, & je me plains de toi, qui peux mettre dans ta pensée que je sois assez mauvais pere pour vouloir faire violence à tes sentimens, & me servir tyranniquement de la puissance que le ciel me donne sur toi. Je souhaite, à la vérité, que ton cœur puisse aimer quelqu'un. Tous mes vœux seroient satisfaits, si cela pouvoit arriver, & je n'ai proposé les fêtes & les jeux que je fais célébrer ici, qu'afin d'y pouvoir attirer tout ce que la Grece a d'illustre ; & que parmi cette noble jeunesse, tu puisses enfin rencontrer où arrêter tes yeux & déterminer tes pensées. Je ne demande, dis-je, au ciel autre bonheur que celui de te voir un époux. J'ai, pour obtenir cette grace, fait encore ce matin un sacrifice à Vénus ; &, si je sçais bien expliquer le langage des Dieux, elle m'a promis un miracle. Mais quoiqu'il en soit, je veux en user avec toi en pere qui chérit sa fille. Si tu trouves où attacher tes vœux, ton choix sera le mien, & je ne considérerai ni intérêts d'état, ni avantages d'alliance ; si ton cœur demeure insensible, je n'entreprendrai point de le forcer, mais au moins sois complaisante aux civilités qu'on te rend, & ne m'oblige point à faire les excuses de ta froideur. Traite ces Princes avec l'estime que tu leur dois, reçois avec reconnoissance les témoignages de leur zèle, & viens voir cette course où leur adresse va paroître.

THEOCLE *à la Princesse.*
Tout le monde va faire des efforts pour remporter le prix de cette course. Mais vous dire vrai, j'ai peu d'ardeur pour la victoire, puisque c'est pas votre cœur qu'on y doit disputer.

ARISTOMENE.
Pour moi, Madame, vous êtes le seul prix que je me propose par-tout. C'est vous que je crois disputer dans ces combats d'adresse, & je n'aspire maintenant à remporter l'honneur de cette course, que pour obtenir un degré de gloire qui m'approche de votre cœur.

EURIALE.
Pour moi, Madame, je n'y vais point du tout avec cette pensée. Comme j'ai fait toute ma vie profession de ne rien aimer, tous les soins que je prends ne vont point où tendent les autres. Je n'ai aucune prétention sur votre cœur, & le seul honneur de la course est tout l'avantage où j'aspire.

COMEDIE.

SCENE V.

LA PRINCESSE, AGLANTE, CINTHIE, PHILIS, MORON.

LA PRINCESSE.

D'Où sort cette fierté où l'on ne s'attendoit point ? Princesses, que dites-vous de ce jeune Prince ? Avez-vous remarqué de quel ton il l'a pris ?

AGLANTE.

Il est vrai que cela est un peu fier.

MORON *à part.*

Ah, quelle brave botte il vient-là de lui porter !

LA PRINCESSE.

Ne trouvez-vous pas qu'il y auroit plaisir d'abaisser son orgueil & de soumettre un peu ce cœur qui tranche tant du brave !

CINTHIE.

Comme vous êtes accoutumée à ne jamais recevoir que des hommages & des adorations de tout le monde, un compliment pareil au sien, doit vous surprendre, à la vérité.

LA PRINCESSE.

Je vous avoue que cela m'a donné de l'émotion, & que je souhaiterois fort de trouver les moyens de châtier cette hauteur. Je n'avois pas beaucoup d'envie de me trouver à cette course, mais j'y veux aller exprès, & employer toute chose pour lui donner de l'amour.

CINTHIE.

Prenez garde, Madame. L'entreprise est périlleuse, &, lorsqu'on veut donner de l'amour, on court risque d'en recevoir.

LA PRINCESSE.

Ah, n'appréhendez rien, je vous prie. Allons, je vous réponds de moi.

Fin du second Acte.

II. INTERMEDE.

SCENE PREMIERE.
PHILIS, MORON.

MORON.

Philis, demeure ici.

PHILIS.

Non. Laisse-moi suivre les autres.

MORON.

Ah, cruelle, si c'étoit Tircis qui t'en priât, tu demeurerois bien vîte.

PHILIS.

Cela se pourroit faire, & je demeure d'accord que je trouve bien mieux mon compte avec l'un qu'avec l'autre; car il me divertit avec sa voix, & toi, tu m'étourdis de ton caquet. Lorsque tu chanteras aussi bien que lui, je te promets de t'écouter.

MORON.

Hé, demeure un peu.

PHILIS.

Je ne sçaurois.

MORON.

De grace.

PHILIS.

Point, te dis-je?

MORON *retenant Philis.*

Je ne te laisserai point aller.

COMEDIE.

PHILIS.
Ah, que de façons !

MORON.
Je ne demande qu'un moment à être avec toi.

PHILIS.
Hé bien, oui, j'y demeurerai, pourvu que tu me promette une chose.

MORON.
Et quelle ?

PHILIS.
De ne me point parler du tout.

MORON.
Hé ! Philis.

PHILIS.
A moins que de cela, je ne demeurerai point avec toi.

MORON.
Veux-tu me.....

PHILIS.
Laisse-moi aller.

MORON.
Hé bien, oui, demeure. Je ne te dirai mot.

PHILIS.
Prends-y bien garde au moins ; car, à la moindre parole, je prends la fuite.

MORON.
Soit.
(*Après avoir fait une Scene de gestes.*)
Ah ! Philis.... Hé....

SCENE II.

MORON *seul.*

Elle s'enfuit, & je ne fçaurois l'attraper, voilà ce que c'eft. Si je fçavois chanter, j'en ferois bien mieux mes affaires. La plupart des femmes d'aujourd'hui fe laiffent prendre par les oreilles; elles font caufe que tout le monde fe mêle de mufique, & l'on ne réuffit auprès d'elles que par les petites chanfons, & les petits vers qu'on leur fait entendre. Il faut que j'apprenne à chanter pour faire comme les autres. Bon. Voici juftement mon homme.

SCENE III.

UN SATYRE, MORON.

LE SATYRE *chante.*

La, la, la.

MORON.

Ah! Satyre mon ami, tu fçais bien ce que tu m'as promis, il y a long-tems. Apprends-moi à chanter je te prie.

LE SATYRE *en chantant.*

Je le veux. Mais, auparavant, écoute une chanfon que je viens de faire.

MORON *bas à part.*

Il eft fi accoutumé à chanter, qu'il ne fçauroit parler
(*haut.*)
d'autre façon. Allons, chante, j'écoute.

COMEDIE.

LE SATYRE *chante.*

Je portois....

MORON.

Une chanson, dis-tu?

LE SATYRE.

Je port....

MORON.

Une chanson à chanter?

LE SATYRE.

Je port....

MORON.

Chanson amoureuse ? Peste !

LE SATYRE.

Je portois dans une cage
Deux moineaux que j'avois pris,
Lorsque la jeune Cloris
Fit, dans un sombre bocage,
Briller à mes yeux surpris,
Les fleurs de son beau visage.
Hélas, dis-je aux moineaux, en recevant les coups
De ses yeux si sçavans à faire des conquêtes,
 Consolez-vous, pauvres petites bêtes,
Celui qui vous a pris est bien plus pris que vous.

Moron demande au Satyre une chanson plus passion-
née, & le prie de lui dire celle qu'il lui avoit oui
chanter quelques jours auparavant.

LE SATYRE *chante.*

Dans vos chants si doux
Chantez à ma belle,
Oiseaux, chantez tous.
Ma peine mortelle.
Mais, si la cruelle
Se met en courroux
Au recit fidelle
Des maux que je sens pour elle,
Oiseaux, taisez-vous.

MORON.
Ah ! qu'elle est belle ! Apprends-la moi.
LE SATYRE.
La, la, la, la.
MORON.
La, la, la, la.
LE SATYRE.
Fa, fa, fa, fa.
MORON.
Fat toi-même.

ENTRÉE DE BALLET.

LE Satyre en colere menace Moron, & plusieurs Satyres dansent une entrée plaisante.

Fin du second Intermede.

ACTE

ACTE III.

SCENE PREMIERE.
LA PRINCESSE, AGLANTE, CINTHIE, PHILIS.

CINTHIE.

IL est vrai, Madame, que ce jeune Prince a fait voir une adresse non commune, & que l'air dont il a paru, a été quelque chose de surprenant. Il sort vainqueur de cette course. Mais je doute fort qu'il en sorte avec le même cœur qu'il y a porté ; car enfin, vous lui avez tiré des traits dont il est difficile de se défendre, &, sans parler de tout le reste, la grace de votre danse, & la douceur de votre voix ont eu des charmes aujourd'hui à toucher les plus insensibles.

LA PRINCESSE.

Le voici qui s'entretient avec Moron ; nous sçaurons un peu de quoi il lui parle. Ne rompons point encore leur entretien, & prenons cette route pour revenir à leur rencontre.

SCENE II.
EURIALE, ARBATE, MORON.

EURIALE.

AH ! Moron, je te l'avoue. J'ai été enchanté, & jamais tant de charmes n'ont frappé tout ensemble mes yeux & mes oreilles. Elle est adorable en tout tems, il eſt vrai ; mais ce moment l'a emporté ſur tous les autres, & des graces nouvelles ont redoublé l'éclat de ſes beautés. Jamais ſon viſage ne s'eſt paré de plus vives couleurs, ni ſes yeux ne ſe ſont armés de traits plus vifs & plus perçans. La douceur de ſa voix a voulu ſe faire paroître dans un air tout charmant qu'elle a daigné chanter, & les ſons merveilleux qu'elle formoit, paſſoient juſqu'au fond de mon ame, & tenoient tous mes ſens dans un raviſſement à ne pouvoir en revenir. Elle a fait éclater enſuite une diſpoſition toute divine, & ſes pieds amoureux ſur l'émail d'un tendre gazon traçoient d'aimables caracteres qui m'enlevoient hors de moi-même, & m'attachoient par des nœuds invincibles aux doux & juſtes mouvemens dont tout ſon corps ſuivoit les mouvemens de l'harmonie. Enfin, jamais ame n'a eu de plus puiſſantes émotions que la mienne, & j'ai penſé plus de vingt fois oublier ma réſolution pour me jetter à ſes pieds, & lui faire un aveu ſincere de l'ardeur que je ſens pour elle.

MORON.

Donnez-vous-en bien garde, Seigneur, ſi vous m'en voulez croire. Vous avez trouvé la meilleure invention du monde, & je me trompe fort ſi elle ne vous reuſſit. Les femmes ſont des animaux d'un naturel bizarre, nous les gâtons par nos douceurs ; & je crois tout de bon que nous les verrions nous courir, ſans tous ces reſpects, & ces ſoumiſſions où les homme les acoquinent.

ARBATE

Seigneur, voici la Princeſſe qui s'eſt un peu éloignée de ſa ſuite.

MORON.

Demeurez ferme, au moins, dans le chemin que vous avez pris. Je m'en vais voir ce qu'elle me dira. Cependant promenez-vous ici dans ces petites routes, ſans faire aucun ſemblant d'avoir envie de la joindre; & si vous l'abordez, demeurez avec elle le moins qu'il vous sera possible.

SCENE III.
LA PRINCESSE, MORON.
LA PRINCESSE.

TU as donc familiarité, Moron, avec le Prince d'Ithaque?

MORON.
Ah! Madame, il y a long-tems que nous nous connoissons.

LA PRINCESSE.
D'où vient qu'il n'est pas venu jusqu'ici, & qu'il a pris cette autre route quand il m'a vue.

MORON.
C'est un homme bizarre qui ne se plaît qu'à entretenir ses pensées.

LA PRINCESSE.
Etois-tu tantôt au compliment qu'il m'a fait?

MORON.
Oui, Madame, j'y étois; & je l'ai trouvé un peu impertinent, n'en déplaise à sa principauté.

LA PRINCESSE.
Pour moi, je le confesse, Moron, cette fuite m'a choquée, & j'ai toutes les envies du monde de l'engager pour rabattre un peu son orgueil.

MORON.
Ma foi, Madame, vous ne feriez pas mal, il le mériteroit bien; mais, à vous dire vrai, je doute fort que vous y puissiez réussir.

LA PRINCESSE.
Comment?

MORON.
Comment? C'est le plus orgueilleux petit vilain que

LA PRINCESSE D'ÉLIDE,

vous ayez jamais vu. Il lui semble qu'il n'y a personne au monde qui le mérite, & que la terre n'est pas digne de le porter.

LA PRINCESSE.
Mais encore ne t'a-t-il point parlé de moi ?

MORON.
Lui ? Non.

LA PRINCESSE.
Il ne t'a rien dit de ma voix, & de ma danse ?

MORON.
Pas le moindre mot.

LA PRINCESSE.
Certes, ce mépris est choquant, & je ne puis souffrir cette hauteur étrange de ne rien estimer.

MORON.
Il n'estime & n'aime que lui.

LA PRINCESSE.
Il n'y a rien que je ne fasse pour le soumettre comme il faut.

MORON.
Nous n'avons point de marbre dans nos montagnes qui soit plus dur & plus insensible que lui.

LA PRINCESSE.
Le voilà.

MORON.
Voyez-vous comme il passe, sans prendre garde à vous !

LA PRINCESSE.
De grace, Moron, va le faire aviser que je suis ici, & l'oblige à me venir aborder.

SCENE IV.

LA PRINCESSE, EURIALE, ARBATE, MORON.

MORON *allant au-devant d'Euriale, & lui parlant bas.*

Seigneur, je vous donne avis que tout va bien. La Princesse souhaite que vous l'abordiez ; mais songez bien à continuer votre rôle ; &, de peur de l'oublier, ne soyez pas long-tems avec elle.

LA PRINCESSE.

Vous êtes bien solitaire, Seigneur, & c'est une humeur bien extraordinaire que la vôtre, de renoncer ainsi à notre sexe, & de fuir à votre âge cette galanterie, dont se piquent tous vos pareils.

EURIALE.

Cette humeur, Madame, n'est pas si extraordinaire qu'on n'en trouvât des exemples sans aller loin d'ici, & vous ne sçauriez condamner la résolution que j'ai prise de n'aimer jamais rien, sans condamner aussi vos sentimens.

LA PRINCESSE.

Il y a grande différence ; & ce qui sied bien à un sexe, ne sied pas bien à l'autre. Il est beau qu'une femme soit insensible, & conserve son cœur exempt des flammes de l'amour ; mais ce qui est vertu en elle, devient un crime dans un homme ; &, comme la beauté est le partage de notre sexe, vous ne sçauriez ne nous point aimer, sans nous dérober les hommages qui nous sont dûs, & commettre une offense dont nous devons toutes nous ressentir.

EURIALE.

Je ne vois pas, Madame, que celles qui ne veulent

point aimer, doivent prendre aucun intérêt à ces fortes d'offenses.

LA PRINCESSE.

Ce n'est pas une raison, Seigneur; &, sans vouloir aimer, on est toujours bien aise d'être aimée.

EURIALE.

Pour moi, je ne suis pas de même, & dans le dessein où je suis de ne rien aimer, je serois fâché d'être aimé.

LA PRINCESSE.

Et la raison ?

EURIALE.

C'est qu'on a obligation à ceux qui aiment, & que je serois fâché d'être ingrat.

LA PRINCESSE.

Si bien donc que, pour fuir l'ingratitude, vous aimeriez qui vous aimeroit ?

EURIALE.

Moi, Madame ? Point du tout. Je dis bien que je serois fâché d'être ingrat; mais je me résoudrois plutôt de l'être, que d'aimer.

LA PRINCESSE.

Telle personne vous aimeroit peut-être, que votre cœur...

EURIALE.

Non, Madame. Rien n'est capable de toucher mon cœur. Ma liberté est la seule maîtresse à qui je consacre mes vœux; &, quand le ciel employeroit ses soins à composer une beauté parfaite, quand il assembleroit en elle tous les dons les plus merveilleux & du corps & de l'ame; enfin, quand il exposeroit à mes yeux un miracle d'esprit, d'adresse & de beauté, & que cette personne m'aimeroit avec toutes les tendresses imaginables, je vous l'avoue franchement, je ne l'aimerois pas.

LA PRINCESSE *à part*.

A-t-on jamais rien vu de tel ?

COMEDIE.

MORON *à la Princesse.*

Peste soit du petit brutal ! J'aurois bien envie de lui bailler un coup de poing.

LA PRINCESSE *à part.*

Cet orgueil me confond ; & j'ai un tel dépit, que je ne me sens pas.

MORON *bas au Prince.*

Bon. Courage, Seigneur, voilà qui va le mieux du monde.

EURIALE *bas à Moron.*

Ah ! Moron, je n'en puis plus ; & je me suis fait des efforts étranges.

LA PRINCESSE *à Euriale.*

C'est avoir une insensibilité bien grande, que de parler comme vous faites.

EURIALE.

Le ciel ne m'a pas fait d'une autre humeur.. Mais, Madame, j'interromps votre promenade, & mon respect doit m'avertir que vous aimez la solitude.

SCENE V.

LA PRINCESSE, MORON.

MORON.

IL ne vous en doit rien, Madame, en dureté de cœur.

LA PRINCESSE.

Je donnerois volontiers tout ce que j'ai au monde, pour avoir l'avantage d'en triompher.

MORON.

Je le crois.

LA PRINCESSE.

Ne pourrois-tu, pas, Moron, me servir dans un tel dessein ?

MORON.

Vous sçavez bien, Madame, que je suis tout à votre service.

LA PRINCESSE.

Parle-lui de moi dans tes entretiens ; vante-lui adroitement ma personne, & les avantages de ma naissance ; & tâche d'ébranler ses sentimens par la douceur de quelque espoir. Je te permets de dire tout ce que tu voudras, pour tâcher à me l'engager.

MORON.

Laissez-moi faire.

LA PRINCESSE.

C'est une chose qui me tient au cœur. Je souhaite ardement qu'il m'aime.

MORON.

Il est bien fait, oui, ce petit pendard-là ; il a bon air, bonne physionomie, & je crois qu'il seroit assez le fait d'une jeune Princesse.

LA PRINCESSE.

Enfin tu peux tout espérer de moi, si tu trouves moyen d'enflammer pour moi son cœur.

MORON.

Il n'y a rien qui ne se puisse faire. Mais, Madame, s'il venoit à vous aimer, que feriez-vous, s'il vous plaît ?

LA PRINCESSE.

Ah ! Ce seroit lorsque je prendrois plaisir à triompher pleinement de sa vanité, à punir son mépris par mes froideurs, & à exercer sur lui toutes les cruautés que je pourrois imaginer.

MORON.

Il ne se rendra jamais.

LA PRINCESSE.

Ah ! Moron, il faut faire ensorte qu'il se rende.

COMEDIE.

MORON.

Non. Il n'en fera rien Je le connois, ma peine feroit inutile.

LA PRINCESSE.

Si faut-il pourtant tenter toute chose, & éprouver si son ame en est entiérement insensible. Allons. Je veux lui parler, & suivre une pensée qui vient de me venir.

Fin du troisieme Acte.

III. INTERMEDE.

SCENE PREMIERE.
PHILIS, TIRCIS.

PHILIS.

Vien, Tircis. Laiſſons-les aller, & me dis un peu ton martyre de la façon que tu ſçais faire. Il y a long-tems que tes yeux me parlent ; mais je ſuis plus aiſé d'ouir ta voix.

TIRCIS *chante.*

Tu m'écoutes, hélas ! dans ma triſte langueur,
Mais je n'en ſuis pas mieux, ô beauté ſans pareille,
  Et je touche ton oreille,
  Sans que je touche ton cœur.

PHILIS.

Va, va, c'eſt déjà quelque choſe que de toucher l'oreille, & le tems amene tout. Chante-moi cependant quelque plainte nouvelle que tu ayes compoſée pour moi.

SCENE II.
MORON, PHILIS, TIRCIS.

MORON.

Ah ! ah ! Je vous prends, cruelle. Vous vous écartez des autres pour ouir mon rival ?

PHILIS,

Oui, je m'écarte pour cela. Je te le dis encore,

je me plais avec lui, & l'on écoute volontiers les amans, lorſqu'ils ſe plaignent auſſi agréablement qu'il fait. Que ne chantes-tu comme lui ? Je prendrois plaiſir à t'écouter.

MORON.
Si je ne ſçais chanter, je fais faire autre choſe, & quand...

PHILIS.
Tais-toi, je veux l'entendre. Dis, Tircis, ce que tu voudras.

MORON.
Ah, cruelle!....

PHILIS.
Silence, dis-je, ou je me mettrai en colere.

TIRCIS *chante*.
Arbres épais, & vous, prés émaillés,
La beauté dont l'hiver vous avoit dépouillés,
   Par le Printems vous eſt rendue.
   Vous reprenez tous vos appas;
   Mais mon ame ne reprend pas
   La joie, hélas! que j'ai perdue.

MORON.
Morbleu, que n'ai-je de la voix! Ah, nature marâtre! Pourquoi ne m'as-tu pas donné de quoi chanter comme à un autre.

PHILIS.
En vérité, Tircis, il ne ſe peut rien de plus agréable, & tu l'emportes ſur tous les rivaux que tu as.

MORON.
Mais pourquoi eſt-ce que je ne puis pas chanter? n'ai-je pas un eſtomac; un goſier, & une langue comme un autre? Oui, oui. Allons. Je veux chanter auſſi, & te montrer que l'amour fait faire toutes choſes. Voici une chanſon que j'ai faite pour toi.

PHILIS.
Oui, dis. Je veux bien t'écouter pour la rareté du fait.

MORON.
Courage, Moron. Il n'y a qu'a avoir de la hardieſſe.

(*Il chante.*)

 On extrême rigueur
 S'acharne ſur mon cœur,
 Ah ! Philis, je trépaſſe,
 Daigne me ſecourir.
 En ſeras-tu plus graſſe
 De m'avoir fait mourir.

Vivat Moron.

PHILIS.
Voilà qui eſt le mieux eu monde. Mais, Moron, je ſouhaiterois bien d'avoir la gloire que quelque amant fut mort pour moi. C'eſt un avantage dont je n'ai pas encore joui, & je trouve que j'aimerois de tout mon cœur une perſonne qui m'aimeroit aſſez pour ſe donner la mort.

MORON.
Tu aimerois une perſoune qui ſe tueroit pour toi.

PHILIS.
Oui.

MORON.
Il ne faut que cela pour te plaire ?

PHILIS.
Non.

MORON.
Voilà qui eſt fait. Je veux te montrer que je me ſçais tuer quand je veux.

TIRCIS *chante.*
 Ah ! Quelle douceur extrême,
 De mourir pour ce qu'on aime !

MORON *à Tircis.*
C'eſt un plaiſir que vous aurez quand vous voudrez.

TIRCIS *hante.*
 Courage, Moron. Meurs promptement,
 En généreux amant.

COMEDIE.

MORON *à Tircis.*

Je vous prie de vous mêler de vos affaires, & de me laisser tuer à ma fantaisie. Allons. Je vais faire
(à Philis.)
honte à tous les amans. Tiens, je ne suis pas homme à faire tant de façons. Vois ce poignard. Prends bien garde comme je vais me percer le cœur. Je suis votre serviteur. Quelque niais.

PHILIS.

Allons, Tircis. Viens-t-en me redire à l'écho, ce que tu m'as chanté.

Fin du troisieme Intermede.

… LA PRINCESSE D'ÉLIDE,

ACTE IV.

SCENE PREMIERE.
LA PRINCESSE, EURIALE, MORON.

LA PRINCESSE.

Prince, comme jusqu'ici nous avons fait paroître une conformité de sentimens, & que le ciel a semblé mettre en nous, mêmes attachemens pour notre liberté, & même aversion pour l'amour, je suis bien-aise de vous ouvrir mon cœur, & de vous faire confidence d'un changement dont vous serez surpris. J'ai toujours regardé l'hymen comme une chose affreuse, & j'avois fait serment d'abandonner plutôt la vie, que de me résoudre jamais à perdre cette liberté, pour qui j'avois des tendresses si grandes ; mais enfin, un moment a dissipé toutes ces résolutions. Le mérite d'un Prince m'a frappé aujourd'hui les yeux, & mon ame tout d'un coup, comme par un miracle, est devenue sensible aux traits de cette passion que j'avois toujours méprisée. J'ai trouvé d'abord des raisons pour autoriser ce changement, & je puis l'appuyer de ma volonté de répondre aux ardentes sollicitations d'un pere, & aux vœux de tout un état ; mais à vous dire vrai, je suis en peine du jugement que vous ferez de moi, & je voudrois sçavoir si vous condamnerez, ou non, le dessein que j'ai de me donner un époux.

EURIALE.
Vous pourriez faire un tel choix, Madame, que je l'approuverois sans doute.

COMEDIE.

LA PRINCESSE.
Qui croyez-vous, à votre avis, que je veuille choisir?

EURIALE.
Si j'étois dans votre cœur, je pourrois vous le dire; mais, comme je n'y suis pas, je n'ai garde de vous répondre.

LA PRINCESSE.
Devinez pour voir, & nommez quelqu'un.

EURIALE.
J'aurois trop peur de me tromper.

LA PRINCESSE.
Mais encore, pour qui souhaiteriez-vous que je me déclarasse?

EURIALE.
Je sçais bien, à vous dire vrai, pour qui je le souhaiterois; mais avant que de m'expliquer, je dois sçavoir votre pensée.

LA PRINCESSE.
Hé bien, Prince, je veux bien vous la découvrir. Je suis sûre que vous allez approuver mon choix, &, pour ne vous point tenir en suspens davantage, le Prince de Messene est celui de qui le mérite s'est attiré mes vœux.

EURIALE à part.
O ciel!

LA PRINCESSE bas à Moron.
Mon invention a réussi, Moron. Le voilà qui se trouble.

MORON à la Princesse.
Bon, Madame. (au Prince.) Courage, Seigneur. (à la Princesse.) Il en tient. (au Prince.) Ne vous défaites pas.

LA PRINCESSE à Euriale.
Ne trouvez-vous pas que j'ai raison, & que ce Prince a tout le mérite qu'on peut avoir.

MORON bas au Prince.
Remettez-vous & songez à répondre.

LA PRINCESSE.

D'où vient, Prince, que vous ne dites mot, & sembiez interdit?

EURIALE.

Je le suis, à la vérité ; & j'admire, Madame, comme le ciel a pu former deux ames aussi semblables en tout que les nôtres ; deux ames en qui l'on ait vu une plus grande conformité de sentimens, qui aient fait éclater dans le même-tems une résolution à braver les traits de l'amour, & qui, dans le même moment aient fait paroître une égale facilité à perdre le nom d'insensibles. Car enfin, Madame, puisque votre exemple m'autorise, je ne feindrai point de vous dire que, l'amour aujourd'hui s'est rendu maître de mon cœur, & qu'une des Princesses vos Cousines, l'aimable & belle Aglante, a renversé d'un coup d'œil tous les projets de ma fierté. Je suis ravi, Madame, que par cette égalité de défaite, nous n'ayons rien à nous reprocher l'un à l'autre, & je ne doute point que, comme je vous loue infiniment de votre choix, vous n'approuviez aussi le mien. Il faut que ce miracle éclate aux yeux de tout le monde, & nous ne devons point différer à nous rendre tous deux contens. Pour moi, Madame, je vous sollicite de vos suffrages, pour obtenir celle que je souhaite, & vous trouverez bon que j'aille de ce pas en faire la demande au Prince votre pere.

MORON à *Euriale.*

Ah digne, ah brave cœur!

SCENE II.

LA PRINCESSE, MORON.

LA PRINCESSE.

AH! Moron, je n'en puis plus; & ce coup, que je n'attendois pas, triomphe abſolument de toute ma fermeté.

MORON.

Il eſt vrai que le coup eſt ſurprenant, & j'avois cru d'abord que votre ſtratagême avoit fait ſon effet.

LA PRINCESSE.

Ah! ce m'eſt un dépit à me déſeſpérer, qu'une autre ait l'avantage de ſoumettre ce cœur que je voulois ſoumettre.

SCENE III.

LA PRINCESSE, AGLANTE, MORON.

LA PRINCESSE.

PRinceſſe, j'ai à vous prier d'une choſe qu'il faut abſolument que vous m'accordiez. Le Prince d'Ithaque vous aime, & veut vous demander au Prince mon pere.

AGLANTE.

Le Prince d'Ithaque, Madame?

LA PRINCESSE.

Oui. Il vient de m'en aſſurer lui-même, & m'a demandé mon ſuffrage pour vous obtenir; mais je vous conjure de rejetter cette propoſition, & de ne point prêter l'oreille à tout ce qu'il pourra vous dire.

AGLANTE.

Mais, Madame, s'il étoit vrai que ce Prince m'aimât effectivement, pourquoi, n'ayant aucun dessein de vous engager, ne voudriez-vous pas souffrir....

LA PRINCESSE.

Non, Aglante. Je vous le demande. Faites-moi ce plaisir, je vous prie, & trouvez bon que n'ayant pu avoir l'avantage de le soumettre, je lui dérobe la joie de vous obtenir.

AGLANTE.

Madame, il faut vous obéir ; mais je croirois que la conquête d'un tel cœur ne seroit pas une victoire à dédaigner.

LA PRINCESSE.

Non, non, il n'aura pas la joie de me braver entiérement.

SCENE IV.

LA PRINCESSE, ARISTOMENE, AGLANTE, MORON.

ARISTOMENE.

Madame, je viens, à vos pieds, rendre grace à l'amour de mes heureux destins, & vous témoigner, avec mes transports, le ressentiment ou je suis des bontés surprenantes dont vous daignez favoriser le plus soumis de vos captifs.

LA PRINCESSE.

Comment ?

ARISTOMENE.

Le Prince d'Itaque, Madame, vient de m'assurer, tout à l'heure, que votre cœur avoit eu la bonté

COMEDIE.

de s'expliquer en ma faveur, sur ce célebre choix qu'attend toute la Grece.

LA PRINCESSE.

Il vous a dit qu'il tenoit cela de ma bouche?

ARISTOMENE.

Oui, Madame.

LA PRINCESSE.

C'est un étourdi, & vous êtes un peu trop crédule, Prince, d'ajouter foi si promptement à ce qu'il vous a dit. Une pareille nouvelle mériteroit bien, ce me semble, qu'on en doutât un peu de tems, & c'est tout ce que vous pourriez faire de la croire, si je vous l'avois dite moi-même.

ARISTOMENE.

Madame, si j'ai été trop prompt à me persuader....

LA PRINCESSE.

De grace, Prince, brisons-là ce discours; &, si vous voulez m'obliger, souffrez que je puisse jouir de deux momens de solitude.

SCENE V.

LA PRINCESSE, AGLANTE, MORON.

LA PRINCESSE.

AH! qu'en cette aventure, le ciel me traite avec une rigueur étrange! Au moins, Princesse, souvenez-vous de la priere que je vous ai faite.

AGLANTE.

Je vous l'ai dit déjà, Madame, il faut vous obéir.

SCENE VI.
LA PRINCESSE, MORON.
MORON.

Mais, Madame, s'il vous aimoit, vous n'en voudriez point, & cependant vous ne voulez pas qu'il soit à un autre. C'est faire justement comme le chien du Jardinier.

LA PRINCESSE.

Non, je ne puis souffrir qu'il soit heureux avec une autre, &, si la chose étoit, je crois que j'en mourrois de déplaisir.

MORON.

Ma foi, Madame, avouons la dette. Vous voudriez qu'il fût à vous, & dans toutes vos actions, il est aisé de voir que vous aimez un peu ce jeune Prince.

LA PRINCESSE.

Moi, je l'aime? O Ciel! je l'aime? Avez-vous l'insolence de prononcer ces paroles? Sortez de ma vue, impudent, & ne vous présentez jamais devant moi.

MORON.

Madame.....

LA PRINCESSE.

Retirez-vous d'ici, vous dis-je, où je vous en ferai retirer d'une autre maniere.

MORON *bas à part.*

Ma foi, son cœur en a sa provision.

(*Il rencontre un regard de la Princesse qui l'oblige à se retirer.*)

COMEDIE.

SCENE VII.
LA PRINCESSE *seule*.

DE quelle émotion inconnue sens-je mon cœur atteint? Et quelle inquiétude secrette est venue troubler tout d'un coup la tranquillité de mon ame? Ne seroit-ce point aussi ce qu'on vient de me dire, & sans en rien sçavoir, n'aimerois-je point ce jeune Prince? Ah! si cela étoit, je serois personne à me désespérer; mais il est impossible que cela soit, & je vois bien que je ne puis pas l'aimer. Quoi? je serois capable de cette lâcheté? J'ai vu toute la terre à mes pieds avec la plus grande insensibilité du monde; les respects, les hommages & les soumissions n'ont jamais pu toucher mon ame, & la fierté & le dédain en auroient triomphé? J'ai méprisé tous ceux qui m'ont aimée, & j'aimerois le seul qui me méprise? Non, non, je sçais bien que je ne l'aime pas. Il n'y a pas de raison à cela. Mais si ce n'est pas de l'amour que ce que je sens maintenant, qu'est-ce donc que ce peut être; Et d'où vient ce poison qui me court par toutes les veines, & ne me laisse point en repos avec moi-même? Sors de mon cœur, qui que tu sois, ennemi qui te caches. Attaque-moi visiblement, & deviens à mes yeux la plus affreuse bête de tous nos bois, afin que mon dard & mes fléches me puissent défaire de toi.

Fin du quatrieme Acte.

IV. INTERMEDE.

SCENE PREMIERE.

LA PRINCESSE.

Vous, admirables perſonnes, qui, par la douceur de vos chants, avez l'art d'adoucir les plus fâcheuſes inquiétudes, approchez-vous d'ici, de grace, & tâchez de charmer avec votre Muſique le chagrin où je ſuis.

SCENE II.
LA PRINCESSE, CLIMENE, PHILIS.

CLIMENE *chante.*

Chere Philis, dis-moi, que crois-tu de l'amour?
PHILIS *chante.*
Toi-même, qu'en crois-tu, ma compagne fidelle?
CLIMENE.
On m'a dit que ſa flamme eſt pire qu'un vautour,
Et qu'on ſouffre, en aimant, une peine cruelle.
PHILIS.
On m'a dit qu'il n'eſt point de paſſion plus belle,
Et que ne pas aimer, c'eſt renoncer au jour.
CLIMENE.
A qui des deux donnerons-nous victoire?

COMEDIE.
PHILIS.
Qu'en croirons-nous, ou le mal, ou le bien ?
TOUTES DEUX ENSEMBLE.
Aimons, c'est le vrai moyen
De sçavoir ce qu'on en doit croire.
PHILIS.
Cloris vante par-tout l'amour & ses ardeurs.
CLIMENE.
Si de tant de tourmens il accable les cœurs,
D'où vient qu'on aime à lui rendre les armes ?
CLIMENE.
Amarante pour lui verse en tout lieux des larmes.
PHILIS.
Si sa flamme, Philis, est si pleine de charmes,
Pourquoi nous défend-on d'en goûter les douceurs ?
PHILIS.
A qui des deux donnerons-nous victoire ?
CLIMENE.
Qu'en croirons-nous, ou le mal, ou le bien ?
TOUTES DEUX ENSEMBLE.
Aimons, c'est le vrai moyen.
De sçavoir ce qu'on en doit croire.
LA PRINCESSE.
Achevez seules, si vous voulez. Je ne sçaurois demeurer en repos, &, quelque douceur qu'aient vos chants, ils ne font que redoubler mon inquiétude.

Fin du quatrieme Intermede.

ACTE V.

SCENE PREMIERE.

IPHITAS, EURIALE, AGLANTE, CINTHIE, MORON.

MORON à Iphitas.

Oui, Seigneur, ce n'eſt point raillerie, j'en ſuis ce qu'on appelle diſgracié. Il m'a fallu tirer mes chauſſes au plus vîte, & jamais vous n'avez vu un emportement plus bruſque que le ſien.

IPHITAS à Euriale.

Ah, Prince, que je devrai de graces à ce ſtratagême amoureux, s'il faut qu'il ait touché le ſecret de toucher ſon cœur!

EURIALE.

Quelque choſe, Seigneur, que l'on vienne de vous en dire, je n'oſe encore, pour moi, me flatter de ce doux eſpoir : mais enfin, ſi ce n'eſt pas à moi trop de témérité que d'oſer aſpirer l'honneur de votre alliance, ſi ma perſonne & mes états.....

IPHITAS.

Prince, n'entrons point dans ces complimens. Je trouve en vous de quoi remplir tous les ſouhaits d'un pere, &, ſi vous avez le cœur de ma fille, il ne vous manque rien.

SCENE

SCENE II.

LA PRINCESSE, IPHITAS, EURIALE, AGLANTE, CINTHIE, MORON.

LA PRINCESSE.

Ô Ciel ! Que vois-je ici ?

IPHITAS à Euriale.

Oui, l'honneur de votre alliance m'est d'un prix très-considérable, & je souscris aisément de tous mes suffrages à la demande que vous me faites.

LA PRINCESSE à Iphitas.

Seigneur, je me jette à vos pieds pour vous demander une grace. Vous m'avez toujours témoigné une tendresse extrême, & je crois vous devoir bien plus par les bontés que vous m'avez fait voir, que par le jour que vous m'avez donné. Mais si jamais vous avez eu de l'amitié pour moi, je vous en demande aujourd'hui la plus sensible preuve que vous me puissiez accorder ; c'est de n'écouter point, Seigneur, la demande de ce Prince, & de ne pas souffrir que la Princesse Aglante soit unie avec lui.

IPHITAS.

Et par quelle raison, ma fille, voudrois-tu t'opposer à cette union ?

LA PRINCESSE.

Par la raison que je hais ce Prince, & que je veux, si je puis, traverser ses desseins.

IPHITAS.

Tu le hais, ma fille ?

LA PRINCESSE.

Oui, & de tout mon cœur, je vous l'avoue.

IPHITAS.

Et que t'a-t-il fait ?

LA PRINCESSE.
Il m'a méprisée.

IPHITAS.
Et comment ?

LA PRINCESSE.
Il ne m'a pas trouvée assez bien faite pour m'adresser ses vœux.

IPHITAS.
Et quelle offense te fait cela ? Tu ne veux accepter personne.

LA PRINCESSE.
N'importe. Il me devoit aimer comme les autres, & me laisser au moins la gloire de le refuser. Sa déclaration me fait un affront, & m'est une honte sensible, qu'à mes yeux, & au milieu de votre cour, il ait recherché un autre que moi.

IPHITAS.
Mais quel intérêt dois-tu prendre à lui ?

LA PRINCESSE.
J'en prends, Seigneur, à me venger de son mépris, &, comme je sais bien qu'il aime Aglante avec beaucoup d'ardeur, je veux empêcher, s'il vous plaît qu'il ne soit heureux avec elle.

IPHITAS.
Cela te tient donc bien au cœur ?

LA PRINCESSE.
Oui, Seigneur, sans doute, & s'il obtient ce qu'il demande, vous me verrez expirer à vos yeux.

IPHITAS.
Va, va, ma fille, avoue franchement la chose. Le mérite de ce Prince t'a fait ouvrir les yeux, & tu l'aimes enfin, quoique tu puisses dire.

LA PRINCESSE.
Moi, Seigneur ?

IPHITAS.
Oui, tu l'aimes.

LA PRINCESSE.
Je l'aime, dites-vous, & vous m'imputez cette lâ-

cheté ? O ciel ! Quelle est mon infortune ! Puis-je bien, sans mourir, entendre ces paroles, & faut-il que je sois si malheureuse, qu'on me soupçonne de l'aimer ? Ah ! Si c'étoit un autre que vous, Seigneur, qui me tint ce discours, je ne sais pas ce que je ne ferois point.

IPHITAS.

Hé bien, oui, tu ne l'aimes pas. Tu le hais, j'y consens, & je veux bien pour te contenter, qu'il n'épouse pas la Princesse Aglante.

LA PRINCESSE.

Ah ! Seigneur, vous me donnez la vie.

IPHITAS.

Mais, afin d'empêcher qu'il ne puisse être jamais à elle, il faut que tu le prennes pour toi.

LA PRINCESSE.

Vous vous moquez, Seigneur, & ce n'est pas ce qu'il demande.

EURIALE.

Pardonnez-moi, Madame je suis assez téméraire pour cela, & je prends à témoin le Prince votre pere, si ce n'est pas vous que j'ai demandée. C'est trop vous tenir dans l'erreur, il faut lever le masque, &, dûssiez-vous vous en prévaloir contre moi, découvrir à vos yeux les véritables sentimens de mon cœur. Je n'ai jamais aimé que vous, & jamais je n'aimerai que vous. C'est vous, Madame, qui m'avez enlevé cette qualité d'insensible que j'avois toujours affectée ; & tout ce que j'ai pu vous dire, n'a été qu'une feinte qu'un mouvement secret m'a inspirée, & que je n'ai suivie qu'avec toutes les violences imaginables. Il falloit qu'elle cessât bientôt, sans doute, & je m'étonne seulement qu'elle ait pu durer la moitié d'un jour ; car enfin je mourois, je brûlois dans l'ame, quand je vous déguisois mes sentimens, & jamais cœur n'a souffert une contrainte égale à la mienne. Que si cette feinte, Madame, a quelque chose qui vous offense, je suis tout

prêt de mourir pour vous en venger ; vous n'avez qu'à parler, & ma main, sur le champ, fera gloire d'exécuter l'arrêt que vous prononcerez.
LA PRINCESSE.
Non, non Prince, je ne vous sais pas mauvais gré de m'avoir abusée ; &, tout ce que vous m'avez dit, j'aime bien mieux une feinte, que non pas une vérité.
IPHITAS.
Si bien donc, ma fille, que tu veux bien accepter ce Prince pour époux.
LA PRINCESSE.
Seigneur, je ne sais pas encore ce que je veux. Donnez-moi le tems d'y songer, je vous prie, & m'épargnez un peu la confusion où je suis.
IPHITAS.
Vous jugez, Prince, ce que cela veut dire, & vous vous pouvez fonder là-dessus.
EURIALE.
Je l'attendrai tant qu'il vous plaira, Madame, cet arrêt de ma destinée ; & s'il me condamne à la mort, je le suivrai sans murmure.
IPHITAS.
Vien, Moron. C'est ici un jour de paix, & je te remets en grace avec la Princesse.
MORON.
Seigneur, je serai meilleur courtisan une autre fois, & je me garderai bien de dire ce que je pense.

SCENE III.
ARISTOMENE, THEOCLE, IPHITAS, LA PRINCESSE, AGLANTE, CINTHIE, MORON.

IPHITAS *aux Princes de Meſſene & de Pyle.*

JE crains bien, Princes, que le choix de ma fille ne ſoit pas en votre faveur ; mais voilà deux Princeſſes qui peuvent bien vous conſoler de ce petit malheur.

ARISTOMENE.

Seigneur, nous ſavons prendre notre parti ; & ſi ces aimables Princeſſes n'ont point trop de mépris pour des cœurs qu'on a rebutés, nous pouvons revenir par elles à l'honneur de votre alliance.

SCENE DERNIERE.
IPHITAS, LA PRINCESSE, AGLANTE, CINTHIE, PHILIS, EURIALE, ARISTOMENE, THEOCLE, MORON.

PHILIS *à Iphitas.*

SEigneur, la déeſſe Venus vient d'annoncer partout le changement du cœur de la Princeſſe. Tous les paſteurs & toutes les bergeres en témoignent leur joie par des danſes & des chanſons ; & , ſi ce n'eſt point un ſpectacle que vous mépriſiez, vous allez voir l'allégreſſe publique ſe répandre juſqu'ici.

Fin du cinquieme Acte.

V. INTERMEDE.
BERGERS & BERGERES.

QUATRE BERGERS & DEUX BERGERES,
alternativement avec le chœur.

Usez mieux, ô beautés fieres,
Du pouvoir de tout charmer ;
Aimez, aimables bergeres,
Vos cœurs sont faits pour aimer.
Quelque fort qu'on s'en défende,
Il y faut venir un jour,
Il n'est rien qui ne se rende
Aux doux charmes de l'amour.

Songez de bonne heure à suivre
Le plaisir de s'enflâmer,
Un cœur ne commence à vivre,
Que du jour qu'il sait aimer.
Quelque fort qu'on s'en défende,
Il y faut venir un jour,
Il n'est rien qui ne se rende
Aux doux charmes de l'amour.

ENTRÉE DE BALLET.

Quatre bergers, & quatre bergeres dansent sur le chant du chœur.

FIN.

LES FÊTES DE VERSAILLES.
EN M. DC. LXIV.

LE Roi voulant donner aux Reines & à toute sa Cour, le plaisir de quelques fêtes peu communes, dans un lieu orné de tous les agrémens qui peuvent faire admirer une maison de campagne, choisit Versailles à quatre lieues de Paris. C'est un Château qu'on peut nommer Palais enchanté, tant les ajustemens de l'art ont bien secondé les soins que la nature a pris pour le rendre parfait. Il charme de toutes les manieres, tout y rit dehors & dedans, l'or & le marbre y disputent de beauté & d'éclat ; & , quoiqu'il n'y ait pas cette grande étendue qui se remarque en quelques autres Palais de Sa Majesté, toutes choses y sont si polies, si bien entendues & si achevées, que rien ne les peut égaler. Sa symmétrie, la richesse de ses meubles, la beauté de ses promenades, & le nombre infini de ses fleurs, comme de ses orangers, rendent les environs de ce lieu dignes de sa rareté singuliere. La diversité des bêtes contenues dans les deux parcs, & dans la ménagerie, où plusieurs cours en étoiles sont accompagnées de viviers pour les animaux aquatiques, avec de grands bâtimens, joignent le plaisir avec la magnificence, & en font une maison accomplie.

PREMIERE JOURNÉE.

LES PLAISIRS
DE L'ISLE ENCHANTÉE.

Ce fut en ce beau lieu, où toute la Cour se rendit le cinquieme Mai, que le Roi traita plus de six cens personnes jusqu'au quatorzieme, outre une infinité de gens nécessaires à la danse & à la Comédie, & d'artisans de toutes sortes, venus de Paris; si bien que cela paroissoit une petite armée. Le Ciel même sembla favoriser les desseins de Sa Majesté, puisqu'en une saison presque toujours pluvieuse, on en fut quitte pour un peu de vent, qui sembla n'avoir augmenté, qu'afin de faire voir que la prévoyance & la puissance du Roi étoient à l'épreuve des plus grandes incommodités. De hautes étoiles, des bâtimens de bois faits presque en un instant, & un nombre prodigieux de flambeaux de cire blanche, pour suppléer à plus de quatre mille bougies chaque journée, résisterent à ce vent qui, partout ailleurs, eût rendu ces divertissemens comme impossibles à achever.

M. de Vigarani, Gentilhomme Modénois, fort sçavant en toutes ces choses, inventa & proposa celles-ci, & le Roi commanda au Duc de Saint-Aignan, qui se trouva lors en fonction de premier Gentilhomme de sa Chambre, & qui avoit déjà donné plusieurs sujets de ballets fort agréables, de faire un dessein où elles fussent toutes comprises avec liaison & avec ordre; de sorte qu'elles ne pouvoient manquer de bien réussir.

Tome II.

LES PLAISIRS DE L'ISLE ENCHANTÉE.

DE VERSAILLES, en 1664.

Il prit pour sujet le Palais d'Alcine, qui donna lieu au titre des plaisirs de l'isle enchantée; puisque, selon l'Arioste, le brave Roger & plusieurs autres bons Chevaliers y furent retenus par les doubles charmes de la beauté, quoiqu'empruntée, & du sçavoir de cette magicienne, & en furent délivrés après beaucoup de tems consommé dans les délices, par la bague qui détruisoit les enchantemens. C'étoit celle d'Angélique, que Mélisse, sous la forme du vieux Atlas, mit enfin au doigt de Roger.

On fit donc en peu de jours orner un rond, où quatre grandes allées aboutissent entre de hautes palissades, de quatre portiques de trente-cinq pieds d'élévation & vingt-deux en quarré d'ouverture, & de plusieurs festons enrichis d'or & de diverses peintures avec les armes de Sa Majesté.

Toute la Cour s'y étant placée le septieme, il entra dans la place sur les six heures du soir un héraut d'armes, representé par M. des Bardins, vêtu d'un habit à l'antique, couleur de feu en broderie d'argent, & fort bien monté.

Il étoit suivi de trois Pages. Celui du Roi, (M. d'Artagnan) marchoit à la tête des deux autres, fort richement habillé de couleur de feu, livrée de Sa Majesté, portant sa lance & son écu, dans lequel brilloit un soleil de pierreries, avec ces mots,

Nec cesso, nec erro.

faisant allusion à l'attachement de Sa Majesté aux affaires de son état, & à la maniere avec laquelle il agit. Ce qui étoit encore representé par ces quatre vers du Président de Périgni, Auteur de la même devise.

CE n'est pas sans raison que la *Terre* & *les Cieux*
Ont tant d'étonnement pour un objet si rare,
Qui, dans son cours pénible, autant que glorieux,
Jamais ne se repose, & jamais ne s'égare.

Les deux autres Pages étoient aux Ducs de Saint-Aignan & de Noailles ; le premier Maréchal de Camp, & l'autre Juge des Courses.

Celui du Duc de Saint-Aignan portoit l'écu de sa devise, & étoit habillé de sa livrée de toile d'argent enrichie d'or, avec des plumes incarnates & noires, & les rubans de même, sa devise étoit un timbre d'horloge, avec ces mots,

De mis golpes mi Ruido.

Le Page du Duc de Noailles étoit vêtu de couleur de feu, argent & noir, & le reste de la livrée semblable. La devise qu'il portoit dans son écu, étoit un Aigle avec ces mots,

Fidelis & audax.

Quatre trompettes & deux timballiers marchoient après ces Pages, habillés de satin couleur de feu & argent, leurs plumes de la même livrée, & les caparaçons de leurs chevaux couverts d'une pareille broderie, avec des soleils d'or fort éclatans aux banderolles des trompettes, & aux couvertures des timballes.

Le Duc de Saint-Aignan, Maréchal de Camp, marchoit après eux, armé à la Grecque, d'une cuirasse de toile d'argent, couverte de petites écailles d'or, aussi-bien que son bas de soie, & son casque étoit orné d'un dragon, & d'un grand nombre de plumes blanches, mêlées d'incarnat & de noir. Il montoit un cheval blanc, bardé de même, & représentoit Guidon le Sauvage.

Pour le Duc de SAINT-AIGNAN, *représentant Guidon le Sauvage.*

*L*Es combats que j'ai faits en l'Isle dangereuse,
Quand de tant de guerriers je demeurai vainqueur,
Suivis d'une épreuve amoureuse,
Ont signalé ma force aussi-bien que mon cœur.

DE VERSAILLES, en 1664.

La vigueur qui fait mon eſtime,
Soit qu'elle embraſſe un parti légitime,
Ou qu'elle vienne à s'échaper,
Fait dire pour ma gloire aux deux bouts de la terre,
Qu'on n'en voit point en toute guerre
Ni plus ſouvent, ni mieux frapper.

POUR LE MÊME.

Seul contre dix guerriers, ſeul contre dix pucelles,
C'eſt avoir ſur les bras deux étranges querelles.
Qui ſort à ſon honneur de ce double combat,
Doit être, ce me ſemble, un terrible ſoldat.

Huit trompettes & deux timballiers, vêtus comme les premiers, marchoient après le Maréchal de camp.

Le Roi, repréſentant Roger, les ſuivoit, montant un des plus beaux chevaux du monde, dont le harnois couleur de feu éclatoit d'or, d'argent & de pierreries.

Sa Majeſté étoit armée à la façon des Grecs, comme tous ceux de ſa quadrille, & portoit une cuiraſſe de lames d'argent, couverte d'une riche broderie d'or & de diamans. Son port & toute ſon action étoient dignes de ſon rang; ſon caſque, tout couvert de plumes couleur de feu, avoit une grace incomparable; & jamais un air plus libre, ni plus guerrier, n'a mis un mortel au-deſſus des autres hommes.

Pour le ROI, repréſentant ROGER.

Quelle taille, quel port a ce fier Conquérant?
Sa perſonne éblouit quiconque l'examine;
Et, quoique par ſon poſte il ſoit déjà ſi grand,
Quelque choſe de plus éclate dans ſa mine.

Son front de ſes deſtins eſt l'auguſte garant,
Par delà ſes aïeux ſa vertu l'achemine,

*Il fait qu'on les oublie ; & de l'air qu'il s'y prend,
Bien loin derriere lui laisse son origine.*

*De ce cœur généreux c'est l'ordinaire emploi
D'agir plus volontiers pour autrui que pour soi ;
Là principalement sa force est occupée :*

*Il efface l'éclat des Héros anciens,
N'a que l'honneur en vue, & ne tire l'épée
Que pour des intérêts qui ne sont pas les siens.*

Le Duc de Noailles, Juge du camp, sous le nom d'Oger le Danois, marchoit après le Roi, portant la couleur de feu & le noir sous une riche broderie d'argent ; & ses plumes, aussi-bien que tout le reste de son équipage, étoient de cette même livrée.

Pour le Duc de NOAILLES, *Juge du Camp, representant Oger le Danois.*

CE *Paladin s'applique à cette seule affaire,
De servir dignement le plus puissant des Rois.
Comme pour bien juger, il faut sçavoir bien faire,
Je doute que personne appelle de sa voix.*

Le Duc de Guise & le Comte d'Armagnac marchoient ensemble après lui. Le premier portant le nom d'Aquilant le noir, avoit un habit de cette couleur en broderie d'or & de geais : ses plumes, son cheval & sa lance assortissoient à sa livrée, & l'autre, representant Griffon le blanc, portoit, sur un habit de toile d'argent, plusieurs rubis, & montoit un cheval blanc bardé de la même couleur.

Pour le Duc de GUISE, *representant Aquilant le noir.*

*LA nuit a ses beautés, de même que le jour.
Le noir est ma couleur, je l'ai toujours aimée ;
Et si l'obscurité convient à mon amour,
Elle ne s'étend pas jusqu'à ma renommée.*

DE VERSAILLES, 157

Pour le Comte d'ARMAGNAC, représentant Griffon le blanc.

Voyez quelle candeur en moi le ciel a mis,
Aussi nulle beauté ne s'en verra trompée ;
Et, quand il sera tems d'aller aux ennemis,
C'est où je me ferai tout blanc de mon épée.

Les Ducs de Foix & de Coaslin, qui paroissoient ensuite, étoient vêtus, l'un d'incarnat avec or & argent, & l'autre de verd, blanc & argent. Toute leur livrée & leurs chevaux étoient dignes du reste de leur équipage,

Pour le Duc de Foix, représentant Renaud.

Il porte un nom célebre, il est jeune, il est sage,
A vous dire le vrai, c'est pour aller bien haut ;
Et c'est un grand bonheur que d'avoir, à son âge,
La chaleur nécessaire, & le flegme qu'il faut.

Pour le Duc de COASLIN, représentant Dudon.

Trop avant dans la gloire on ne peut s'engager.
J'aurois vaincu sept Rois, &, par mon grand courage,
Les verrai tous soumis au pouvoir de Roger ;
Que je ne serai pas content de mon ouvrage.

Après eux marchoient le Comte du Lude & le Prince de Marsillac. Le premier vêtu d'incarnat & blanc, & l'autre de jaune, blanc & noir, enrichis de broderie d'argent, leur livrée de même, & fort bien montés.

Pour le Comte du LUDE, représentant Astolphe.

De tous les Paladins qui sont dans l'univers,
Aucun n'a pour l'amour l'ame plus échauffée ;
Entreprenant toujours mille projets divers,
Et toujours enchanté par quelque jeune Fée.

Pour le Prince de MARSILLAC repreſentant
Brandimart.

MEs vœux ſeront contens, mes ſouhaits accomplis,
Et ma bonne fortune à ſon comble arrivée,
Quand vous ſçaurez mon zele, aimable Fleur de lys
Au milieu de mon cœur profondément gravée.

Les Marquis de Villequier & de Soyecourt marchoient enſuite. L'un portoit le bleu & argent, & l'autre le bleu, blanc & noir, avec or & argent; leurs plumes & les harnois de leurs chevaux étoient de la même couleur, & d'une pareille richeſſe.

Pour le Marquis de VILLEQUIER, repreſentant
Richardet.

PErſonne, comme moi, n'eſt ſorti galamment
D'une intrigue où, ſans doute, il falloit quelque
adreſſe;
Perſonne, à mon avis, plus agréablement,
N'eſt demeuré fidele en trompant ſa maîtreſſe.

Pour le Marquis de SOYECOURT, repreſentant
Olivier.

VOici l'honneur du ſiecle, auprès de qui nous
ſommes,
Et même les géants de médiocres hommes;
Et ce franc Chevalier, à tout venant tout prêt,
Toujours pour quelque joûte a la lance en arrêt.

Les Marquis d'Humieres & de la Valliere les ſuivoient. Ce premier portant la couleur de la chair & argent; l'autre le gris de lin, blanc & argent; toute leur livrée étant la plus riche & la mieux aſſortie du monde.

Pour le Marquis d'HUMIERES repréſentant
Ariodant.

JE tremble dans l'accès de l'amoureuſe fievre,
Ailleurs ſans vanité, je ne tremblai jamais;
Et ce charmant objet, l'adorable Génevre,
Eſt l'unique vainqueur à qui je me ſoumets.

Pour le Marquis de LA VALLIERE, repréſentant
Zerbin.

QUelques beaux ſentimens que la gloire nous donne,
Quand on eſt amoureux au ſouverain degré,
Mourir entre les bras d'une belle perſonne,
Eſt de toutes les morts la plus douce à mon gré.

M. le Duc marchoit ſeul, portant pour ſa livrée la couleur de feu, blanc & argent. Un grand nombre de diamans étoient attachés ſur la magnifique broderie dont ſa cuiraſſe & ſon bas de ſoie étoient couverts, ſon caſque & le harnois de ſon cheval en étant auſſi enrichis.

Pour Monſieur le Duc, repréſentant Roland.

ROland fera bien loin ſon grand nom retentir,
La gloire deviendra ſa fidele compagne.
Il eſt ſorti d'un ſang qui brûle de ſortir,
Quand il eſt queſtion de ſe mettre en campagne.
    Et pour ne vous en point mentir,
    C'eſt le pur ſang de Charlemagne.

UN char de dix-huit pieds de haut, de vingt-quatre de long, & de quinze de large, paroiſſoit enſuite, éclatant d'or & de diverſes couleurs. Il repréſentoit celui d'Apollon, en l'honneur duquel ſe célébroient autrefois les jeux Pythiens, que ces Chevaliers s'étoient propoſés d'imiter en leurs courſes & en leur équipage. Cette Divinité brillante de lumiere, étoit aſſiſe au plus haut du char, ayant à ſes pieds les quatre Ages ou Siecles, diſtingués par de riches habits, & par ce qu'ils portoient à la main.

Le siecle d'or, orné de ce précieux métal, étoit encore paré de diverses fleurs, qui faisoient un des principaux ornemens de cet heureux âge. Ceux d'argent & d'airain avoient aussi leurs marques particulieres. Et celui de fer étoit representé par un Guerrier d'un regard terrible, portant d'une main l'épée, & de l'autre le bouclier.

Plusieurs autres grandes figures de relief, paroient les côtés du char magnifique. Les monstres célestes, le serpent Python, Daphné, Hyacinte, & les autres figures qui conviennent à Apollon, avec un Atlas portant le globe du monde, y étoient aussi relevés d'une agréable sculpture. Le Tems, representé par le sieur Millet, avec sa faulx, ses aîles, & cette vieillesse décrépite dont on le peint toujours accablé, en étoit le conducteur. Quatre chevaux d'une taille & d'une beauté peu commune, couverts de grandes housses semées de soleils d'or, & attelé de front, tiroient cette machine.

Les douze Heures du jour, & les douze signes du Zodiaque, habillés fort superbement, comme les Poëtes les dépeignent, marchoient en deux files aux deux côtés de ce char.

Tous les Pages des Chevaliers les suivoient deux à deux après celui de M. le Duc, fort proprement vétus de leurs livrées, avec quantité de plumes, portant des lances de leurs Maîtres, & les écus de leurs devises.

Le Duc de Guise, representant Aquilant le noir, ayant pour devise un lion qui dort, avec ces mots,

Et quiescente pavescunt.

Le Comte d'Armagnac, representant Griffon le blanc, ayant pour devise une hermine avec ces mots,

Ex candore decus.

Le Duc de Foix, representant Renaud, ayant pour devise un vaisseau dans la mer, avec ces mots.

Longe levis aura feret.

Le Duc de Coaflin, repréſentant Dudon, ayant pour deviſe un ſoleil, & l'héliotrope ou tourneſol, avec ces mots,

Splendor ab obſequio.

Le Comte du Lude, repréſentant Aſtolphe, ayant pour deviſe un chiffre en forme de nœud, avec ces mots,

Non ſia, mai ſciolto.

Le Prince de Marſillac, repréſentant Brandimart, ayant pour deviſe une montre en relief, dont on voit tous les reſſorts, avec ces mots,

Quieto fuor, commoto dentro.

Le Marquis de Villequier, repréſentant Richardet, ayant pour deviſe un aigle qui plane devant le ſoleil avec ces mots,

Uni militat aſtro.

Le Marquis de Soyecourt, repréſentant Olivier, ayant pour deviſe la maſſue d'Hercule, avec ces mots,

Vix æquat fama labores.

Le Marquis d'Humieres, repréſentant Ariodant, ayant pour deviſe toutes ſortes de couronnes, avec ces mots,

No quiero menos.

Le Marquis de la Valliere, repréſentant Zerbin, ayant pour deviſe un phénix ſur un bûcher allumé par le ſoleil, avec ces mots,

Hoc juvat uri.

Monſieur le Duc, repréſentant Roland, ayant pour deviſe un dard entortillé de lauriers, avec ces mots,

Certè ferit.

Vingt Paſteurs chargés des diverſes pieces de la barriere qui devoit être dreſſée pour la courſe de bague, formoient la derniere troupe qui entra dans la lice. Ils portoient des veſtes couleur de feu, enrichies d'argent, & des coëffures de même.

Auſſi-tôt que ces troupes furent entrées dans le

camp, elles en firent le tour, & après avoir salué les Reines, elles se séparerent, & prirent chacune leur poste. Les Pages à la tête, les Trompettes & les Timballiers se croisant, s'allerent poster sur les aîles. Le Roi s'avançant au milieu, prit sa place vis-à-vis du haut dais, M. le Duc proche de Sa Majesté, les Ducs de Saint-Aignan & de Noailles à droite & à gauche, les dix Chevaliers en haie aux deux côtés du char, leurs Pages au même ordre derriere eux, les Signes & les heures, comme ils étoient entrés.

Lorsqu'on eut fait alte en cet état, un profond silence, causé tout ensemble par l'attention & par le respect, donna le moyen à Mademoiselle de Brie, qui representoit le Siecle d'Airain, de commencer ces vers à la louange de la Reine, adressés à Apollon, representé par le sieur de la Grange.

LE SIECLE D'AIRAIN à Apollon.

Brillant pere du jour, toi de qui la puissance,
Par ses divers aspects nous donna la naissance,
Toi, l'espoir de la terre & l'ornement des cieux,
Toi, le plus nécessaire & le plus beau des Dieux,
Toi, dont l'activité, dont la bonté suprême
Se fait voir & sentir en tous lieux par soi-même,
Dis-nous par quel destin, ou par quel nouveau choix,
Tu célebres tes jeux aux rivages François.

APOLLON.

Si ces lieux fortunés ont tout ce qu'eut la Grece,
De gloire de valeur, de mérite & d'adresse,
Ce n'est pas sans raison qu'on y voit transférés
Ces jeux qu'à mon honneur la terre a consacrés.

J'ai toujours pris plaisir à verser sur la France
De mes plus doux rayons la bénigne influence;
Mais le charmant objet qu'hymen y fait régner,
Pour elle maintenant me fait tout dédaigner.

Depuis un si long-tems que pour le bien du monde
Je fais l'immense tour de la terre & de l'onde,

Jamais je n'ai rien vu si digne de mes feux,
Jamais un sang si noble, un cœur si généreux,
Jamais tant de lumiere avec tant d'innocence,
Jamais tant de jeunesse avec tant de prudence,
Jamais tant de grandeur avec tant de bonté,
Jamais tant de sagesse avec tant de beauté.
 Mille climats divers qu'on vit sous la puissance
De tous les demi Dieux dont elle prit naissance,
Cédant à son mérite autant qu'à leur devoir,
Se trouveront un jour unis sous son pouvoir.
 Ce qu'eurent de grandeur & la France & l'Espagne,
Les droits de Charles-Quint, les droits de Charle-
  lemagne,
En elle avec leur sang, heureusement transmis,
Rendront tout l'Univers à son trône soumis.
Mais un titre plus grand, un noble partage
Qui l'éleve plus haut, qui lui plaît davantage,
Un nom qui tient en soi les plus grands noms unis,
C'est le nom glorieux d'épouse de Louis.

LE SIECLE D'ARGENT.

Quel destin fait briller, avec tant d'injustice,
Dans le siecle de fer, un astre si propice ?

LE SIECLE D'OR.

Ah ! ne murmures point contre l'ordre des Dieux.
Loin de s'énorgueillir d'un don si précieux,
Ce siecle, qui du ciel a mérité la haine,
En devroit augurer sa ruine prochaine,
Et voir qu'une vertu qu'il ne peut suborner,
Vient moins pour l'ennoblir que pour l'exterminer.
 Si-tôt qu'elle paroît dans cette heureuse terre,
Voi comme elle en bannit les fureurs de la guerre;
Comme depuis ce jour, d'infatigables mains
Travaillent sans relâche au bonheur des humains,
Par quels secrets ressorts, un héros se prépare
A chasser les horreurs d'un siecle si barbare,
Et me faire revivre avec tous les plaisirs
Qui peuvent contenter les innocens desirs.

LE SIECLE DE FER.

Je sçais quels ennemis ont entrepris ma perte,
Leurs desseins sont connus, leur trame est découverte;
Mais mon cœur n'en est pas à tel point abattu....

APOLON.

Contre tant de grandeur, contre tant de vertu,
Tous les monstres d'enfer, unis pour ta défense,
Ne feroient qu'une foible & vaine résistance.
L'univers opprimé de ton joug rigoureux,
Va goûter, par ta fuite, un destin plus heureux.
Il est tems de céder à la loi souveraine,
Que t'imposent les vœux de cette auguste Reine;
Il est tems de céder aux travaux glorieux
D'un Roi favorisé de la terre & des cieux.
Mais ici trop long-tems ce différend m'arrête,
A des plus doux combats cette lice s'apprête,
Allons la faire ouvrir, & ployons des lauriers
Pour couronner le front de nos fameux guerriers.

Tous ces recits achevés, la course de bague commença, en laquelle, après que le Roi eut fait admirer l'adresse & la grace qu'il a en cet exercice, comme en tous les autres & après plusieurs belles courses de tous les Chevaliers, le Duc de Guise, les Marquis de Soyecourt & de la Valliere demeurerent à la dispute, dont ce dernier emporta le prix, qui fut une épée d'or enrichie de diamans, avec des boucles de baudrier de grande valeur, que donna la Reine mere, & dont elle l'honora de sa main.

La nuit vint cependant à la fin des courses par la justesse qu'on avoit eue à les commencer; & un nombre infini de lumieres ayant éclairé tout ce beau lieu, l'on vit entrer dans la même place trente-quatre concertans fort bien vêtus, qui devoient précéder les Saisons, & faisoient le plus agréable concert du monde.

DE VERSAILLES, en 1664.

Pendant que les Saisons se chargeoient des mets délicieux qu'elles devoient porter, pour servir devant leurs Majestés la magnifique collation qui étoit préparée, les douze Signes du Zodiaque & les quatre Saisons dansent dans le rond une des plus belles entrées du Ballet qu'on eut encore vue. Le Printems parut ensuite sur un cheval d'Espagne, représenté par Mademoiselle du Parc, qui, avec le sexe & les avantages d'une femme, faisoit voir l'adresse d'un homme. Son habit étoit verd, en broderie d'argent & en fleurs au naturel.

L'Eté le suivoit, représenté par le sieur du Parc, sur un eléphant couvert d'une riche housse.

L'Automne, aussi avantageusement vêtu, représenté par le sieur de la Thorilliere, venoit après, monté sur un Chameau.

L'Hiver représenté par le sieur Béjart, suivoit sur un ours.

Leur suite étoit composée de quarante-huit personnes, qui portoient sur leurs têtes de grands bassins pour la collation.

Les douze premiers couverts de fleurs, portoient comme des Jardiniers, des corbeilles peintes de verd & d'argent, garnies d'un grand nombre de porcelaines, si remplies de confitures & d'autres choses délicieuses de la saison, qu'ils étoient courbés sous cet agréable faix.

Douze autres, comme Moissonneurs vêtus d'habits conformes à cette profession, mais fort riches, portoient des bassins de cette couleur incarnate, qu'on remarque au soleil levant, & suivant l'Eté.

Douze, vêtus en Vendangeurs, étoient couverts de feuilles de vignes, & de grappes de raisins, & portoient dans des panniers feuille-morte, remplis de petits bassins de cette même couleur, divers autres fruits & confitures, à la suite de l'Automne.

Les douze derniers, étoient des vieillards gelés, dont les fourures & la démarche marquoient la froidure & la foiblesse, portant dans des bassins couverts d'une glace, & d'une neige, si bien contrefaites qu'on les eut prises pour la chose même, ce qu'ils devoient contribuer à la collation, & suivoient l'Hiver.

Quatorze concertans de Pan & de Diane, précédoient ces deux Divinités, avec une agréable harmonie de flûtes & de musettes.

Elles venoient ensuite sur une machine fort ingénieuse, en forme d'une petite montagne ou roche ombragée de plusieurs arbres; mais ce qui étoit plus surprenant, c'est qu'on la voyoit portée en l'air, sans que l'artifice qui la faisoit mouvoir, se pût découvrir à la vue.

Vingt autres personnes les suivoient portant des viandes de la ménagerie de Pan, & de la chasse de Diane.

Dix-huit pages du Roi fort richement vêtus, qui devoient servir les Dames à table, faisoient les derniers de cette troupe; laquelle étant rangée, Pan, Diane & les Saisons se presentant devant la Reine, le Printems lui adressa le premier ces vers.

LE PRINTEMS A LA REINE.

Entre toutes les fleurs nouvellement écloses
    Dont mes Jardins sont embellis,
Méprisant les jasmins, les œillets, & les roses,
Pour payer mon tribut j'ai fait choix de ces lys
Que dès vos premiers ans vous avez tant chéris.
Louis les fait briller du couchant à l'aurore,
Tout l'univers charmé les respecte & les craint,
Mais leur regne est plus doux & plus puissant encore,
    Quand ils brillent sur votre teint.

L'ÉTÉ.

    Surpris un peu trop promptement,
J'apporte à cette fête un leger ornement,
    Mais avant que ma saison passe,
    Je ferai faire à vos guerriers,

Dans les campagnes de la Thrace,
Une ample moisson de lauriers.

L'AUTOMNE.

Le printems orgueilleux de la beauté des fleurs
Qui lui tombérent en partage,
Prétend de cette fête avoir tout l'avantage,
Et nous croit obscurcir par ses vives couleurs ;
Mais vous vous souviendrez, Princesse sans seconde,
De ce fruit précieux qu'a produit ma saison,
Et qui croît dans votre maison,
Pour faire quelque jour les délices du monde,

L'HIVER.

La neige, les glaçons que j'apporte en ces lieux,
Sont des mets les moins précieux ;
Mais ils sont des plus nécessaires
Dans une fête où mille objets charmans,
De leurs œillades meurtrieres,
Font naître tant d'embrasemens.

DIANE.

Nos bois, nos rochers, nos montagnes,
Tous nos chasseurs, & mes compagnes
Qui m'ont toujours rendu des honneurs souverains,
Depuis que parmi nous ils vous ont vû paroître,
Ne veulent plus me reconnoître ;
Et, chargés de présens viennent avecque moi,
Vous porter ce tribut pour marque de leur foi.
Les habitans legers de cet heureux boccage,
De tomber dans vos rets font leur sort le plus doux,
Et n'estiment rien davantage,
Que l'heur de périr de vos coups.
Amour, dont vous avez la grace & le visage,
A le même secret que vous.

PAN.

Jeune Divinité, ne vous étonnez pas,
Lorsque nous vous offrons, en ce fameux repas,
L'élite de nos bergeries.
Si nos troupeaux goutent en paix
Les herbages de nos prairies,
Nous devons ce bonheur à vos divins attraits.

Es recits achevés, une grande table en forme de croissant, ronde du côté où l'on devoit couvrir, & garnie de fleurs de celui où elle étoit creuse, vint à se découvrir.

Trente-six violons, très-bien vêtus, parurent derriere sur un petit Théatre, pendant que Messieurs de la Marche & Parfait, pere., frere & fils, Contrôleurs Généraux, sous les noms de l'Abondance, de la Joie, de la Propreté, & de la bonne chere, la firent couvrir par les Plaisirs, par les Jeux, par les Ris, & par les Délices.

Leurs Majestés s'y mirent en cet ordre, qui prévinrent tous les embarras qui eussent pu naître pour les rangs. La Reine mere étoit assise au milieu de la table, & avoit à sa main droite,

   LE ROI.
Mademoiselle d'Alençon.
Madame la Princesse.
Mademoiselle d'Elbœuf.
Madame de Béthune.
Madame la Duchesse de Créquy.
   MONSIEUR.
Madame la Duchesse de Saint-Aignan.
Madame la Maréchale du Plessis.
Madame la Maréchale d'Etampes.
Madame de Gourdon.
Madame de Montespan.
Madame d'Humieres.
Mademoiselle de Brancas.
Madame d'Armagnac.
Madame la Comtesse de Soissons.
Madame la Princesse de Bade.
Mademoiselle de Grancai.

De l'autre côté étoient assises,
   LA REINE.
Madame de Carignan.
Madame de Flaix.
Madame la Duchesse de Foix.

         Madame

Madame de Brancas.
Madame de Froullay.
Madame la Duchesse de Navailles.
Mademoiselle d'Ardennes.
Mademoiselle de Coetlogon.
Madame de Cruffol.
Madame de Montaufier.
   M A D A M E.
Madame la Princesse Bénédicte.
Madame la Duchesse.
Madame de Rouvroy.
Mademoiselle de la Mothe.
Madame de Marfé.
Mademoiselle de la Valliere.
Mademoiselle d'Artigny.
Mademoiselle du Belloy.
Mademoiselle Dampierre.
Mademoiselle de Fiennes.

La somptuosité de cette collation passoit tout ce qu'on en pourroit écrire, tant par l'abondance, que par la délicatesse des choses qui y furent servies. Elle faisoit aussi le plus bel objet qui puisse tomber sous les sens, puisque, dans la nuit, auprès de la verdure de ces hautes palissades, un nombre infini de chandeliers peints de vert & d'argent, portant chacun vingt-quatre bougies, & deux cens flambeaux de cire blanche, tenus par autant de personnes vêtues en masques, rendoient une clarté presque aussi grande & plus agréable que celles du jour. Tous les Chevaliers, avec leurs casques couverts de plumes de differentes couleurs, & leurs habits de la course, étoient appuyés sur la barriere; & ce grand nombre d'Officiers richement vêtus qui servoient, en augmentoient encore la beauté, & rendoient ce rond une chose enchantée, duquel, après la collation, leurs Majestés & toute la Cour sortirent par le portique opposé à la barriere, & dans un grand nombre de caleches fort ajustées, reprirent le chemin du Château.

II. JOURNÉE.

Suite

DES PLAISIRS

DE L'ISLE ENCHANTÉE.

Lorsque la nuit du second jour fut venue, leurs Majeſtés ſe rendirent dans un autre rond environné de paliſſades comme le premier & ſur la même ligne, s'avançant toujours vers le lac où l'on feignoit que le Palais d'Alcine étoit bâti. Le deſſein de cette ſeconde fête étoit que Roger & les Chevaliers de ſa quadrille, après avoir fait des merveilles aux courſes, que par l'ordre de la belle magicienne ils avoient faites en faveur de la Reine, continuoient en ce même deſſein pour le divertiſſement ſuivant ; & que l'iſle flottante n'ayant point éloigné le rivage de la France, ils donnoient à Sa Majeſté le plaiſir d'une Comédie dont la Scene étoit en Elide.

Le Roi fit donc couvrir de toiles, en ſi peu de tems qu'on avoit lieu de s'en étonner, tout ce rond d'une eſpece de dôme, pour défendre contre le vent le grand nombre de flambeaux & de bougies qui devoient éclairer le Théatre, dont la décoration étoit fort agréable.

Auſſi-tôt qu'on eut levé la toile, un grand concert de pluſieurs inſtrumens ſe fit entendre, & l'Aurore ouvrit la Scene. On y repréſenta la Princeſſe d'Elide Comédie-Ballet, avec un Prologue & des Intermedes.

DE VERSAILLES, en 1664.
NOMS DES PERSONNES QUI ONT RECITÉ,
danſé & chanté dans la Comédie de la Princeſſe
d'Elide.

DANS LE PROLOGUE.

L'Aurore, *Mademoiſelle Hilaire*. Lyciſcas, *le Sieur Moliere*. Valets de chiens chantans, *les Sieurs Eſtival, Don, Blondel*. Valets de chiens danſans, *les Sieurs Payſan, Chicanneau, Noblet, Peſan, Bonard, la Pierre*.

DANS LA COMÉDIE.

Iphitas, *le Sieur Hubert*. La Princeſſe d'Elide, *Mademoiſelle Moliere*. Euriale, *le Sieur de la Grange*. Ariſtomene, *le Sieur du Croiſy*. Théocle, *le Sieur Béjart*. Aglante, *Mademoiſelle du Parc*. Cinthie, *Mademoiſelle de Brie*. Arbate, *le Sieur de la Thorilliere*. Philis, *Mademoiſelle Béjart*. Moron, *le Sieur Moliere*, Lycas, *le Sieur Prevoſt*.

DANS LES INTERMEDES.

Dans le I. Chaſſeurs danſans, *les Sieurs Manceau, Chicanneau, Balthazard, Noblet, Bonard, Magny, la Pierre*.

Dans le II. Satyre chantant, *le Sieur Eſtival*. Satyres danſans...

Dans le III. Berger chantant, *le Sieur Blondel*.

Dans le IV. Philis, *Mademoiſelle Béjart*. Climene, *Mademoiſelle*...

Dans le V. Bergers chantans, *les ſieurs le Gros, Eſtival, Don, Blondel*. Bergeres chantantes, *Meſdemoiſelles Hilaire & de la Barre*.

Tous ſix, ſe prenant par la main, chanterent une chanſon à danſer à laquelle les autres bergers répondirent en chœur.

Pendant les danses, il sortit de dessous le Théatre la machine d'un grand arbre chargé de seize Faunes, dont huit jouoient de la flûte, & les autres du violon, avec un concert le plus agréable du monde. Trente violons leur répondoient de l'orchestre, avec six autres concertans de clavessins & de théorbes qui étoient *les sieurs d'Anglebert, Richard Itier, la Barre le cadet, Tissu & le Moine*; & quatre bergers & quatre bergeres vinrent danser une très-belle entrée, à laquelle les Faunes descendant de l'arbre se mélerent de tems en tems. Les bergers étoient *les Sieurs Chicanneau, du Pron, Noblet, la Pierre*; les bergeres étoient *les sieurs Balthazard, Magny, Arnald, Bonard*.

Toute cette Scene fut si grande, si remplie & si agréable, qu'il ne s'étoit encore rien vu de plus beau en ballet; aussi fit-elle une si avantageuse conclusion aux divertissemens de ce jour, que toute la Cour ne le loua pas moins que celui qui l'avoit précédé, se retirant avec une satisfaction qui lui fit bien espérer de la suite d'une fête si complette.

III. JOURNÉE.

SUITE ET CONCLUSION

DES PLAISIRS.

DE L'ISLE ENCHANTÉE.

Plus on s'avançoit vers le grand rond d'eau, qui représentoit le lac sur lequel étoit autrefois bâti le Palais d'Alcine, plus on s'approchoit de la fin des divertissemens de l'Isle enchantée, comme s'il n'eût pas été juste que tant de braves Chevaliers demeurassent plus long-tems dans une oisiveté qui eût fait tort à leur gloire.

On feignoit donc, fuivant toujours le premier deffein, que le ciel ayant réfolu de donner la liberté à ces guerriers, Alcine en eut des preffentimens qui la remplirent de terreur & d'inquiétudes. Elle voulut apporter tous les remedes poffibles pour prévenir ce malheur, & fortifier en toutes manieres un lieu qui pût renfermer tout fon repos & fa joie.

On fit paroître fur ce rond d'eau, dont l'étendue & la forme font extraordinaires, un rocher fitué au milieu d'une ifle couverte de divers animaux, comme s'ils euffent voulu en défendre l'entrée.

Deux autres Ifles plus longues, mais d'une moindre largeur, paroiffoient aux deux côtés de la premiere, & toutes trois auffi-bien que les bords du rond d'eau étoient fi fort éclairés, que ces lumieres faifoient naître un nouveau jour dans l'obfcurité de la nuit.

Leurs Majeftés étant arrivées, n'eurent pas plutôt pris leurs places, que l'une des deux ifles qui paroiffoient aux côtés de la premiere, fut toute couverte de violons fort bien vêtus. L'autre, qui étoit oppofée le fut en même-tems de trompettes & de timballiers, dont les habits n'étoient pas moins riches.

Mais ce qui furprit davantage, fut de voir fortir Alcine de derriere un rocher, portée par un monftre marin d'une grandeur prodigieufe.

Deux des Nymphes de fa fuite, fous les noms de Célie & de Dircé, parurent au même tems à fa fuite; &, fe mettant à fes côtés fur de grandes baleines, elles s'approcherent du bord du rond d'eau, & Alcine commença des vers, auxquels fes compagnes répondirent, & qui furent à la louange de la Reine mere du Roi.

H 3

FÊTES

ALCINE, CELIE, DIRCÉ.

ALCINE.

Vous à qui je fis part de ma félicité,
Pleurez avecque moi dans cette extrêmité,

CELIE.

Quel est donc le sujet des soudaines alarmes
Qui de vos yeux charmans font couler tant de larmes ?

ALCINE.

Si je pense en parler, ce n'est qu'en frémissant.
Dans les sombres horreurs d'un songe menaçant,
Un spectre m'avertit d'une voix éperdue,
Que pour moi des enfers la force est suspendue,
Qu'un céleste pouvoir arrête leur secours,
Et que ce jour sera le dernier de mes jours.
Ce que versa de triste au point de ma naissance,
Des astres ennemis la maligne influence,
Et tout ce que mon art m'a prédit de malheurs
En ce songe fut peint de si vives couleurs,
Qu'à mes yeux éveillés sans cesse il représente
Le pouvoir de Mélisse, & l'heur de Bradamante.
J'avois prévu ces maux ; mais les charmans plaisirs
Qui sembloient en ces lieux prévenir nos desirs,
Nos superbes Palais, nos Jardins, nos Campagnes,
L'agréable entretien de nos cheres compagnes,
Nos jeux & nos chansons, les concerts des oiseaux,
Le parfum des zéphyrs, le murmure des eaux,
De nos tendres amours les douces aventures,
M'avoient fait oublier ces funestes augures,
Quand le songe cruel dont je me sens troubler,
Avec tant de fureur les vint renouveller.
Chaque instant, je crois voir mes forces terrassées,
Mes gardes égorgés, & mes prisons forcées,
Je crois voir mille amans par mon art transformés,
D'une égale fureur à ma perte animés,

Quitter, en même-tems, leurs troncs & leurs feuillages,
Dans le juste dessein de venger leurs outrages ;
Et je crois voir enfin mon aimable Roger,
De ses fers méprisés prêt à se dégager.

CELIE.

La crainte en votre esprit s'est acquis trop d'empire.
Vous régnez seule ici, pour vous seule on soupire,
Rien n'interrompt le cours de vos contentemens ;
Que les accens plaintifs de vos tristes amans,
Logistille & ses gens, chassés de nos campagnes,
Tremblent encor de peur, cachés dans leurs montagnes ;
Et le nom de Mélisse, en ces lieux inconnu,
Par vos augures seuls jusqu'à nous est venu.

DIRCÉ.

Ah ! ne nous flattons point. Ce fantôme effroyable
M'a tenu, cette nuit, un discours tout semblable.

ALCINE.

Hélas ! De nos malheurs qui peut encor douter ?

CELIE.

J'y vois un grand remede, & facile à tenter ;
Une Reine paroît, dont le secours propice
Nous sçaura garantir des efforts de Mélisse.
Par-tout de cette Reine on vante la bonté ;
Et l'on dit que son cœur, de qui la fermeté
Des flots les plus mutins méprisa l'insolence,
Contre les vœux des siens, est toujours sans défense.

ALCINE.

Il est vrai, je la vois. En ce pressant danger,
A nous donner secours tâchons de l'engager.
Disons-lui qu'en tous lieux la voix publique étale
Les charmantes beautés de son ame royale ;
Disons que sa vertu plus haute que son rang,
Sçait relever l'éclat de son auguste sang,
Et que de notre sexe, elle a porté la gloire
Si loin que l'avenir aura peine à le croire ;

Que du bonheur public son grand cœur amoureux
Fit toujours des périls un mépris généreux ;
Que de ses propres maux son ame à peine atteinte
Pour les maux de l'Etat garda toute sa crainte.
Disons que ses bienfaits, versés à pleines mains,
Lui gagnent le respect & l'amour des humains,
Et qu'aux moindres dangers dont elle est menacée,
Toute la terre en deuil se montre intéressée.
Disons qu'au plus haut point de l'absolu pouvoir,
Sans faste & sans orgueil, sa grandeur s'est fait voir ;
Qu'aux tems les plus fâcheux, sa sagesse constante,
Sans crainte, a soutenu l'autorité penchante,
Et, dans le calme heureux par ses travaux acquis,
Sans regret, la remit dans les mains de son fils.
Disons par quels respects, par quelle complaisance,
De ce fils glorieux l'amour la récompense ;
Vantons les longs travaux, vantons les justes loix
De ce fils reconnu pour le plus grand des Rois,
Et comment cette mere heureusement féconde,
Ne donnant que deux fois a donné tant au monde.
Enfin, faisons parler nos soupirs & nos pleurs
Pour la rendre sensible à nos vives douleurs,
Et nous pourrons trouver, au fort de notre peine,
Un refuge paisible aux pieds de cette Reine.

DIRCÉ.

Je sçais bien que son cœur noblement généreux,
Ecoute avec plaisir la voix des malheureux ;
Mais on ne voit jamais éclater sa puissance
Qu'à repousser le tort qu'on fait à l'innocence.
Je sçais qu'elle peut tout ; mais je n'ose penser
Que jusqu'à nous défendre on la vit s'abaisser.
De nos douces erreurs elle peut être instruite,
Et rien n'est plus contraire à sa rare conduite.
Son zele, si connu pour le culte des Dieux,
Doit rendre à sa vertu nos respects odieux ;
Et, loin qu'à son abord mon effroi diminue,
Malgré moi, je le sens qui redouble à sa vue.

ALCINE.

Ah, ma propre frayeur suffit pour m'affliger.
Loin d'aigrir mon ennui, cherche à le soulager;
Et tâche de fournir à mon ame oppressée
De quoi parer aux maux dont elle est menacée.
Redoublons cependant les gardes du palais,
Et, s'il n'est point pour nous d'asyle désormais,
Dans notre désespoir cherchons notre défense;
Et ne nous rendons pas au moins sans résistance.

Alcine, Mademoiselle du Parc.
Célie, Mademoiselle de Brie.
Dircé, Mademoiselle Moliere.

Lorsqu'elles eurent achevé, & qu'Alcine se fut retirée pour aller redoubler les gardes du Palais, le concert des violons se fit entendre, pendant que, le frontispice du Palais venant à s'ouvrir avec un merveilleux artifice, & des tours venant à s'élever à vue d'œil, quatre géans d'une grandeur démesurée vinrent à paroître avec quatre nains, qui, par l'opposition de leur petite taille, faisoient paroître celle des géans encore plus excessive. Ces colosses étoient commis à la garde du Palais, & ce fut par eux que commença la premiere entrée du Ballet.

BALLET
DU PALAIS D'ALCINE.

PREMIERE ENTRÉE.

Geans. Les sieurs Manceau, Vagnard, Pesan, & Joubert.

Nains. Les deux petits des-Airs, le petit Vagnard, & le petit Tutin.

DEUXIEME ENTRÉE.

Huit Maures, chargés par Alcine de la garde du dedans, en font une exacte visite, avec chacun deux flambeaux.

Maures. Les sieurs d'Heureux, Beauchamp, Moliere, la Marre, le Chantre, de Gan, du Pron & Mercier.

TROISIEME ENTRÉE.

Cependant un dépit amoureux oblige six des chevaliers qu'Alcine retenoit auprès-d'elle, à tenter la sortie de ce Palais ; mais, la fortune ne secondant pas les efforts qu'ils font dans leur désespoir, ils sont vaincus après un grand combat par autant de monstres qui les attaquent.

Chevaliers. Monsieur de Souville, les sieurs Raynal, des-Airs l'aîné, des Airs, le second, de Lorge, & Balthazard.

Monstres. Les sieurs Chicanneau, Noblet, Arnald, Desbrosses, Desonets, & la Pierre.

QUATRIEME ENTRÉE.

ALcine, allarmée de cet accident, invoque de nouveau tous ses esprits, & leur demande secours : il s'en presente deux à elle, qui font des sauts avec une force & une agilité merveilleuse.

Démons agiles. Les sieurs saint André & Magny.

CINQUIEME ENTRÉE.

D'Autres démons viennent encore, & semblent assurer la magicienne qu'ils n'oublieront rien pour son repos.

Démons sauteurs. Les sieurs Tutin, la Brodiere, Pesan & Bureau.

SIXIEME ET DERNIERE ENTRÉE.

MAis à peine commence-t-elle à se rassurer, qu'elle voit paroître auprès de Roger & de quelques Chevaliers de sa suite, la sage Mélisse sous la forme d'Atlas. Elle court aussi-tôt pour empêcher l'effet de son intention ; mais elle arrive trop tard. Mélisse a déja mis au doigt de ce brave chevalier la fameuse bague qui détruit les enchantemens. Lors un coup de tonnerre, suivi de plusieurs éclairs, marque la destruction du Palais, qui est aussi-tôt réduit en cendres par un feu d'artifice, qui met fin à cette aventure, & aux divertissemens de l'isle enchantée.

Alcine. Mademoiselle du Parc.
Mélisse. Le sieur de Lorge.
Roger. Le sieur Beauchamp.
Chevaliers. Les sieurs d'Heureux, Raynal, du Pron, & Desbrosses.
Ecuyers. Les sieurs la Marre, le Chantre, de Gan & Mercier.

Fin du Ballet.

IL sembloit que le Ciel, la terre, & l'eau fussent tout en feu ; & que la destruction du superbe Palais d'Alcine, comme la liberté des Chevaliers qu'elle y retenoit en prison, ne se pût accomplir que par des prodiges & des miracles. La hauteur & le nombre des fusées volantes, celles qui rouloient sur le rivage, & celles qui ressortoient de l'eau après s'y être enfoncées, faisoient un spectacle si grand & si magnifique, que rien ne pouvoit mieux terminer les enchantemens qu'un si beau feu d'artifice ; lequel ayant enfin cessé après un bruit & une longueur extraordinaire, les coups de boîtes qui l'avoient commencé, redoublerent encore.

Alors toute la Cour, se retirant, confessa qu'il ne se pouvoit rien voir de plus achevé que ces trois fêtes ; & c'est assez avouer qu'il ne s'y pouvoit rien ajouter, que de dire, que, les trois journées ayant eu chacune ses partisans, comme chacune ses beautés particulieres, on ne convint pas du prix qu'elles devoient emporter entr'elles, bien qu'on demeurât d'accord qu'elles pouvoient justement le disputer à toutes celles qu'on avoit vues jusqu'alors, & les surpasser peut-être.

IV. JOURNÉE.

Mais, quoique les fêtes comprises dans le sujet des plaisirs de l'Isle enchantée fussent terminées, tous les divertissemens de Versailles ne l'étoient pas; & la magnificence & la galanterie du Roi en avoit encore réservé pour les autres jours, qui n'étoient pas moins agréables.

Le samedi, dixieme, Sa Majesté voulut courre les têtes. C'est un exercice que beaucoup de gens ignorent, & dont l'usage est venu d'Allemagne, fort bien inventé pour faire voir l'adresse d'un Chevalier, tant à bien mener son cheval dans les passades de guerre, qu'à bien se servir d'une lance, d'un dard & d'une épée. Si quelqu'un ne les a pas vu courre, il en trouvera ici la description, étant moins commune que la bague, & seulement ici depuis peu d'années; & ceux qui en ont eu le plaisir, ne s'ennuieront pas d'une narration si peu étendue.

Les Chevaliers entrent, l'un après l'autre, dans la lice, la lance à la main, & un dard sous la cuisse droite; & après que l'un d'eux a couru & emporté une tête de gros carton peinte, & de la forme de celle d'un Turc, il donne sa lance à un page, &, faisant la demi-volte, il revient, à toute bride, à la seconde tête, qui a la couleur & la forme d'un Maure, l'emporte avec le dard qu'il lui jette en passant; puis, reprenant une javeline peu différente de la forme du dard, dans une troisieme passade, il la darde dans un bouclier où est peinte une tête de Méduse; & achevant sa demi-volte, il tire l'épée, dont il emporte, en passant toujours à toute bride, une tête élevée à un demi-pied de terre; puis, faisant place à un autre, celui qui, en ses courses, en a emporté le plus, gagne le prix.

Toute la Cour s'étant placée fur une baluftrade de fer doré, qui régnoit autour de l'agréable maifon de Verfailles, & qui regarde fur le foffé, dans lequel on avoit dreffé la lice avec des barrieres, le Roi s'y rendit, fuivi des mêmes Chevaliers qui avoient couru la bague; les Ducs de Saint-Aignan & de Noailles y continuant leurs premieres fonctions; l'un de Maréchal de camp, & l'autre de juge des courfes. Il s'en fit plufieurs fort belles & heureufes; mais l'adreffe du Roi lui fit emporter hautement, enfuite du prix de la courfe des Dames, encore celui que donnoit la Reine. C'étoit une rofe de diamans de grand prix, que le Roi, après l'avoir gagnée, redonna libéralement à courre aux autres Chevaliers, & que le Marquis de Coaflin difputa contre le Marquis de Soyecourt, & gagna.

V. JOURNÉE.

LE Dimanche, au lever du Roi, quafi toute la converfation tourna fur les belles courfes du jour précédent, & donna lieu à un grand défi, entre le Duc de Saint-Aignan, qui n'avoit point encore couru, & le Marquis de Soyecourt, qui fut remis au lendemain, pour ce que le Maréchal Duc de Grammont, qui parioit pour ce Marquis, étoit obligé de partir pour Paris, d'où il ne devoit revenir que le jour d'après.

Le Roi mena toute la Cour, cet après-dînée, à fa Ménagerie, dont on admira les beautés particulieres, & le nombre prefque incroyable d'oifeaux de toutes fortes, parmi lefquelles il y en a beaucoup de fort rares. Il feroit inutile de parler de la collation qui fuivit ce divertiffement, puifque, huit jours durant, chaque repas pouvoit

DE VERSAILLES, en 1664. 183
passer pour un festin des plus grands qu'on puisse faire.

Le soir, Sa Majesté fit représenter, sur l'un de ces Théatres doubles de son sallon, que son esprit universel a lui-même inventés, la Comédie des Fâcheux, faite par le sieur Moliere, mêlée d'entrées de ballet, & fort ingénieuses.

VI. JOURNÉE.

LE bruit du défi, qui se devoit courir le Lundi, douzieme, fit faire une infinité de gageures d'assez grande valeur, quoique celle des deux Chevaliers ne fût que de cent pistoles, & comme le Duc, par une heureuse audace, donnoit une tête à ce Marquis fort adroit, beaucoup tenoient pour ce dernier, qui, s'étant rendu un peu plus tard chez le Roi, y trouva un cartel pour le presser, lequel, pour n'être qu'en prose, on n'a point mis en ce discours.

Le Duc de Saint-Aignan avoit aussi fait voir à quelques-uns de ses amis, comme un heureux présage de sa victoire, ces quatre vers :

AUX DAMES.

BElles, vous direz en ce jour,
Si vos sentimens sont les nôtres,
Qu'être vainqueur du grand Soyecourt,
C'est être vainqueur de dix autres.

faisant toujours allusion à son nom de Guidon le sauvage, que l'aventure de l'Isle périlleuse rendit victorieux de dix Chevaliers. Aussi-tôt que le Roi eut dîné, il conduisit les Reines, Monsieur, Madame, & toutes les Dames, dans un lieu où l'on devoit tirer une loterie, afin que rien ne manquât à la galanterie de ces Fêtes. C'étoient des pierreries, des ameublemens, de l'argenterie, & autres choses semblables; &, quoique le sort ait accoutumé de décider de ces presens, il s'accorda sans doute avec le desir de Sa Majesté, quand il fit tomber le gros lot entre les mains de la Reine; chacun sortant de ce lieu-là fort content, pour aller voir les courses qui s'alloient commencer.

Enfin Guidon & Olivier parurent sur les rangs, à cinq heures du soir, fort proprement vêtus & bien montés.

Le Roi, avec toute la Cour, les honora de sa presence, & Sa Majesté lut même les articles des courses, afin qu'il n'y eût aucune contestation entr'eux. Le succès en fut heureux au Duc de Saint-Aignan, qui gagna le défi.

Le soir, Sa Majesté fit jouer les trois premiers Actes d'une Comédie nommée *Tartuffe*, que le sieur Moliere avoit faite contre les hypocrites; mais quoiqu'elle eût été trouvée fort divertissante, le Roi connut tant de conformité entre ceux qu'une véritable dévotion met dans le chemin du ciel, & ceux qu'une vaine ostentation de bonnes œuvres, n'empêche pas d'en commettre de mauvaises, que son extrême délicatesse pour les choses de la Religion eut de la peine à souffrir cette ressemblance du vice avec la vertu; &, quoiqu'on ne doutât point des bonnes intentions de l'Auteur, il défendit cette Comédie pour le public, jusqu'à ce qu'elle fût entiérement achevée, & examinée par des gens capables d'en juger, pour n'en pas laisser abuser à d'autres moins capables d'en faire un juste discernement.

VII. JOURNÉE.

LE Mardi treizieme, le Roi voulut encore courre les têtes, comme à un jeu ordinaire que devoit gagner celui qui en feroit le plus. Sa Majesté eut encore le prix de la course des Dames, le Duc de Saint-Aignan celui du jeu, &, ayant eu l'honneur d'entrer pour le second à la dispute avec Sa Majesté, l'adresse incomparable du Roi lui fit encore avoir ce prix; & ce ne fut pas sans étonnement, duquel on ne pouvoit se défendre, qu'on en vit gagner quatre à Sa Majesté en deux fois qu'elle avoit couru les têtes.

On joua le même soir la Comédie du Mariage forcé, encore de la façon du même sieur Moliere, mêlée d'entrées de ballet & de recits; puis le Roi prit le chemin de Fontainebleau le Mercredi quatorzieme. Toute la Cour se trouva si satisfaite de ce qu'elle avoit vu, que chacun crut qu'on ne pouvoit se passer de le mettre par écrit, pour en donner la connoissance à ceux qui n'avoient pu voir des fêtes si diversifiées & si agréables, où l'on a pu admirer tout à la fois le projet avec le succès, la libéralité, avec la politesse, le grand nombre avec l'ordre, & la satisfaction de tous; où les soins infatigables de Monsieur Colbert s'employerent en tous ces divertissemens, malgré ses importantes affaires; où le Duc de Saint-Aignan joignit l'action à l'invention du dessein; où les beaux vers du Président de Périgny à la louange des Reines, furent si justement pensés, si agréablement tournés & recités avec tant d'art, où ceux que Monsieur de Benserade fit pour les Chevaliers eurent une approbation générale; & où la vigilance exacte de Monsieur Bontems, & l'application de Monsieur de

Launay, ne laisserent manquer d'aucunes des choses nécessaires ; enfin, où chacun a marqué si avantageusement son dessein de plaire au Roi dans le tems où Sa Majesté ne songeoit elle-même qu'à plaire, & où ce qu'on a vu ne sçauroit jamais se perdre dans la mémoire des spectateurs, quand on n'auroit pas pris le soin de conserver par écrit le souvenir de toutes ces merveilles.

F I N.

LE
MARIAGE
FORCÉ,
COMEDIE.

ACTEURS.

SGANARELLE, Amant de Dorimene.
GERONIMO, Ami de Sganarelle.
DORIMENE, Fille d'Alcantor.
ALCANTOR, Pere de Dorimene.
ALCIDAS, Frere de Dorimene.
LYCASTE, Amant de Dorimene.
PANCRACE, Docteur Aristotélicien.
MARPHURIUS, Docteur Pyrrhonien.
DEUX BOHÉMIENNES.

La Scene est dans une Place publique.

LE MARIAGE FORCE

LE MARIAGE FORCÉ,
COMEDIE.

SCENE PREMIERE.

SGANARELLE *parlant à ceux qui sont dans sa maison.*

JE suis de retour dans un moment. Que l'on ait bien soin du logis, & que tout aille comme il faut. Si l'on m'apporte de l'argent, que l'on me vienne querir vîte chez le Seigneur Géronimo ; & , si l'on vient m'en demander, qu'on dise que je suis sorti, & que je ne dois revenir de toute la journée.

SCENE II.

SGANARELLE, GERONIMO.

GERONIMO ayant entendu les dernieres paroles de Sganarelle.

Voilà un ordre fort prudent.
SGANARELLE.
Ah! Seigneur Géronimo, je vous trouve à propos; & j'allois chez vous vous chercher.
GERONIMO.
Et pour quel sujet, s'il vous plaît?
SGANARELLE.
Pour vous communiquer une affaire que j'ai en tête, & vous prier de m'en dire votre avis.
GERONIMO.
Très-volontiers. Je suis bien-aise de cette rencontre, & nous pouvons parler ici en toute liberté.
SGANARELLE.
Mettez donc dessus, s'il vous plaît.... Il s'agit d'une chose de conséquence, que l'on m'a proposée; & il est bon de ne rien faire sans le conseil de ses amis.
GERONIMO.
Je vous suis obligé de m'avoir choisi pour cela. Vous n'avez qu'à me dire ce que c'est.
SGANARELLE.
Mais auparavant, je vous conjure de ne me point flatter du tout; & de me dire nettement votre pensée.
GERONIMO.
Je le ferai, puisque vous le voulez.
SGANARELLE.
Je ne vois rien de plus condamnable, qu'un ami qui ne nous parle point franchement.

COMEDIE.

GERONIMO.

Vous avez raison.

SGANARELLE.

Et, dans ce siecle, on trouve peu d'amis sinceres.

GERONIMO.

Cela est vrai.

SGANARELLE.

Promettez-moi donc, Seigneur Géronimo, de me parler avec toute sorte de franchise.

GERONIMO.

Je vous le promets.

SGANARELLE.

Jurez-en votre foi.

GERONIMO.

Oui, foi d'ami. Dites-moi seulement votre affaire.

SGANARELLE.

C'est que je veux sçavoir de vous, si je ferai bien de me marier.

GERONIMO.

Qui ? vous ?

SGANARELLE.

Oui, moi-même, en propre personne. Quel est votre avis là-dessus.

GERONIMO.

Je vous prie, auparavant, de me dire une chose.

SGANARELLE.

Et quoi ?

GERONIMO.

Quel âge pouvez-vous bien avoir maintenant ?

SGANARELLE.

Moi ?

GERONIMO.

Oui.

SGANARELLE.

Ma foi, je ne sçais ; mais je me porte bien.

GERONIMO.

Quoi ! vous ne sçavez pas à peu près, votre âge ?

SGANARELLE.
Non. Eft-ce qu'on fonge à cela ?
GERONIMO.
Hé, dites-moi un peu, s'il vous plaît, combien aviez-vous d'années, lorfque nous fîmes connoiffance ?
SGANARELLE.
Ma foi, je n'avois que vingt ans alors.
GERONIMO.
Combien fûmes-nous enfemble à Rome.
SGANARELLE.
Huit ans ?
GERONIMO.
Quel tems avez-vous demeuré en Angleterre ?
SGANARELLE.
Sept ans.
GERONIMO.
Et en Hollande, où vous futes enfuite ?
SGANARELLE.
Cinq ans & demi.
GERONIMO.
Combien y a-t-il que vous êtes revenu ici ?
SGANARELLE.
Je revins en cinquante-deux.
GERONIMO.
De cinquante-deux à foixante-quatre, il y a douze ans, ce me femble. Cinq ans en Hollande, font dix-fept, fept ans en Angleterre, font vingt-quatre ; huit dans notre féjour à Rome, font trente-deux ; & vingt que vous aviez lorfque nous nous connumes, cela fait juftement cinquante-deux. Si bien, Seigneur Sganarelle, que, fur votre propre confeffion, vous êtes environ à votre cinquante-deuxieme ou cinquante-troifieme année.
SGANARELLE.
Qui ? moi ? cela ne fe peut pas.
GERONIMO.
Mon Dieu ! le calcul eft jufte ; &, là-deffus, je
vous

vous dirai franchement & en ami, comme vous m'avez fait promettre de vous parler, que le mariage n'est guéres votre fait. C'est une chose à laquelle il faut que les jeunes gens pensent bien mûrement avant que de la faire, mais les gens de votre âge n'y doivent point penser du tout; & si l'on dit que la plus grande de toutes les folies est celle de se marier, je ne vois rien de plus mal-à-propos, que de la faire, cette folie, dans la saison où nous devons être plus sages. Enfin je vous en dis nettement ma pensée. Je ne vous conseille point de songer au mariage; & je vous trouverois le plus ridicule du monde, si, ayant été libre jusqu'à cette heure, vous alliez vous charger maintenant de la plus pesante des chaînes.

SGANARELLE.

Et moi, je vous dis que je suis résolu de me marier; & que je ne serai point ridicule en épousant la fille que je recherche.

GERONIMO.

Ah! C'est une autre chose! Vous ne m'aviez pas dit cela.

SGANARELLE.

C'est une fille qui me plaît, & que j'aime de tout mon cœur.

GERONIMO.

Vous l'aimez de tout votre cœur?

SGANARELLE.

Sans doute; & je l'ai demandée à son pere.

GERONIMO.

Vous l'avez demandée?

SGANARELLE.

Oui. C'est un mariage qui se doit conclure ce soir; & j'ai donné ma parole.

GERONIMO.

Oh! Mariez-vous donc. Je ne dis plus mot.

Tome III.   I

SGANARELLE.

Je quitterois le dessein que j'ai fait ? Vous semble-t-il, Seigneur Geronimo, que je ne sois plus propre à songer à une femme ? Ne parlons point de l'âge que je puis avoir ; mais regardons seulement les choses. Y a-t-il homme de trente ans qui paroisse plus frais & plus vigoureux que vous me voyez ? N'ai-je pas tous les mouvemens de mon corps aussi bons que jamais, & voit-on que j'aie besoin de carrosse ou de chaise pour cheminer ? N'ai-je pas encore toutes mes dents

(*Il montre ses dents.*)

les meilleures du monde ? Ne fais-je pas vigoureusement mes quatre repas par jour, & peut-on voir un

(*Il tousse.*)

estomac qui ait plus de force que le mien ? Hem, hem, hem, Hé ? qu'en dites-vous ?

GERONIMO.

Vous avez raison, je m'étois trompé. Vous ferez bien de vous marier.

SGANARELLE.

J'y ai répugné autrefois, mais j'ai maintenant de puissantes raisons pour cela. Outre la joie que j'aurai de posséder une belle femme qui me dorlotera, & me viendra frotter lorsque je serai las, outre cette joie, dis-je, je considére, qu'en demeurant comme je suis, je laisse périr dans le monde la race des Sganarelles ; &, qu'en me mariant, je pourrai me voir revivre en d'autres moi-mêmes ; que j'aurai le plaisir de voir des créatures qui seront sorties de moi, de petites figures qui me ressembleront comme deux gouttes d'eau, qui se joueront continuellement dans la maison, qui m'appelleront leur papa quand je reviendrai de la ville, & me diront de petites folies les plus agréables du monde. Tenez, il me semble déjà que j'y suis, & que j'en vois une demi-douzaine autour de moi.

COMEDIE.

GERONIMO.
Il n'y a rien de plus agréable que cela ; & je vous conseille de vous marier le plus vîte que vous pourrez.

SGANARELLE.
Tout de bon ? Vous me le conseillez ?

GERONIMO.
Assurement. Vous ne sçauriez mieux faire.

SGANARELLE.
Vraiment, je suis ravi que vous me donniez ce conseil en véritable ami.

GERONIMO.
Hé quelle est la personne, s'il vous plaît, avec qui vous allez vous marier ?

SGANARELLE.
Doriméne.

GERONIMO.
Cette jeune Doriméne, si galante & si bien parée ?

SGANARELLE.
Oui.

GERONIMO.
Fille du Seigneur Alcantor ;

SGANARELLE.
Justement.

GERONIMO.
Et sœur d'un certain Alcidas, qui se mêle de porter l'épée ?

SGANARELLE.
C'est cela.

GERONIMO.
Vertu de ma vie !

SGANARELLE.
Qu'en dites-vous ?

GERONIMO.
Bon parti ! Mariez-vous promptement.

SGANARELLE.
N'ai-je pas raison d'avoir fait ce choix ?

GERONIMO.
Sans doute. Ah ! Que vous ferez bien marié ! Dépêchez-vous de l'être.
SGANARELLE.
Vous me comblez de joie, de me dire cela. Je vous remercie de votre conseil, & je vous invite ce soir à mes nôces,
GERONIMO.
Je n'y manquerai pas ; & je veux y aller en masque afin de les mieux honorer.
SGANARELLE.
Serviteur. GERONIMO *à part.*
La jeune Doriméne, fille du Seigneur Alcantor, avec le Seigneur Sganarelle, qui n'a que cinquante-trois ans ! O le beau mariage ! O le beau mariage !
(*Ce qu'il répéte plusieurs fois en s'en allant.*)

SCENE III.
SGANARELLE. *seul.*

CE mariage doit être heureux, car il donne de la joie à tout le monde ; & je fais rire tous ceux à qui j'en parle. Me voilà maintenant le plus content des hommes.

SCENE IV.
DORIMENE, SGANARELLE.

DORIMENE, *dans le fond du Théatre, à un petit laquais qui la suit.*

ALlons, petit garçon, qu'on tienne bien ma queue, & qu'on ne s'amuse pas à badiner.
SGANARELLE *à part, appercevant Doriméne.*
Voici ma maîtresse, qui vient. Ah, qu'elle est

agréable! Quel air & quelle taille! Peut-il y avoir un homme, qui n'ait, en la voyant, des démangeai-
(à Doriméne.)
sons de se marier? Où allez-vous, belle mignonne, chere épouse future de votre époux futur?

DORIMENE.
Je vais faire quelques emplettes.

SGANARELLE.
Hé bien, ma belle, c'est maintenant que nous allons être heureux l'un & l'autre. Vous ne serez plus en droit de me rien refuser; & je pourrai faire avec vous tout ce qu'il me plaira, sans que personne s'en scandalise. Vous allez être à moi depuis la tête jusqu'aux pieds, & je serai maître de tout, de vos petits yeux éveillés, de votre petit nez fripon, de vos levres appétissantes, de vos oreilles amoureuses, de votre petit menton joli, de vos petits tetons rondelets, de votre ... Enfin, toute votre personne sera à ma discrétion, & je serai à même, pour vous caresser comme je voudrai. N'êtes-vous-pas bien-aise de ce mariage, mon aimable pouponne?

DORIMENE.
Tout-à-fait aise, je vous jure. Car enfin, la sévérité de mon pere m'a tenue jusques-ici dans une sujettion la plus fâcheuse du monde. Il y a je ne sçais combien que j'enrage du peu de liberté qu'il me donne, & j'ai cent fois souhaité qu'il me mariât, pour sortir promptement de la contrainte où j'étois avec lui, & me voir en état de faire ce que je voudrai. Dieu merci, vous êtes venu heureusement pour cela, & je me prépare désormais à me donner du divertissement, & à réparer, comme il faut, le tems que j'ai perdu. Comme vous êtes un fort galant homme, & que vous sçavez comme il faut vivre, je crois que nous ferons le meilleur ménage du monde ensemble, & que vous ne serez point de ces maris incommodes, qui veu-

lent que leurs femmes vivent comme des loups-garous. Je vous avoue que je ne m'accommoderois pas de cela, & que la solitude me désespére. J'aime le jeu, les visites, les assemblées, les cadeaux & les promenades ; en un mot, toutes les choses de plaisir : & vous devez être ravi d'avoir une femme de mon humeur. Nous n'aurons jamais aucun démêlé ensemble, & je ne vous contraindrai point dans vos actions, comme j'espére que, de votre côté, vous ne me contraindrez point dans les miennes ; car, pour moi, je tiens qu'il faut avoir une complaisance mutuelle ; & qu'on ne se doit point marier pour se faire enrager l'un l'autre. Enfin, nous vivrons, étant mariés, comme deux personnes qui sçavent leur monde. Aucun soupçon jaloux ne nous troublera la cervelle ; & c'est assez que vous serez assuré de ma fidélité, comme je serai persuadée de la vôtre. Mais qu'avez-vous ? Je vous vois tout changé de visage.

SGANARELLE.

Ce sont quelques vapeurs qui me viennent de monter à la tête.

DORIMENE.

C'est un mal aujourd'hui qui attaque beaucoup de gens ; mais notre mariage dissipera tout cela. Adieu. Il me tarde déjà que je n'aie des habits raisonnables, pour quitter vîte ces guenilles. Je m'en vais de ce pas achever d'acheter toutes les choses qu'il me faut, & je vous enverai les marchands.

COMEDIE.

SCENE V.
GERONIMO, SGANARELLE.
GERONIMO.

AH ! Seigneur Sganarelle, je suis ravi de vous trouver encore ici, & j'ai rencontré un orfêvre, qui, sur le bruit que vous cherchiez quelque beau diamant en bague pour faire un présent à votre épouse, m'a fort prié de vous venir parler pour lui, & de vous dire qu'il en a un à vendre, le plus parfait du monde.

SGANARELLE.
Mon Dieu ! Cela n'est pas pressé.

GERONIMO.
Comment ? Que veut dire cela ? Où est l'ardeur que vous montriez tout-à-l'heure ?

SGANARELLE.
Il m'est venu, depuis un moment, de petits scrupules sur le mariage. Avant que de passer plus avant, je voudrois bien agiter à fond cette matiere, & que l'on m'expliquât un songe que j'ai fait cette nuit, & qui vient tout-à-l'heure de me revenir dans l'esprit. Vous sçavez que les songes sont comme des miroirs, où l'on découvre quelquefois tout ce qui nous doit arriver. Il me sembloit que j'étois dans un vaisseau, sur une mer bien agitée ; & que...

GERONIMO.
Seigneur Sganarelle, j'ai maintenant quelque petite affaire, qui m'empêche de vous ouïr. Je n'entends rien du tout aux songes ; & quant au raisonnement du mariage, vous avez deux sçavans, deux philosophes vos voisins, qui sont gens à vous débiter tout ce qu'on peut dire sur ce sujet. Comme ils sont de sectes différentes, vous pouvez examiner leurs diverses opinions là-dessus. Pour moi,

je me contente de ce que je vous ai dit tantôt, & demeure votre serviteur.

SGANARELLE *seul.*

Il a raison. Il faut que je consulte un peu ces gens-là sur l'incertitude où je suis.

SCENE VI.

PANCRACE, SGANARELLE.

PANCRACE *se tournant du côté par où il en est entré, & sans voir Sganarelle.*

Allez, vous êtes un impertinent, mon ami, un homme ignare de toute bonne discipline, bannissable de la république des lettres.

SGANARELLE.

Ah ! Bon. En voici un fort à propos.

PANCRACE *de même, sans voir Sganarelle.*

Oui, je te soutiendrai par vives raisons, je te montrerai par Aristote, le philosophe des philosophes, que tu es un ignorant, ignorantissime, ignorantifiant, & ignorantifié par tous les cas, & modes imaginables.

SGANARELLE *à part.*

(*à Pancrace.*)

Il a pris querelle contre quelqu'un. Seigneur...

PANCRACE *de même, sans voir Sganarelle.*

Tu te veux mêler de raisonner, & tu ne sçais pas seulement les élémens de la raison.

SGANARELLE *à part.*

(*à Pancrace.*)

La colere l'empêche de me voir, Seigneur...

PANCRACE *de même, sans voir Sganarelle.*

C'est une proposition condamnable dans toutes les terres de la philosophie.

SGANARELLE *à part.*

(*à Pancrace.*)

Il faut qu'on l'ait fort irrité.

PANCRACE *de même, sans voir Sganarelle.*
Toto cælo, totâ viâ aberras.

SGANARELLE.
Je baise les mains à Monsieur le Docteur.

PANCRACE.
Serviteur.

SGANARELLE.
Peut-on...

PANCRACE *se retournant vers l'endroit par où il est entré.*
Sçais-tu bien ce que tu as fait ? Un syllogisme *in balordo*.

SGANARELLE.
Je vous...

PANCARCE *de même.*
La majeure en est inepte, la mineure impertinente, & la conclusion ridicule.

SGANARELLE.
Je...

PANCRACE *de même.*
Je crevrois plutôt que d'avouer ce que tu dis ; & je soutiendrai mon opinion jusqu'à la derniere goutte de mon encre.

SGANARELLE.
Puis-je...

PANCRACE *de même.*
Oui, je défendrai cette proposition, *pugnis & calcibus, unguibus & rostro.*

SGANARELLE.
Seigneur Aristote, peut-on sçavoir ce qui vous met si fort en colere ?

PANCRACE.
Un sujet le plus juste du monde.

SGANARELLE.
Et quoi encore ?

PANCRACE.
Un ignorant m'a voulu soutenir une proposition

erronée, une proposition épouvantable, effroyable, exécrable.
SGANARELLE.
Puis-je demander ce que c'est ?
PANCRACE.
Ah ! Seigneur Sganarelle, tout est renversé aujourd'hui, & le monde est tombé dans une corruption générale. Une licence épouvantable regne par-tout ; & les Magistrats, qui sont établis pour maintenir l'ordre dans cet état, devroient mourir de honte, en souffrant un scandale aussi intolérable que celui dont je veux parler.
SGANARELLE.
Quoi donc ?
PANCRACE.
N'est-ce pas une chose horrible, une chose qui crie vengeance au Ciel, que d'endurer qu'on dise publiquement la forme d'un chapeau ?
SGANARELLE.
Comment ?
PANCRACE.
Je soutiens qu'il faut dire la figure d'un chapeau, & non pas la forme. D'autant qu'il y a cette différence entre la forme & la figure, que la forme est la disposition extérieure des corps qui sont animés, & la figure, la disposition extérieure des corps qui sont inanimés ; &, puisque le chapeau est un corps inanimé, il faut dire la figure d'un chapeau,
(se retournant encore du côté par où il est entré.), & non pas la forme. Oui, ignorant que vous êtes, c'est ainsi qu'il faut parler, & ce sont les termes exprès d'Aristote dans le chapitre de la qualité.
SGANARELLE *à part.*
(à Pancrace.)
Je pensois que tout fût perdu. Seigneur Docteur, ne songez plus à tout cela. Je....
PANCRACE.
Je suis dans une colere que je ne me sens pas.

SGANARELLE.
Laissez la forme & le chapeau en paix. J'ai quelque chose à vous communiquer. Je...
PANCRACE.
Impertinent !
SGANARELLE.
De grace, remettez-vous. Je...
PANCRACE.
Ignorant !
SGANARELLE.
Hé, mon Dieu ! Je...
PANCRACE.
Me vouloir soutenir une proposition de la sorte ?
SGANARELLE.
Il a tort. Je...
PANCRACE.
Une proposition condamnée par Aristote !
SGANARELLE.
Cela est vrai. Je...
PANCRACE.
En termes exprès !
SGANARELLE.
(*Se tournant du côté par où Pancrace est entré.*)
Vous avez raison. Oui, vous êtes un sot, & un impudent, de vouloir disputer contre un Docteur qui sçait lire & écrire. Voilà qui est fait. Je vous prie de m'écouter. Je viens vous consulter sur une affaire qui m'embarrasse. J'ai dessein de prendre une femme, pour me tenir compagnie dans mon ménage. La personne est belle & bien faite; elle me plaît beaucoup, & est ravie de m'épouser. Son pere me l'a accordée, mais je crains un peu ce que vous sçavez, la disgrace dont on ne plaint personne; & je voudrois bien vous prier, comme philosophe, de me dire votre sentiment. Hé ? quel est votre avis là-dessus ?
PANCRACE.
Plutôt que d'accorder qu'il faille dire la forme d'un

chapeau, j'accorderois que *datur vacuum in rerum naturâ*, & que je ne suis qu'une bête.

SGANARELLE *à part.*
(*à Pancrace.*)

La peste soit de l'homme ! Hé, Monsieur le Docteur, écoutez un peu les gens. On vous parle une heure durant, & vous ne répondez point à ce qu'on vous dit.

PANCRACE.
Je vous demande pardon. Une juste colere m'occupe l'esprit.

SGANARELLE.
Hé, laissez tout cela ; & prenez la peine de m'écouter.

PANCRACE.
Soit. Que voulez-vous me dire ?

SGANARELLE.
Je veux vous parler de quelque chose.

PANCRACE.
Et de quelle langue voulez-vous vous servir avec moi ?

SGANARELLE.
De quelle langue ?

PANCRACE.
Oui.

SCANARELLE.
Parbleu, de la langue que j'ai dans ma bouche. Je crois que je n'irai pas emprunter celle de mon voisin.

PANCRACE.
Je vous dis, de quel idiome, de quel langage ?

SGANARELLE.
Ah ! C'est une autre affaire.

PANCRACE.
Voulez-vous me parler Italien ?

SGANARELLE.
Non.

COMEDIE.

PANCRACE.
Espagnol?

SGANARELLE.
Non.

PANCRACE.
Allemand?

SGANARELLE.
Non.

PANCRACE.
Anglois?

SGANARELLE.
Non.

PANCRACE.
Latin?

SGANARELLE
Non.

PANCRACE.
Grec?

SGANARELLE.
Non

PANCRACE.
Hébreu?

SGANARELLE.
Non.

PANCRACE.
Syriaque?

SGANARELLE.
Non.

PANCRACE.
Turc.

SGANARELLE.
Non.

PANCRACE.
Arabe?

SGANARELLE.
Non, non, François, François, François.

PANCRACE.
Ah! François.

SGANARELLE.
Fort bien.

PANCRACE.
Passez donc de l'autre côté : car cette oreille-ci est destinée pour les langues scientifiques & étrangeres ; & l'autre est pour la vulgaire & la maternelle.

SGANARELLE *à part*.
Il faut bien des cérémonies avec ces sortes de gens-ci.

PANCRACE.
Que voulez-vous ?

SGANARELLE.
Vous consulter sur une petite difficulté.

PANCRACE.
Ah, ah ! Sur une difficulté de philosophie, sans doute ?

SGANARELLE.
Pardonnez-moi. Je....

PANCRACE.
Vous voulez peut-être sçavoir, si la substance & l'accident sont termes synonimes, ou équivoques à l'égard de l'être ?

SGANARELLE.
Point du tout. Je.....

PANCRACE.
Si la Logique est un art, ou une science ?

SGANARELLE.
Ce n'est pas cela. Je.....

PANCRACE.
Si elle a pour objet les trois opérations de l'esprit, ou la troisieme seulement ?

SGANARELLE.
Non. Je.....

PANCRACE.
S'il y a dix cathégories, ou s'il n'y en a qu'une ?

SGANARELLE.
Point. Je.....

COMEDIE.
PANCRACE.
Si la conclusion est l'essence du syllogisme ?
SGANARELLE.
Nenni. Je......
PANCRACE.
Si l'essence du bien est mise dans l'appétibilité, ou dans la convenance ?
SGANARELLE.
Non. Je....
PANCRACE.
Si le bien se réciproque avec la fin ?
SGANARELLE.
Hé! Non. Je....
PANCRACE.
Si la fin nous peut émouvoir par son être réel, ou par son être intentionnel ?
SGANARELLE.
Non, non, non, non, non, de par tous les diables, non.
PANCRACE.
Expliquez donc votre pensée, car je ne puis pas la deviner.
SGANARELLE.
Je vous la veux expliquer aussi ; mais il faut m'écouter.
(pendant que Sganarelle dit,)
L'affaire que j'ai à vous dire, c'est que j'ai envie de me marier avec une fille qui est jeune & belle. Je l'aime fort, & l'ai demandée à son pere, mais, comme j'appréhende......

PANCRACE. *dit en même-tems, sans écouter Sganarelle.*

La parole a été donnée à l'homme, pour expliquer ses pensées ; &, tout ainsi que les pensées, sont les portraits des choses, de mêmes nos paroles sont-elles les portraits de nos pensées.

(Sganarelle impatienté ferme la bouche du Docteur avec sa main à plusieurs reprises, & le Docteur continue de parler d'abord que Sganarelle ôte sa main.

Mais ces portraits différent des autres portraits, en ce que les autres portraits sont distingués par-tout de leurs originaux, & que la parole enferme en soi son original, puisqu'elle n'est autre chose que la pensée expliquée par un signe extérieur ; d'où vient que ceux qui pensent bien sont aussi ceux qui parlent le mieux. Expliquez-moi donc votre pensée par la parole, qui est le plus intelligible de tous les signes.

SGANARELLE *pousse le Docteur dans sa maison, & tire la porte pour l'empêcher de sortir.*

Peste de l'homme.

PANCRACE *au-dedans de sa maison.*
Oui, la parole est, *animi index, & speculum.* C'est le truchement du cœur, c'est l'image de l'ame.

(*Il monte à la fenêtre, & continue.*)
C'est un miroir qui nous représente naïvement les secrets les plus arcanes de nos individus ; & puisque vous avez la faculté de ratiociner, & de parler tout ensemble, à quoi tient-il que vous ne vous serviez de la parole pour me faire entendre votre pensée ?

SGANARELLE.
C'est ce que je veux faire ; mais vous ne voulez pas m'écouter.

PANCRACE.
Je vous écoute, parlez.

SGANARELLE.
Je dis donc, Monsieur le Docteur, que ....

PANCRACE.
Mais, sur-tout, soyez bref.

SGANARELLE.
Je le ferai.

PANCRACE.
Evitez la prolixité.

SGANARELLE.
Hé ! Monsi....

COMEDIE.

PANCRACE.

Tranchez-moi votre discours d'un apophtegme à la Laconienne.

SGANARELLE.

Je vous....

PANCRACE.

Point d'ambages, de circonlocution.

(*Sganarelle de dépit de ne point parler, ramasse des pierres pour en casser la tête du Docteur.*)

PANCRACE.

Hé quoi ? Vous vous emportez au lieu de vous expliquer ? Allez, vous êtes plus impertinent que celui qui m'a voulu soutenir qu'il faut dire la forme d'un chapeau ; & je vous prouverai en toute rencontre, par raisons démonstratives & convaincantes, & par argumens *in barbara*, que vous n'êtes & ne serez jamais qu'une pécore, & que je suis, & je serai toujours, *in utroque jure*, le Docteur Pancrace.

SGANARELLE.

Quel diable de babillard !

PANCRACE *en rentrant sur le théatre*.

Homme de lettre, homme d'érudition.

SGANARELLE.

Encore ?

PANCRACE.

Homme de suffisance, homme de capacité. (*s'en allant.*) Homme consommé dans toutes les Sciences, naturelles, morales & politiques. (*revenant.*) Homme sçavant, sçavantissime, *per omnes modos & casus.* (*s'en allant.*) Homme qui possede, *superlativè*, fables, mythologie & histoires. (*revenant.*) grammaire, poésie, réthorique, dialectique, & sophistique, (*s'en allant.*) mathématique, arithmétique, optique, onirocritique, physique & mathématique, (*revenant.*) cosmométrie, géométrie, architecture, spéculoire, & spéculatoire, (*s'en allant.*) médecine, astronomie, astrologie, physionomie, méthoposcopie, chiromancie, géomancie,

SCENE VII.

SGANARELLE *seul*.

AU diable les sçavans, qui ne veulent point écouter les gens ! On me l'avoit bien dit, que son maître Aristote n'étoit rien qu'un bavard. Il faut que j'aille trouver l'autre, peut-être qu'il sera plus posé, & plus raisonnable. Holà.

SCENE VIII.

MARPHURIUS, SGANARELLE.

MARPHURIUS.

Que voulez-vous de moi, Seigneur Sganarelle ?

SGANARELLE.

Seigneur Docteur, j'aurois besoin de votre conseil sur une petite affaire dont il s'agit, & je suis venu
(*à part.*)
ici pour cela. Ah ! Voilà qui va bien. Il écoute le monde, celui-ci.

MARPHURIUS.

Seigneur Sganarelle, changez, s'il vous plaît, cette façon de parler. Notre philosophie ordonne de ne point énoncer de proposition décisive, de parler de tout avec incertitude, de suspendre toujours son jugement, & par cette raison, vous ne devez pas dire, je suis venu, mais il me semble que je suis venu.

SGANARELLE.

Il me semble ?

COMEDIE.

MARPHURIUS.
Oui.

SGANARELLE.
Parbleu, il faut bien qu'il me semble, puisque cela est.

MARPHURIUS.
Ce n'est pas une conséquence ; & il peut vous le sembler, sans que la chose soit véritable.

SGANARELLE.
Comment ? Il n'est pas vrai que je suis venu ?

MARPHURIUS.
Cela est incertain, & nous devons douter de tout.

SGANARELLE.
Quoi ? Je ne suis pas ici ? Et vous ne me parlez pas ?

MARPHURIUS.
Il m'apparoît que vous êtes-là, & il me semble que je vous parle ; mais il n'est pas assuré que cela soit.

SGANARELLE.
Hé, que diable ! Vous vous moquez. Me voilà, & vous voilà bien nettement, & il n'y a point de me semble à tout cela. Laissons ces subtilités, je vous prie, & parlons de mon affaire. Je viens vous dire que j'ai envie de me marier.

MARPHURIUS.
Je n'en sçais rien.

SGANARELLE.
Je vous le dis.

MARPHURIUS.
Il se peut faire.

SGANARELLE.
La fille que je veux prendre, est fort jeune & fort belle.

MARPHURIUS.
Il n'est pas impossible.

SGANARELLE.
Ferai-je bien, ou mal, de l'épouser ?

MARPHURIUS.
L'un ou l'autre.

SGANARELLE *à part.*
(*à Marphurius.*)

Ah, ah, voici une autre musique. Je vous demande, si je ferai bien d'épouser la fille dont je vous parle.

MARPHURIUS.
Selon la rencontre.

SGANARELLE.
Ferai-je mal?

MARPHURIUS.
Par aventure.

SGANARELLE.
De grace, répondez-moi comme il faut.

MARPHURIUS.
C'est mon dessein.

SGANARELLE.
J'ai une grande inclination pour la fille.

MARPHURIUS.
Cela peut-être.

SGANARELLE.
Le pere me l'a accordée.

MARPHURIUS.
Il se pourroit.

SGANARELLE.
Mais, en l'épousant, je crains d'être cocu.

MARPHURIUS.
La chose est faisable.

SGANARELLE.
Qu'en pensez-vous?

MARPHURIUS.
Il n'y a pas d'impossibilité.

SGANARELLE.
Mais que feriez-vous, si vous étiez à ma place?

MARPHURIUS.
Je ne sçais.

SGANARELLE.
Que me conseillez-vous de faire?

COMEDIE.

MARPHURIUS.

Ce qui vous plaira.

SGANARELLE.

J'enrage.

MARPHURIUS.

Je m'en lave les mains.

SGANARELLE.

Au diable soit le rêveur !

MARPHURIUS.

Il en sera ce qui pourra.

SGANARELLE *à part.*

La peste du bourreau ! Je te ferai changer de note, chien de Philosophe enragé.

(*Il donne des coups de bâton à Marphurius.*)

MARPHURIUS.

Ah, ah, ah ?

SGANARELLE.

Te voilà payé de ton galimathias, & me voilà content.

MARPHURIUS.

Comment ! Quelle insolence ! M'outrager de la sorte ! Avoir eu l'audace de battre un Philosophe comme moi !

SGANARELLE.

Corrigez, s'il vous plaît, cette maniere de parler. Il faut douter de toutes choses ; & vous ne devez pas dire que je vous ai battu ; mais qu'il vous semble que je vous ai battu.

MARPHURIUS.

Ah, je m'en vais faire ma plainte au Commissaire du quartier des coups que j'ai reçus.

SGANARELLE.

Je m'en lave les mains.

MARPHURIUS.

J'en ai les marques sur ma personne.

SGANARELLE.

Il se peut faire.

MARPHURIUS.
C'est toi qui m'a traité ainsi.

SGANARELLE.
Il n'y a pas d'impossibilité.

MARPHURIUS.
J'aurai un décret contre toi.

SGANARELLE.
Je n'en sçais rien.

MARPHURIUS.
Tu feras condamné en justice.

SGANARELLE.
Il en sera ce qui pourra.

MARPHURIUS.
Laisse-moi faire.

SCENE IX.

SGANARELLE *seul*.

Comment ? On ne sçauroit tirer une parole de ce chien d'homme-là, & l'on est aussi sçavant à la fin, qu'au commencement. Que dois-je faire dans l'incertitude des suites de mon mariage ? Jamais homme ne fut plus embarrassé que je suis. Ah ! Voici des Bohémiennes : il faut que je me fasse dire par elles ma bonne aventure.

COMEDIE.

SCENE X.
DEUX BOHEMIENNES, SGANARELLE.

(*Les deux Bohémiennes, avec leurs tambours de basque, entrent en chantant & en dansant.*)

SGANARELLE.

Elles sont gaillardes. Ecoutez, vous autres, y a-t-il moyen de me dire ma bonne fortune ?

1. BOHEMIENNE.

Oui, mon beau Monsieur, nous voici deux qui te la dirons.

2. BOHEMIENNE.

Tu n'as seulement qu'à nous donner ta main, avec la croix dedans ; & nous te dirons quelque chose pour ton bon profit.

SGANARELLE.

Tenez. Les voilà toutes deux avec ce que vous demandez.

1. BOHEMIENNE.

Tu as une bonne phisionomie, mon bon Monsieur, une bonne physionomie.

2. BOHEMIENNE.

Oui, une bonne physionomie. Physionomie d'un homme qui sera un jour quelque chose.

1. BOHEMIENNE.

Tu seras marié avant qu'il soit peu, mon bon Monsieur, tu seras marié avant qu'il soit peu.

2. BOHEMIENNE.

Tu épouseras une femme gentille, une femme gentille.

1. BOHEMIENNE.

Oui, une femme qui sera chérie & aimée de tout le monde.

2. BOHEMIENNE.

Une femme qui te fera beaucoup d'amis, mon bon Monsieur, qui te fera beaucoup d'amis.

1. BOHEMIENNE.

Une femme qui te fera venir l'abondance chez toi.

2. BOHEMIENNE.

Une femme qui te donnera une grande réputation.

1. BOHEMIENNE.

Tu seras consideré par elle, mon bon Monsieur, tu seras consideré par elle.

SGANARELLE.

Voilà qui est bien. Mais dites-moi un peu, suis-je menacé d'être cocu?

2. BOHEMIENNE.

Cocu?

SGANARELLE.

Oui.

1. BOHEMIENNE.

Cocu?

SGANARELLE.

Oui, si je suis menacé d'être cocu.

(Les deux Bohémiennes dansent & chantent.)

SGANARELLE.

Que diable! Ce n'est pas-là me répondre. Venez-ça. Je vous demande à toutes deux si je serai cocu.

2. BOHEMIENNE.

Cocu? Vous?

SGANARELLE.

Oui, si je serai cocu.

1. BOHEMIENNE.

Vous, cocu?

SGANARELLE.

Oui, si je le serai, ou non.

(Les deux Bohémiennes sortent en chantant & en dansant.)

SCENE XI.

SGANARELLE *seul.*

Peste soit des carognes, qui me laissent dans l'inquiétude! Il faut absolument que je sçache la destinée de mon mariage; &, pour cela, je veux aller trouver ce grand Magicien dont tout le monde parle tant, & qui, par son art admirable, fait voir tout ce que l'on souhaite. Ma foi, je crois que je n'ai que faire d'aller au Magicien, & voici qui me montre tout ce que je puis demander.

SCENE XII.

DORIMENE, LYCASTE, SGANARELLE *retiré dans un coin du Théatre sans être vu.*

LYCASTE.

Quoi! Belle Doriméne, c'est sans raillerie que vous parlez?

DORIMENE.
Sans raillerie.
LYCASTE.
Vous vous mariez tout de bon?
DORIMENE.
Tout de bon.
LYCASTE.
Et vos noces se feront dès ce soir?
DORIMENE.
Dès ce soir.

LYCASTE.

Et vous pouvez, cruelle que vous êtes, oublier de la sorte l'amour que j'ai pour vous, & les obligeantes paroles que vous m'aviez données ?

DORIMENE.

Moi ? Point du tout. Je vous considere toujours de même ; & ce mariage ne doit point vous inquiéter. C'est un homme que je n'épouse point par amour, & sa seule richesse me fait résoudre à l'accepter. Je n'ai point de bien, vous n'en avez point aussi, & vous sçavez que sans cela on passe mal le tems au monde, ce qu'à quelque prix que ce soit, il faut tâcher d'en avoir. J'ai embrassé cette occasion-ci de me mettre à mon aise ; & je l'ai fait sur l'espérance de me voir bientôt délivrée du barbon que je prends. C'est un homme qui mourra avant qu'il soit peu, & qui n'a, tout au plus, que six mois dans le ventre. Je vous le garantis defunt dans le tems que je dis ; & je n'aurai pas longuement à demander pour moi au ciel l'heureux état de veuve.

(*à Sganarelle qu'elle apperçoit.*)

Ah ! Nous parlions de vous, & nous en disions tout le bien qu'on en sçauroit dire.

LYCASTE.

Est-ce là Monsieur...

DORIMENE.

Oui, c'est Monsieur qui me prend pour femme.

LYCASTE.

Agréez, Monsieur, que je vous félicite de votre mariahe, & vous presente en même-tems mes très-humbles services. Je vous assure que vous épousez-là une très-honnête personne ; & vous, mademoiselle, je me réjouis, avec vous aussi, de l'heureux choix que vous avez fait. Vous ne pouviez pas mieux trouver, & Monsieur a toute la mine d'être un fort bon mari. Oui, Monsieur, je veux faire amitié avec vous, & lier ensemble un petit commerce de visites & de divertissemens.

COMEDIE.

DORIMENE.

C'est trop d'honneur que vous nous faites à tous deux. Mais allons, le tems me presse, & nous aurons tout le loisir de nous entretenir ensemble.

SCENE XIII.

SGANARELLE seul.

ME voilà tout-à-fait dégoûté de mon mariage; & je crois que je ne ferai pas mal de m'aller dégager de ma parole. Il m'en a coûté quelque argent ; mais il vaut mieux encore perdre cela, que de m'exposer à quelque chose de pis. Tâchons adroitement de nous débarrasser de cette affaire. Holà.

(Il frappe à la porte de la maison d'Alcantor.)

SCENE XIV.

ALCANTOR, SGANARELLE.

ALCANTOR.

AH! Mon gendre, soyez le bien venu.

SGANARELLE.

Monsieur, votre serviteur.

ALCANTOR.

Vous venez pour conclure le mariage ?

SGANARELLE.

Excusez-moi.

ALCANTOR.

Je vous promets que j'en ai autant d'impatience que vous.

SGANARELLE.

Je viens ici pour un autre sujet.

ALCANTOR.

J'ai donné ordre à toutes les choses nécessaires pour cette fête.

SGANARELLE.

Il n'est pas question de cela.

ALCANTOR.

Les violons sont retenus, le festin est commandé : & ma fille est parée pour vous recevoir.

SGANARELLE.

Ce n'est pas ce qui m'amene.

ALCANTOR.

Enfin, vous allez être satisfait : & rien ne peut retarder votre contentement.

SGANARELLE.

Mon Dieu ! C'est autre chose.

ALCANTOR.

Allons, entrez donc, mon gendre.

SGANARELLE.

J'ai un petit mot à vous dire.

ALCANTOR.

Ah, mon Dieu ! Ne faisons point de cérémonie. Entrez vîte, s'il vous plaît.

SGANARELLE.

Non, vous dis-je. Je veux vous parler auparavant.

ALCANTOR.

Vous voulez me dire quelque chose ?

SGANARELLE.

Oui.

ALCANTOR.

Eh quoi ?

SGANARELLE.

Seigneur Alcantor, j'ai demandé votre fille en mariage, il est vrai, & vous me l'avez accordée ; mais je me trouve un peu avancé en âge pour elle, & je considere que je ne suis point du tout son fait.

ALCANTOR.

Pardonnez-moi. Ma fille vous trouve bien comme vous êtes ; & je suis sûr qu'elle vivra fort contente avec vous.

COMEDIE.

SGANARELLE.
Point. J'ai par fois des bizarreries épouvantables, & elle auroit trop à souffrir de ma mauvaise humeur.

ALCANTOR.
Ma fille a de la complaisance, & vous verrez qu'elle s'accommodera entiérement avec vous.

SGANARELLE.
J'ai quelques infirmités sur mon corps, qui pourroient la dégoûter.

ALCANTOR.
Cela n'est rien. Une honnête-femme ne se dégoûte jamais de son mari.

SGANARELLE.
Enfin, voulez-vous que je vous dise ? Je ne vous conseille point de me la donner.

ALCANTOR.
Vous moquez-vous ? j'aimerois mieux mourir que d'avoir manqué à ma parole.

SGANARELLE.
Mon Dieu ! je vous en dispense, & je....

ALCANTOR.
Point du tout. Je vous l'ai promise ; & vous l'aurez, en dépit de tous ceux qui y prétendent.

SGANARELLE *à part*.
Que diable !

ALCANTOR.
Voyez-vous ? j'ai une estime & une amitié pour vous toute particuliere ; & je refuserois ma fille à un Prince pour vous la donner.

SGANARELLE.
Seigneur Alcantor, je vous suis obligé de l'honneur que vous me faites, mais je vous déclare que je ne veux point me marier.

ALCANTOR.
Qui ? vous ?

SGANARELLE.
Qui, moi.

LE MARIAGE FORCÉ,

ALCANTOR.

Et la raison.

SGANARELLE.

La raison ? C'est que je ne me sens point propre pour le mariage ; & que je veux imiter mon pere, & tous ceux de ma race, qui ne se sont jamais voulu marier.

ALCANTOR.

Ecoutez. Les volontés sont libres ; & je suis homme à ne contraindre jamais personne. Vous vous êtes engagé avec moi, pour épouser ma fille, & tout est préparé pour cela ; mais puisque vous voulez retirer votre parole, je vais voir ce qu'il y a à faire ; & vous aurez bientôt de mes nouvelles.

SCENE XV.

SGANARELLE seul.

Encore est-il plus raisonnable que je ne pensois, & je croyois avoir bien plus de peine à m'en dégager. Ma foi, quand j'y songe, j'ai fait fort sagement de me tirer de cette affaire ; & j'allois faire un pas, dont je me serois peut-être long-tems repenti. Mais voici le fils qui me vient rendre réponse.

SCENE XVI.

ALCIDAS, SGANARELLE.

ALCIDAS *parlant d'un ton doucereux.*

Monsieur, je suis votre serviteur très-humble.

SGANARELLE.

Monsieur je suis le vôtre de tout mon cœur.

ALCIDAS *toujours avec le même ton.*
Mon pere m'a dit, Monfieur, que vous vous étiez venu dégager de la parole que vous aviez donnée.
SGANARELE.
Oui, Monfieur. C'eft avec regret ; mais...
ALCIDAS.
Oh! Monfieur, il n'y a pas de mal à cela.
SGANARELLE.
J'en fuis fâché, je vous affure ; & je fouhaiterois...
ALCIDAS.
Cela n'eft rien, vous dis-je.
(*Alcidas prefente à Sganarelle deux épées.*)
Monfieur, prenez la peine de choifir, de ces deux épées, laquelle vous voulez.
SGANARELLE.
De ces deux épées,
ALCIDAS.
Oui, s'il vous plaît.
SGANARELLE.
A quoi bon?
ALCIDAS.
Monfieur, comme vous refufez d'époufer ma fœur après la parole donnée, je crois que vous ne trouverez pas mauvais le petit compliment que je viens vous faire.
SGANARELLE.
Comment?
ALCIDAS.
D'autres gens feroient plus de bruit, & s'emporteroient contre vous ; mais nous fommes perfonnes à traiter les chofes dans la douceur, & je viens vous dire civilement qu'il faut, fi vous le trouvez bon, que nous nous coupions la gorge enfemble.
SGANARELLE.
Voilà un compliment fort mal tourné.
ALCIDAS.
Allons, Monfieur, choififfez, je vous prie.

SGANARELLE.

Je suis votre valet, je n'ai point de gorge à me couper.

(à part.)

La vilaine façon de parler que voilà !

ALCIDAS.

Monsieur, il faut que cela soit, s'il vous plaît.

SGANARELLE.

Hé, Monsieur, rengaînez ce compliment je vous prie.

ALCIDAS.

Dépêchons vîte, Monsieur. J'ai une petite affaire qui m'attend.

SGANARELLE.

Je ne veux point de cela, vous dis-je.

ALCIDAS.

Vous ne voulez pas vous battre ?

SGANARELLE.

Nenni, ma foi.

ALCIDAS.

Tout de bon ?

SGANARELLE.

Tout de bon.

ALCIDAS *après lui avoir donné des coups de bâton.*

Au moins, Monsieur, vous n'aurez pas lieu de vous plaindre ; vous voyez que je fais les choses dans l'ordre. Vous nous manquez de parole, je me veux battre contre vous, vous refusez de vous battre, je vous donne des coups de bâton, tout cela est dans les formes ; & vous êtes trop honnête-homme, pour ne pas approuver mon procédé.

SGANARELLE *à part.*

Quel diable d'homme est-ce-ci.

ALCIDAS *lui presente encore les deux épées.*

Allons, Monsieur, faites les choses galamment, & sans vous faire tirer l'oreille.

SGANARELLE.

Encore ?

COMEDIE.

ALCIDAS.

Monsieur, je ne contrains personne; mais il faut que vous vous battiez, ou que vous épousiez ma sœur.

SGANARELLE.

Monsieur, je ne puis faire ni l'un ni l'autre; je vous assure.

ACIDAS.

Assurément ?

SGANARELLE.

Assurément.

ALCIDAS.

Avec votre permission donc...

(*Alcidas lui donne encore des coups de bâton.*)

SGANARELLE.

Ah ! Ah ! Ah !

ALCIDAS.

Monsieur, j'ai tous les regrets du monde d'être obligé d'en user ainsi avec vous; mais je ne cesserai point, s'il vous plaît, que vous n'ayez promis de vous battre, ou d'épouser ma sœur.

(*Alcidas leve le bâton.*)

SGANARELLE.

Hé bien, j'épouserai, j'épouserai.

ALCIDAS.

Ah ! Monsieur, je suis ravi que vous vous mettiez à la raison, & que les choses se passent doucement. Car enfin, vous êtes l'homme du monde que j'estime le plus, je vous jure; & j'aurois été au désespoir que vous m'eussiez contraint à vous maltraiter. Je vais appeller mon pere, pour lui dire que tout est d'accord.

(*Il va frapper à la porte d'Alcantor.*)

SCENE DERNIERE.

ALCANTOR, DORIMENE, ALCIDAS, SGANARELLE.

ALCIDAS.

Mon pere, voilà Monsieur, qui est tout-à-fait raisonnable. Il a voulu faire les choses de bonne grace, & vous pouvez lui donner ma sœur.

ALCANTOR.

Monsieur, voilà sa main, vous n'avez qu'à donner la vôtre. Loué soit le Ciel ! m'en voilà déchargé, & c'est vous désormais que regarde le soin de sa conduite. Allons nous réjouir, & célebrer cet heureux mariage.

FIN.

LE MARIAGE
FORCÉ,
BALLET DU ROI.

AVERTISSEMENT.

LA Comédie du Mariage Forcé parut pour la premiere fois au Louvre le 29 Janvier 1664, en trois Actes, avec des recits de musique & des entrées de Ballet, sous le titre de *Ballet du Roi*. Le Roi y dansoit une entrée.

Quand l'Auteur fit representer cette Comédie sur le Théatre du Palais Royal, au mois de Novembre de la même année, il supprima les recits & les entrées de Ballet, & réduisit sa Piece en un Acte, en y faisant quelques changemens.

Le plus considérable est la Scene entre Lycaste & Dorimene, Scene ajoutée pour suppléer à celle du Magicien chantant, & à l'Entrée des démons, qui déterminoient Sganarelle à rompre son mariage. Dans le Ballet qui fut imprimé dans le tems (in 4°. par Robert Ballard) il ne nous reste des demandes de Sganarelle au Magicien, que ce qu'on appelle en termes de Théatre, *les repliques*; on a ajouté deux ou trois mots pour y donner un sens.

En faisant imprimer les recits, les entrées de Ballet, & la distribution des Scenes de la

K 6

AVERTISSEMENT.

Comédie du Mariage Forcé en trois Actes, on a supprimé les argumens de la Comédie & des Scenes, comme étant inutiles, peu exacts, & assez malfaits.

NOMS DES ACTEURS DE LA COMEDIE.

Sganarelle, *le Sieur Moliere.* Géronimo, *le Sieur de la Thorillere.* Dorimene, *Mademoiselle du Parc.* Alcantor, *le Sieur Bejart.* Lycaste, *le Sieur de la Grange.* La I. Bohémienne, *Mademoiselle Bejart.* La II. Bohémienne, *Mademoiselle de Brie.* Le I. Docteur, *le Sieur Brécourt.* Le II. Docteur, *le Sieur du Croisy.*

LE MARIAGE FORCÉ,

BALLET DU ROI.

Dansé par Sa Majesté le 29 Janvier 1664.

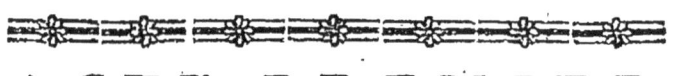

ACTE PREMIER.

SCENE PREMIERE.
SGANARELLE.

SCENE II.
SGANARELLE, GERONIMO.

SCENE III.
SGANARELLE seul.

SCENE IV.
DORIMENE, SGANARELLE.

SCENE V.
SGANARELLE *seul.*

Il se plaignoit d'une pesanteur de tête insuportable, & se mettoit dans un coin du théatre pour dormir. Pendant son sommeil, il voyoit en songe ce qui forme les deux premieres entrées du Ballet.

LA BEAUTÉ (*Mademoiselle Hilaire.*) chante.

SI l'amour vous soumet à ses loix inhumaines,
Choisissez, en aimant, un objet plein d'appas
   Portez, au moins, de belles chaînes,
Et, puisqu'il faut mourir, mourez d'un beau trépas.

Si l'objet de vos feux me mérite vos peines,
Sous l'empire d'amour ne vous engagez pas ;
   Portez au moins d'aimables chaînes,
Et, puisqu'il faut mourir mourez d'un beau trépas.

PREMIERE ENTRÉE.

La Jalousie, les Chagrins, les Soupçons.

La Jalousie, le sieur Dolivet.
Les Chagrins, les sieurs Saint-André & Desbrosses,
Les Soupçons, les sieurs de Lorge & le Chantre.

II. ENTRÉE.

Quatre Plaisans ou Goguenards. Le Comte d'Arma-

BALLET DU ROI. 231
gnac, les sieurs d'Heureux, Beauchamp, & des-Airs le jeune.

ACTE II.

Au commencement de cet Acte, Géronimo venoit éveiller Sganarelle.

SCENE PREMIERE.
SGANARELLE, GÉRONIMO.

SCENE II.
SGANARELLE *seul*.

SCENE III.
SGANARELLE, PANCRACE.

SCENE IV.
SGANARELLE *seul*.

SCENE V.
SGANARELLE, MARPHURIUS.

SCENE VI.
SGANARELLE *seul*.

SCENE VII.
SGANARELLE, DEUX BOHÉMIENNES,
III. ENTRÉE.

Egyptiens & Egyptiennes dansans.

Egyptiens, le Roi, le Marquis de Villeroi.
Egyptiennes, le Marquis de Raffan, les sieurs Reynal, Noblet, la Pierre.

SCENE VIII.
SGANARELLE *seul*.

Il alloit frapper à la porte du Magicien.

SCENE IX.

SGANARELLE, UN MAGICIEN.
(*le sieur d'Estival.*)

LE MAGICIEN *chante.*

Holà.
Qui va là ?
Dis-moi vîte quel souci
Te peut amener ici.
SGANARELLE.
Il consultoit le Magicien sur son mariage.
LE MAGICIEN.
Ce sont de grands mysteres.
Que ces sortes d'affaires.
SGANARELLE.
Il demandoit quelle seroit sa destinée.
LE MAGICIEN.
Je te vais, pour cela, par mes charmes profonds,
Faire venir quatre démons.
SGANARELLE.
Il marquoit la peur qu'il auroit de voir des démons.
LE MAGICIEN.
Non, non, n'ayez aucune peur,
Je leur ôterai la laideur.
SGANARELLE.
Il consentoit à les voir.
LE MAGICIEN.
Des puissances invincibles
Rendent depuis long-tems tous les démons muets;
Mais, par signes intelligibles
Ils répondront à tes souhaits.

SCENE X.

SGANARELLE, LE MAGICIEN.

IV. ENTRÉE.

Magicien & Démons.

Magicien, le sieur Beauchamp.
Démons, les sieurs d'Heureux, de Lorge, des-Airs l'aîné, le Mercier.

Sganarelle interroge les démons. Ils répondent par signes, & sortent en lui faisant les cornes.

ACTE III.

SCENE PREMIERE.
SGANARELLE seul.

SCENE II.
SGANARELLE, ALCANTOR.

SCENE III.
SGNARELLE seul.

SCENE IV.

SGANARELLE, ALCIDAS.

SCENE V.

SGANARELLE, ALCANTOR, DORIMENE, ALCIDAS.

SCENE VI.

V. ENTRÉE.

Un Maître à danser (le sieur Dolivet) venoit enseigner une courante à Sganarelle.

SCENE VII.

SGANARELLE, GERONIMO,

Geronimo venoit se réjouir avec Sganarelle, & lui disoit que les jeunes gens de la ville avoient préparé une mascarade pour honorer ses nôces.

CONCERT ESPAGNOL chanté par

SENORA ANA BERGEROTE.
BORDIGONI,
CHIARINI,

JUAN AUGUSTIN,
TALLAVIACA,
ANGEL-MIGUEL,

Ciego me tienes Belisa,
Mas bien tus rigores veo ;
Porque es tu desden tan clavo,
Que pueden verlos los ciegos.

Aunque mi amor es tan grande
Como mi dolor no es menos
Si calla el uno dormido,
Sé que ya es el otro despierto.

Favores tuyos Belisa
Tu vieralos yo secretos
Mas ya de dolores mios
No puedo hazer lo que quiéro.

VI. ENTRÉE.

Deux Espagnols, Messieurs Dupile & Tartas.
Deux Espagnoles, Messieurs de Lanne & de Saint-André.

VII. ENTRÉE.

Un charivari grotesque.
Les Sieurs Lully, Baltazard, Vagnac, Bonnard, la Pierre, des Côteaux, & les trois Hotteterre, freres.

DERNIERE ENTRÉE.

Quatre galans cajolans la femme de Sganarelle.
Monsieur le Duc, Monsieur le Duc de Saint-Aignan, les Sieurs Beauchamp & Raynal.

F I N.

DOM JUAN,
OU
LE FESTIN DE PIERRE.
COMEDIE.

ACTEURS.

DOM JUAN, Fils de Dom Louis.
ELVIRE, Femme de Dom Juan.
DOM CARLOS,
DOM ALONSE, } Freres d'Elvire.
DOM LOUIS, Pere de Dom Juan.
FRANCISQUE, Pauvre.
CHARLOTTE,
MATHURINE, } Paysannes.
PIERROT, Paysan.
LA STATUE DU COMMANDEUR.
GUSMAN, Ecuyer d'Elvire.
SGANARELLE,
LA VIOLETTE, } Valets de D. Juan.
RAGOTIN,
MONSIEUR DIMANCHE, Marchand.
LA RAMÉE, Spadassin.
UN SPECTRE.

La Scene est en Sicile.

LE FESTIN DE PIERRE

DOM JUAN,
OU
LE FESTIN DE PIERRE.
COMEDIE.

ACTE PREMIER.

SCENE PREMIERE.
SGANARELLE, GUSMAN.

SGANARELLE *tenant une Tabatiere.*

Uoi que puisse dire Aristote & toute la Philosophie, il n'est rien d'égal au tabac; c'est la passion des honnêtes gens, & qui vit sans tabac, n'est pas digne de vivre. Non-seulement il réjouit & purge les cerveaux humains, mais encore il instruit les ames à la vertu, & l'on apprend avec lui à devenir honnête-homme. Ne voyez-vous pas bien, dès qu'on en

prend, de quelle maniere obligeante on en ufe avec tout le monde, & comme on eft ravi d'en donner à droit & à gauche, par-tout où l'on fe trouve ? On n'attend pas même que l'on en demande, & l'on court au-devant du fouhait des gens ; tant il eft vrai que le tabac infpire des fentimens d'honneur & de vertu à tous ceux qui en prennent. Mais c'eft affez de cette matiere, reprenons un peu notre difcours. Si bien donc, cher Gufman, que Done Elvire ta maîtreffe, furprife de notre départ, s'eft mife en campagne après nous ; & fon cœur, que mon maître a fçu toucher trop fortement, n'a pu vivre, dis-tu, fans le venir chercher ici. Veux-tu qu'entre-nous je te dife ma penfée ? J'ai peur qu'elle ne foit mal payée de fon amour, que fon voyage en cette ville ne produife peu de fruit, & que vous n'euffiez autant gagné à ne bouger de-là.

GUSMAN.
Et la raifon encore ? Di-moi, je te prie, Sganarelle, qui peut t'infpirer une peur d'un fi mauvais augure ? Ton maître t'a-t-il ouvert fon cœur là-deffus, & t'a-t-il dit qu'il eût pour nous quelque froideur qui l'ait obligé à partir ?

SGANARELLE.
Non pas ; mais, à vue de pays, je connois à peu près le train des chofes, &, fans qu'il m'ait encore rien dit, je gagerois prefque que l'affaire va là. Je pourrois peut-être me tromper ; mais enfin, fur de tels fujets, l'expérience m'a pu donner quelques lumieres.

GUSMAN.
Quoi ! Ce départ fi peu prévu feroit une infidélité de Dom Juan ? Il pourroit faire cette injure aux chaftes feux de Done Elvire ?

SGANARELLE.
Non ; c'eft qu'il eft jeune encore, & qu'il n'a pas le courage.....

GUSMAN.

COMEDIE.

GUSMAN.
Un homme de sa qualité seroit une action si lâche ?

SGANARELLE.
Hé, oui, sa qualité ! La raison en est belle, & c'est par-là qu'il s'empêcheroit des choses....

GUSMAN.
Mais les saints nœuds du mariage le tiennent engagé.

SGANARELLE.
Hé ! Mon pauvre Gusman, mon ami, tu ne sais pas encore, crois-moi, quel homme est Dom Juan.

GUSMAN.
Je ne sais pas, de vrai, quel homme il peut être, s'il faut qu'il nous ait fait cette perfidie ; & je ne comprends point, comme après tant d'amour & tant d'impatience témoignée, tant d'hommages pressans, de vœux, de soupirs & de larmes, tant de lettres passionnées, de protestations ardentes, & de sermens réitérés, tant de transports, enfin, & tant d'emportemens qu'il a fait paroître, jusqu'à forcer dans sa passion l'obstacle sacré d'un couvent, pour mettre Done Elvire en sa puissance ; je ne comprends pas, dis-je, comme, après tout cela, il auroit le cœur de pouvoir manquer à sa parole.

SGANARELLE.
Je n'ai pas grande peine à le comprendre, moi ; & si tu connoissois le pélerin, tu trouverois la chose assez facile pour lui. Je ne dis pas qu'il ait changé de sentimens pour Done Elvire, je n'en ai point de certitude encore. Tu sais que, par son ordre, je partis avant lui, & depuis son arrivée il ne m'a point entretenu ; mais par précaution, je t'apprends *inter nos*, que tu vois, en Dom Juan, mon maître, le plus grand scélérat que la terre ait jamais porté, un enragé, un chien, un démon, un turc, un hérétique qui ne croit ni ciel, ni enfer, ni diable, qui passe cette vie en véritable bête brute, un pourceau d'Epicure, un vrai Sardanapale, qui ferme l'oreille à toutes les

remontrances qu'on lui peut faire, & traite de billevezées tout ce que nous croyons. Tu me dis qu'il a épousé ta maîtresse ; crois qu'il auroit plus fait pour sa passion, & qu'avec elle il auroit encore épousé toi, son chien & son chat. Un mariage ne lui coûte rien à contracter ; il ne se sert point d'autres pieges pour attraper les belles, & c'est un épouseur à toutes mains. Dame, Demoiselle, Bourgeoise, Paysanne, il ne trouve rien de trop chaud, ni de trop froid pour lui ; &, si je te disois le nom de toutes celles qu'il a épousées en divers lieux, ce seroit un chapitre à durer jusqu'au soir. Tu demeures surpris, & changes de couleur à ce discours ; ce n'est-là qu'une ébauche du personnage ; &, pour en achever le portrait, il faudroit bien d'autres coups de pinceau. Suffit qu'il faut que le courroux du ciel l'accable quelque jour ; qu'il me vaudroit bien mieux d'être au diable, que d'être à lui ; & qu'il me fait voir tant d'horreurs, que je souhaiterois qu'il fût déjà je ne sais où ; mais un grand Seigneur méchant homme est une terrible chose ; il faut que je lui sois fidele en dépit que j'en aie ; la crainte en moi fait l'office du zele, bride mes sentimens, & me réduit d'applaudir bien souvent à ce que mon ame déteste. Le voilà qui vient se promener dans ce Palais, séparons-nous. Ecoute au moins, je t'ai fait cette confidence avec franchise, & cela m'est sorti un peu bien vîte de la bouche ; mais s'il falloit qu'il en vint quelque chose à ses oreilles, je dirois hautement que tu aurois menti.

COMEDIE.

SCENE II.

D. JUAN, SGANARELLE.

D. JUAN.

Quel homme te parloit-là? Il a bien de l'air, comme semble, du bon Gusman de Done Elvire?
SGANARELLE.
C'est quelque chose aussi à peu près de cela.
D. JUAN.
Quoi! C'est lui?
SGANARELLE.
Lui-même.
D. JUAN.
Et depuis quand est-il en cette ville?
SGANARELLE.
D'hier au soir.
D. JUAN.
Et quel sujet l'amene?
SGANARELLE.
Je crois que vous jugez assez ce qui le peut inquiéter.
D. JUAN.
Notre départ sans doute?
SGANARELLE.
Le bon homme en est tout mortifié, & m'en demandoit le sujet.
D. JUAN.
Et quelle réponse as-tu faite?
SGANARELLE.
Que vous ne m'en aviez rien dit.
D. JUAN.
Mais encore, quelle est ta pensée là-dessus? Que t'imagines-tu de cette affaire?

L 2

SGANARELLE.

Moi ? Je crois, sans vous faire tort, que vous avez quelque nouvel amour en tête.

D. JUAN.

Tu le crois ?

SGANARELLE.

Oui.

D. JUAN.

Ma foi, tu ne te trompes pas, & je dois t'avouer qu'un autre objet a chassé Elvire de ma pensée.

SGANARELLE.

Hé, mon Dieu ! Je sais mon Dom Juan sur le bout du doigt, & connois votre cœur pour le plus grand coureur du monde ; il se plaît à se promener de liens en liens, & n'aime guere à demeurer en place.

D. JUAN.

Et ne trouves-tu pas, dis-moi, que j'ai raison d'en user de la sorte ?

SGANARELLE.

Hé, Monsieur...

D. JUAN.

Quoi ? Parle.

SGANARELLE.

Assurément que vous avez raison, si vous le voulez. On ne peut pas aller là contre ; mais, si vous ne le vouliez pas, ce seroit peut-être une autre affaire.

D. JUAN.

Hé bien, je te donne la liberté de parler, & de me dire tes sentimens.

SGANARELLE.

En ce cas, Monsieur, je vous dirai franchement que je n'approuve point votre méthode ; & que je trouve fort vilain d'aimer de tous côtés comme vous faites.

D. JUAN.

Quoi ? tu veux qu'on se lie à demeurer au premier objet qui nous prend, qu'on renonce au monde pour lui, & qu'on n'ait plus d'yeux pour personne ? La belle chose de vouloir se piquer d'un faux honneur d'être fidele, de s'enſévelir pour toujours dans une paſſion, & d'être mort dès ſa jeuneſſe à toutes les autres beautés qui nous peuvent frapper les yeux ! Non, non, la conſtance n'eſt bonne que pour des ridicules ; toutes les belles ont droit de nous charmer ! & l'avantage d'être rencontrée la premiere, ne doit point dérober aux autres les juſtes prétentions qu'elles ont toutes ſur nos cœurs. Pour moi, la beauté me ravit par-tout où je la trouve, & je cede facilement à cette douce violence dont elle nous entraîne. J'ai beau être engagé, l'amour que j'ai pour une belle, n'engage point mon ame à faire injuſtice aux autres ; je conſerve des yeux pour voir le mérite de toutes, & rends à chacune les hommages & les tributs où la nature nous oblige. Quoi qu'il en ſoit, je ne puis refuſer mon cœur à tout ce que je vois d'aimable ; & dès qu'un beau viſage me le demande, ſi j'en avois dix mille, je les donnerois tous. Les inclinations naiſſantes, après tout, ont des charmes inexplicables, & tout le plaiſir de l'amour eſt dans le changement. On goûte une douceur extrême à réduire par cent hommages le cœur d'une jeune beauté, à voir de jour en jour les petits progrès qu'on y fait, à combattre par des tranſports, par des larmes & des ſoupirs l'innocente pudeur d'une ame qui a peine à rendre les armes, à forcer pied à pied toutes les petites réſiſtances qu'elle nous oppoſe, à vaincre les ſcrupules dont elle ſe fait un honneur, & la mener doucement où nous avons envie de la faire venir. Mais lorſqu'on en eſt maître une fois, il n'y a plus rien à ſouhaiter ; tout le beau de la paſſion eſt fini, & nous nous endormons dans la tranquillité d'un tel amour, ſi quelque objet nouveau ne vient réveiller nos deſirs, & preſenter à notre cœur les charmes attrayans d'une conquête à faire. Enfin, il n'eſt rien de ſi doux, que de triompher de la réſiſtance d'une belle perſonne ; & j'ai ſur ce ſujet l'ambition des conquérans qui volent perpétuellement de victoire en victoire, & ne peuvent se résoudre à borner leurs souhaits. Il n'est rien qui puisse arrêter l'impétuosité de mes desirs, je me sens un cœur à aimer toute la terre ; & comme Alexandre, je souhaiterois qu'il y eût d'autres mondes, pour y pouvoir étendre mes conquêtes amoureuses.

SGANARELLE.

Vertu de ma vie, comme vous débitez ! Il semble que vous ayez appris cela par cœur, & vous parlez tout comme un livre.

D. JUAN.

Qu'as-tu à dire là-dessus ?

SGANARELLE.

Ma foi, j'ai à dire... Je ne sais que dire ; car vous tournez les choses d'une maniere, qu'il semble que vous ayez raison ; & cependant il est vrai que vous ne l'avez pas. J'avois les plus belles pensées du monde, & vos discours m'ont brouillé tout cela. Laissez faire, une autre fois, je mettrai mes raisonnemens par écrit, pour disputer avec vous.

D. JUAN.

Tu feras bien.

SGANARELLE.

Mais, Monsieur, cela seroit-il de la permission que vous m'avez donnée si je vous disois que je suis tant soit peu scandalisé de la vie que vous menez ?

D. JUAN.

Comment ? Quelle vie est-ce que je mene ?

SGANARELLE.

Fort bonne. Mais par exemple, de vous voir tous les mois vous marier comme vous faites.

D. JUAN.

Y a-t-il rien de plus agréable ?

COMÉDIE.

SGANARELLE.

Il est vrai. Je conçois que cela est fort agréable & fort divertissant, & je m'en accommoderois assez moi, s'il n'y avoit point de mal ; mais, Monsieur, se jouer ainsi du Mariage, qui......

D. JUAN.

Va, va, c'est une affaire que je sçaurai bien démêler, sans que tu t'en mettes en peine.

SGANARELLE.

Ma foi, Monsieur, vous faites une méchante raillerie.

D. JUAN.

Holà, maître sot. Vous sçavez que je vous ai dit que je n'aime pas les faiseurs de remontrances.

SGANARELLE.

Je ne parle pas aussi à vous, Dieu m'en garde. Vous sçavez ce que vous faites, vous ; & si vous êtes libertin, vous avez vos raisons ; mais il y a de certains petits impertinens dans le monde, qui le sont, sans sçavoir pourquoi, qui font les esprits forts, parce qu'ils croient que cela leur sied bien ; &, si j'avois un maître comme cela, je lui dirois nettement, le regardant en face : C'est bien à vous, petit ver de terre, petit mirmidon que vous êtes ; (je parle au maître que j'ai dit) c'est bien à vous à vouloir vous mêler de tourner en raillerie, ce que tous les hommes révérent. Pensez-vous que pour être de qualité, pour avoir une perruque blonde & bien frisée, des plumes à votre chapeau, un habit bien doré, & des rubans couleur de feu ; (ce n'est pas à vous que je parle, c'est à l'autre,) pensez-vous, dis-je, que vous en soyez plus habile homme, que tout vous soit permis, & qu'on n'ose vous dire vos vérités ? Aprenez de moi, qui suis votre valet, que les libertins ne font jamais une bonne fin, & que......

D. JUAN.

Paix.

SGANARELLE.
De quoi eſt-il queſtion ?
D. JUAN.
Il eſt queſtion de te dire qu'une beauté me tient au cœur, & qu'entraîné par ſes appas, je l'ai ſuivie juſqu'en cette ville.
SGANARELLE.
Et ne craignez-vous rien, Monſieur, de la mort de ce Commandeur que vous tuâtes il y a ſix mois ?
D. JUAN.
Et pourquoi craindre ? Ne l'ai-je pas bien tué ?
SGANARELLE.
Fort bien, le mieux du monde, il auroit tort de ſe plaindre.
D. JUAN.
J'ai eu ma grace de cette affaire.
SGANARELLE.
Oui ; mais cette grace n'éteint pas peut-être le reſſentiment des parens & des amis, &......
D. JUAN.
Ah ! N'allons point ſonger au mal qui nous peut arriver, & ſongeons ſeulement à ce qui peut donner du plaiſir. La perſonne dont je te parle, eſt une jeune fiancée, la plus agréable du monde, qui a été conduite ici par celui même qu'elle y vient épouſer, & le haſard me fit voir ce couple d'amans, trois ou quatre jours avant leur voyage. Jamais je n'ai vu deux perſonnes être ſi contentes l'une de l'autre, & faire éclater plus d'amour. La tendreſſe viſible de leurs mutuelles ardeurs me donna de l'émotion ; j'en fus frappé au cœur & mon amour commença par la jalouſie. Oui, je ne pus ſouffrir d'abord de les voir ſi bien enſemble, le dépit alluma mes deſirs, & je me figurai un plaiſir extrême à pouvoir troubler leur intelligence, & rompre cet attachement dont la délicateſſe de mon cœur ſe tenoit offenſée ; mais, juſques ici, tous mes efforts ont été inutiles, & j'ai recours au dernier remede. Cet

époux prétendu doit aujourd'hui régaler sa maîtresse d'une promenade sur mer. Sans t'en avoir rien dit, toutes choses sont préparées pour satisfaire mon amour, & j'ai une petite barque, & des gens avec quoi, fort facilement, je prétends enlever la belle.

SGANARELLE.

Ah ! Monsieur......

D. JUAN.

Hé ?

SGANARELLE.

C'est fort bien fait à vous, & vous le prenez comme il faut. Il n'est rien tel en ce monde que de se contenter.

D. JUAN.

Prépare-toi donc à venir avec moi, & prends soin toi-même d'apporter toutes mes armes, afin que.....

(*Appercevant Done Elvire.*)

Ah ! Rencontre fâcheuse ! Traître, tu ne m'avois pas dit qu'elle étoit ici elle-même.

SGANARELLE.

Monsieur, vous ne me l'avez pas demandé.

D. JUAN.

Est-elle folle de n'avoir pas changé d'habit, & de venir en ce lieu-ci, avec son équipage de campagne.

SCENE III.

D. ELVIRE, D. JUAN, SGANARELLE.

D. ELVIRE.

ME ferez-vous la grace, Dom Juan, de vouloir bien me reconnoître, & puis-je au moins espérer que vous daigniez tourner le visage de ce côté ?

L 5

D. JUAN.

Madame, je vous avoue que je suis surpris & que je ne vous attendois pas ici.

D. ELVIRE.

Oui, je vois bien que vous ne m'y attendiez pas ; & vous êtes surpris à la vérité, mais tout autrement que je ne l'esperois, & la maniere dont vous le paroissez, me persuade pleinement ce que je refusois de croire. J'admire ma simplicité, & la foiblesse de mon cœur, à douter d'une trahison que tant d'apparences me confirmoient. J'ai été assez bonne, je le confesse, ou plutôt assez sotte, pour me vouloir tromper moi-même, & travailler à démentir mes yeux & mon jugement. J'ai cherché des raisons, pour excuser à ma tendresse le relâchement d'amitié qu'elle voyoit en vous ; & je me suis forgé exprès cent sujets légitimes d'un départ si précipité, pour vous justifier du crime dont ma raison vous accusoit. Mes justes soupçons chaque jour avoient beau me parler, j'en rejettois la voix qui vous rendoit criminel à mes yeux, & j'écoutois avec plaisir mille chimeres ridicules, qui vous peignoient innocent à mon cœur ; mais enfin cet abord ne me permet plus de douter, & le coup d'œil qui m'a reçue, m'apprend bien plus de choses que je ne voudrois en sçavoir. Je serai bien aise pourtant d'ouïr de votre bouche les raisons de votre départ. Parlez, Dom Juan, je vous prie, & voyons de quel air vous sçaurez vous justifier.

D. JUAN.

Madame, voilà Sganarelle qui sçait pourquoi je suis parti.

SGANARELLE *bas à D. Juan.*

Moi, Monsieur, je n'en sçais rien, s'il vous plaît.

D. ELVIRE.

Hé bien, Sganarelle, parlez. Il n'importe de quelle bouche j'entende ses raisons.

COMEDIE.

D. JUAN *faisant signe à Sganarelle d'approcher.*
Allons, parle donc à Madame.

SGANARELLE *bas à D. Juan.*
Que voulez-vous que je dise ?

D. ELVIRE.
Approchez, puisqu'on le veut ainsi, & me dites un peu les causes d'un départ si prompt.

D. JUAN.
Tu ne répondras pas ?

SGANARELLE *bas à D. Juan.*
Je n'ai rien à répondre. Vous vous moquez de votre serviteur.

D. JUAN.
Veux-tu répondre, te dis-je ?

SGANARELLE.
Madame.....

D. ELVIRE.
Quoi ?

SGANARELLE *se tournant vers son Maître.*
Monsieur.

D. JUAN *en le menaçant.*
Si....

SGANARELLE.
Madame, les conquérans, Alexandre & les autres mondes sont causes de notre départ. Voilà, Monsieur, tout ce que je puis dire.

D. ELVIRE.
Vous plaît-il, Dom Juan, nous éclaircir ces beaux mysteres ?

D. JUAN.
Madame, à vous dire la vérité.....

D. ELVIRE.
Ah ! Que vous sçavez mal vous défendre pour un homme de Cour, & qui doit être accoutumé à ces sortes de choses ! J'ai pitié de vous voir la confusion que vous ayez. Que ne vous armez-vous le front d'une noble effronterie ? Que ne me jurez-vous que vous êtes toujours dans les mêmes senti-

mens pour moi, que vous m'aimez toujours avec une ardeur sans égale, & que rien n'est capable de vous détacher de moi que la mort ! Que ne me dites-vous que des affaires de la derniere conséquence vous ont obligé à partir sans m'en donner avis ; qu'il faut que, malgré vous, vous demeuriez ici quelque-tems, & que je n'ai qu'à m'en retourner d'où je viens, assurée que vous suivrez mes pas le plutôt qu'il vous sera possible ; qu'il est certain que vous brûlez de me rejoindre, & qu'éloigné de moi, vous souffrez ce que souffre un corps qui est séparé de son ame ? Voilà comme il faut vous défendre, & non pas être interdit comme vous êtes.

D. JUAN.

Je vous avoue, Madame, que je n'ai point le talent de dissimuler, & que je porte un cœur sincere. Je ne vous dirai point que je suis toujours dans les mêmes sentimens pour vous, & que je brûle de vous rejoindre, puisqu'enfin il est assuré que je ne suis parti que pour vous fuir ; non point par les raisons que vous pouvez vous figurer, mais par un pur motif de conscience, & pour ne croire pas qu'avec vous davantage je puisse vivre sans péché. Il m'est venu des scrupules, Madame, & j'ai ouvert les yeux de l'ame sur ce que je faisois. J'ai fait réflexion que pour vous épouser, je vous ai dérobée à la cloture d'un couvent, que vous avez rompu des vœux qui vous engageoient autre part, & que le Ciel est fort jaloux de ces sortes de choses. Le repentir m'a pris, & j'ai crains le courroux céleste. J'ai cru que notre mariage n'étoit qu'un adultere déguisé, qu'il nous attireroit quelque disgrace d'en haut, & qu'enfin je devois tâcher de vous oublier, & vous donner moyen de retourner à vos premieres chaînes. Voudriez-vous, Madame, vous opposer à une si sainte pensée, & que j'allasse, en vous retenant, me mettre le Ciel sur les bras ? Que par....

COMEDIE.
D. ELVIRE.
Ah ! ſcélérat, c'eſt maintenant que je te connois tout entier, &, pour mon malheur, je te connois lorſqu'il n'en eſt plus tems, & qu'une telle connoiſſance ne peut plus me ſervir qu'à me déſeſpérer ; mais ſçache que ton crime ne demeurera pas impuni, & que le même Ciel dont tu te joues me ſaura venger de ta perfidie.
D. JUAN.
Madame....
D. ELVIRE.
Il ſuffit. Je n'en veux pas ouir davantage, & je m'accuſe même d'en avoir trop entendu. C'eſt une lâcheté que de ſe faire expliquer trop ſa honte, &, ſur de tels ſujets, un noble cœur, au premier mot, doit prendre ſon parti. N'attends pas que j'éclate ici en reproches & en injures ; non, non, je n'ai point un courroux à s'exhaler en paroles vaines, & toute ſa chaleur ſe réſerve pour ſa vengeance. Je te le dis encore, le Ciel te punira, perfide, de l'outrage que tu me fais ; & ſi le Ciel n'a rien que tu puiſſes appréhender, appréhende du moins la colere d'une femme offenſée.

SCENE IV.
D. JUAN, SGANARELLE.

SGANARELLE à part.
SI le remords le pouvoit prendre.
D. JUAN après un moment de réflexion.
Allons ſonger à l'exécution de notre entrepriſe amoureuſe.
SGANARELLE ſeul.
Ah ! quel abominable maître me vois-je obligé de ſervir.

Fin du premier Acte.

ACTE II.

SCENE PREMIERE.
PIERROT, CHARLOTTE.

CHARLOTTE.

Notre dinse, Piarrot, tu t'es trouvé-là bien à point.

PIERROT.

Parguienne, il ne s'en est pas fallu l'épaisseur d'une éplingue, qu'ils ne se sayant nayés tous deux.

CHARLOTTE.

C'est donc le coup de vent d'à-matin qui les avoit renvarsés dans la mar ?

PIERROT.

Aga quien, Charlotte, je m'en vas te conter tout fin droit comme cela est venu ; car, comme dit l'autre, je les ai le premier avisés, avisés le premier je les ai. Enfin donc, j'étions sur le bord de la mar moi & le gros Lucas, & je nous amusions à batifoler avec des mottes de tarre que je nous jesquions à la tête, car, comme tu sais bian, le gros Lucas aime à batifoler, & moi, par fouas, je batifole itou. En batifolant donc, puisque batifoler y a, j'ai apperçu de tout loin queuque chose qui grouilloit dans gliau, & qui venoit comme envars nous par secousse. Je voyois celà fixiblement, pis tout d'un coup je voyois que je ne voyois plus rian. Hé, Lucas, ç'ai-je fait, je pense que vlà des hommes qui nagiant là-bas. Voire, ce m'a-t-il fait, t'as été au trépassement d'un chat, t'as la vue trouble. Palsanguienne, ç'ai-je fait, je n'ai point

COMÉDIE.

la vue trouble, ce font des hommes. Point du tout, ce m'a-t-il fait, t'as la barlue. Veux-tu gager, ç'ai-je fait, que je n'ai point la barlue, ç'ai-je fait, & que ce font deux hommes qui nagiant droit ici, ç'ai-je fait ! Morguienne, ce m'a-t-il fait, je gage que non. Oh ça, ç'ai-je fait, veux-tu gager dix fols que fi? Je le veux bian, ce m'a-t-il fait, & pour te montrer, vlà argent fu jeu, ce m'a-t-il fait. Moi, je n'ai point été ni fou ni étourdi, j'ai bravement bouté à tarre quatre pieces tapées, & cinq fols en doubles, jerniguienne, auffi hardiment que fi j'avais avalé un varre de vin; car je fis hafardeux, moi, & je vas à la débendade. Je fçavois bian ce que je faifois pourtant. Queuque gniais ! Enfin donc, je n'avons pas putôt eu gagé, que j'avons vu les deux hommes tout à plain, qui nous faifiant figne de les aller querir, & moi de tirer les enjeux. Allons, Lucas, ç'ai-je dit, tu vois bian qu'il nous appellont; allons vîte à leu fecours. Non, ce m'a-t-il dit, ils m'ont fait pardre. Oh donc tanquia, qu'à la parfin, pour le faire court, je l'ai tant farmonné, que je nous fommes boutés dans une barque, & pis j'avons tant fait cahin, caha, que je les avons tirés de gliau, & pis je les avons menés cheux nous auprès du feu, & pis ils fe fant dépouillés tout nuds pour fe fécher, & pis il y en eft venu encore deux de la même bande qui s'équiant fauvés tous feuls, & pis Mathurine eft arrivée là à qui l'en a fait les doux yeux. Vlà juftement, Charlotte, comme tout ça s'eft fait.

CHARLOTTE.

Ne m'as-tu pas dit, Piarrot, qu'il y en a un qu'eft bien pu mieux fait que les autres?

PIERROT.

Oui, c'eft le maître. Il faut que ce foit queuque gros Monfieu, car il a du dor à fon habit tout depis le haut jufqu'en bas, & ceux qui le fervont font des Monfieux eux-mêmes, & ftapendant, tout gros Monsieu qu'il est, il seroit par ma fiqué nayé, si je n'aviomme été-là.

CHARLOTTE.

Ardez un peu.

PIERROT.

O ! parguienne, sans nous, il en avoit pour sa maine de feves.

CHARLOTTE.

Est-il encore cheux toi tout nud, Piarrot ?

PIERROT.

Nannain, ils l'avont r'habillé tout devant nous. Mon guieu, je n'en avois jamais vu s'habiller. Que d'histoires & d'engingorniaux boutont ces Messieux-là les courtisans ! Je me pardrois là-dedans, pour moi, & j'étois tout ébobi de voir ça. Quien, Charlotte, ils avont des cheveux qui ne tenont point à leu tête ; & ils boutont ça, après tout, comme un gros bonnet de filace. Ils ant des chemises qui ant des manches où j'entrerions tout brandis toi & moi. En glieu d'haut-de-chausse, ils portont un garderrobe aussi large que d'ici à Pâques ; en glieu de pourpoint, de petites brassieres, qui ne leur venont pas jusqu'au brichet, & en glieu de rabats, un grand mouchoir de cou à réziau, aveuc quatre grosses houpes de linge qui leu pendont sur l'estomaque. Ils avons itou d'autres petits rabats au bout des bras, & des grands entonnois de passement aux jambes, &, parmi tout ça, tant de rubans, tant de rubans, que c'est une vrai piquié. Igna pas jusqu'aux souliers qui n'en soyont farcis tout depis un bout jusqu'à l'autre ; & ils sont faits d'une façon que je me romprois le cou aveuc.

CHARLOTTE.

Par ma fi, Piarrot, il faut que j'aille voir un peu ça.

PIERROT.

Oh ! acoute un peu auparavant, Charlotte. J'ai queuque autre chose à te dire, moi.

CHARLOTTE.

Hé bian, dit, qu'eſt-ce que c'eſt?

PIERROT.

Vois-tu, Charlotte, il faut, comme dit l'autre, que je débonde mon cœur. Je t'aime, tu le ſçais bian, & je ſommes pour être maries enſemble, mais, marguienne, je ne ſuis point ſatisfait de toi.

CHARLOTTE.

Quement? Qu'eſt-ce que c'eſt donc qu'iglia?

PIERROT.

Iglia que tu me chagraine l'eſprit, franchement.

CHARLOTTE.

Et quement donc?

PIERROT.

Tétiguienne, tu ne m'aimes point.

CHARLOTTE.

Ah, ah! n'eſt-ce que ça?

PIERROT.

Oui, ce n'eſt que ça, & c'eſt bian aſſez.

CHARLOTTE.

Mon guieu, Piarrot, tu me viens toujou dire la même choſe.

PIERROT.

Je te dis toujou la même choſe, parce que c'eſt toujou la même choſe; & ſi ce n'étoit ps toujou la même choſe, je ne te dirois pas toujou la même choſe.

CHARLOTTE.

Mais, qu'eſt-ce qu'il te faut? que veux-tu?

PIERROT.

Jerniguienne, je veux que tu m'aimes.

CHARLOTTE.

Eſt-ce que je ne t'aime pas?

PIERROT.

Non, tu ne m'aime pas, & ſi je fais tout ce que je pis pour ça. Je t'achette, ſans repcoche, des rubans à tous les Marciers qui paſſont; je me romps le cou à t'aller dénicher des marles; je fais jouer pour toi les vielleux quand ce vient ta fête, & tout ça, comme si je me frappois la tête contre un mur. Vois-tu, ça n'est ni biau ni honnête, de n'aimer pas les gens qui nous aimont.

CHARLOTTE.
Mais, mon guieu, je t'aime aussi.

PIERROT.
Oui, tu m'aimes d'une belle dégaîne.

CHARLOTTE.
Quement veux-tu donc qu'on je fasse ?

PIERROT.
Je veux que l'on fasse comme l'en fait, quand l'en aime comme il faut ?

CHARLOTTE.
Ne t'aimai-je pas aussi, comme il faut ?

PIERROT.
Non. Quand ça est, ça se voit, & l'en fait mille petites singeries aux personnes quand on les aime du bon du cœur. Regarde la grosse Thomasse, comme elle est assottée du jeune Robain, alle est toujou autour de li à l'agacer, & ne le laisse jamais en repos. Toujou alle li fait queuque niche, ou li baille queuque taloche en passant ; & l'autre jour qu'il étoit assis sur un escabiau, alle fut le tirer de dessous li, & le fit cheoir tout de son long par tarre. Jarni vlà où l'en voit les gens qui aimont ; mais toi, tu ne me dis jamais mot, t'es toujou là comme eune vrai souche de bois, & je passerois vingt fois devant toi, que tu ne grouillerois pas pour me bailler le moindre coup, ou me dire la moindre chose. Ventreguienne, ça n'est pas bian, après tout ; & t'es trop froide pour les gens.

CHARLOTTE.
Que veux-tu que j'y fasse ? C'est mon himeur, & je ne me pis refondre.

PIERROT.
Ignia himeur qui tienne. Quand en a de l'amiquié

pour les parsonnes, l'en en baille toujou queuque petite signifiance.
CHARLOTTE.
Enfin je t'aime tout autant que je pis, & si tu n'es pas content de ça, tu n'as qu'à en aimer queuque autre.
PIERROT.
Hé bian ! vlà pas mon compte ? têtiguié ; si tu m'aimois, me dirois-tu ç'a ?
CHARLOTTE.
Pourquoi me viens-tu aussi tarabuster l'esprit ?
PIERROT.
Morgué, qu'eu mal te fai-je ? je ne te demande qu'un peu d'amiquié.
CHARLOTTE.
Hé bian, laisse faire aussi, & ne me presse point tant. Peut-être que ça viendra tout d'un coup sans y songer.
PIERROT.
Touche donc là, Charlotte.
CHARLOTTE *donnant sa main*.
Hé bian, quien.
PIERROT.
Promets-moi donc que tu tâcheras de m'aimer davantage.
CHARLOTTE.
J'y ferai tout ce que je pourrai, mais il faut que ça vienne de lui-même. Piarrot, est-ce là ce Monsieu ?
PIERRO.
Oui, le vlà.
CHARLOTTE.
Ah ! mon guieu qu'il est genti, & que ç'auroit été dommage qu'il eût été nayé.
PIERROT.
Je revians tout à l'heure, je m'en vas boire chopeine, pour me rebouter tant soit peu de la fatigue que j'ai eue.

SCENE II.

DOM JUAN, SGANARELLE, CHARLOTTE *dans le fond du Théatre.*

D. JUAN.

Nou avons manqué notre coup, Sganarelle, & cette bourrasque imprévue a renversé avec notre barque le projet que nous avions fait ; mais à te dire vrai, la paysanne que je viens de quitter répare ce malheur, & je lui ai trouvé des charmes qui effacent de mon esprit tout le chagrin que me donnoit le mauvais succès de notre entreprise. Il ne faut pas que ce cœur m'échappe, & j'y ai déjà jetté les dispositions à ne pas me souffrir long-tems pousser des soupirs.

SGANARELLE.

Monsieur, j'avoue que vous m'étonnez. A peine sommes-nous échappés d'un péril de mort, qu'au lieu de rendre grace au ciel de la piété qu'il a daigné prendre de nous, vous travaillez tout de nouveau à attirer sa colere par vos fantaisies accoutumées, & vos amours er....

(*D. Juan prend un air menaçant.*)

Paix, coquin que vous êtes, vous ne sçavez ce que vous dites, & Monsieur sçait ce qu'il fait. Allons.

D. JUAN *appercevant Charlotte.*

Ah, ah ! d'où sort cette autre Paysanne, Sganarelle ? As-tu rien vu de plus joli, & ne trouves-tu pas, dis-moi, que celle-ci vaut bien l'autre.

SGANARELLE.
(*à part.*)

Assurément. Autre piece nouvelle.

COMEDIE.

D. JUAN à *Charlotte*.

D'où me vient, la belle, une rencontre si agréable ? quoi dans ces lieux champêtres, parmi ces arbres, ces rochers, on trouve des personnes faites comme vous êtes ?

CHARLOTTE.

Vous voyez, Monsieu.

D. JUAN.

Etes-vous de ce village ?

CHARLOTTE.

Oui, Monsieu.

D. JUAN.

Et vous y demeurez ?

CHARLOTTE.

Oui, Monsieu.

D. JUAN.

Vous vous appellez ?

CHARLOTTE.

Charlotte pour vous servir.

D. JUAN.

Ah ! la belle personne, & que ses yeux sont pénétrans !

CHARLOTTE.

Monsieu, vous me rendez toute honteuse.

D. JUAN.

Ah ! n'ayez point de honte d'entendre dire vos vérités. Sganarelle, qu'en dis-tu ? Peut-on rien voir de plus agréable ? Tournez-vous un peu, s'il vous plaît. Ah ! que cette taille est jolie ! Haussez un peu la tête, de grace. Ah ! que ce visage est mignon : ouvrez vos yeux entiérement. Ah ! qu'ils sont beaux ! que je voie un peu vos dents, je vous prie. Ah ! quelles sont amoureuses, & ces levres appétissantes ! pour moi je suis ravi, & je n'ai jamais vu une si charmante personne.

CHARLOTTE.

Monsieu, cela vous plaît à dire, & je ne sçai pas si c'est pour vous railler de moi.

D. JUAN.

Moi, me railler de vous ? Dieu m'en garde. Je vous aime trop pour cela, & c'est du fond du cœur que je vous parle.

CHARLOTTE.

Je vous suis bien obligée, si ça est.

D. JUAN.

Point du tout, vous ne m'êtes point obligée de tout ce que je dis; & ce n'est qu'à votre beauté que vous en êtes redevable.

CHARLOTTE.

Monsieu, tout ça est trop bian dit pour moi, & je n'ai pas d'esprit pour vous répondre.

D. JUAN.

Sganarelle ; regarde un peu ses mains.

CHARLOTTE.

Fi, Monsieu, elles sont noires comme je ne sçai quoi.

D. JUAN.

Ah! que dites-vous-là? Elles sont les plus blanches du monde, souffrez que je les baise, je vous prie.

CHARLOTTE.

Monsieu, c'est trop d'honneur que vous me faites; & si j'avois sçu tantôt, je n'aurois pas manqué de les laver avec du son.

D. JUAN.

Hé, dites-moi un peu, belle Charlotte, vous n'êtes pas mariée sans doute ?

CHARLOTTE.

Non, Monsieu, mais je dois bientôt l'être avec Piarrot, fils de la voisine Simonette.

D. JUAN.

Quoi! Une Personne comme vous seroit la femme d'un simple paysan ! non, non, c'est profaner tant de beautés, & vous n'êtes pas née pour demeurer dans un village. Vous méritez sans doute une meilleure fortune, & le Ciel qui le connoît bien, m'a conduit ici tout exprès pour empêcher ce mariage, & rendre justice à vos charmes ; car enfin, belle Charlotte je vous aime de tout mon cœur, & il ne tiendra qu'à vous que je vous arrache de ce misérable lieu, & que je vous mette dans l'état où vous méritez d'être. Cet amour est bien prompt, sans doute ; mais quoi, c'est un effet Charlotte, de votre grande beauté ; & l'on vous aime autant en un quart-d'heure, qu'on feroit une autre en six mois.

CHARLOTTE.

Aussi vrai, Monsieu, je ne sçai comment faire quand vous parlez. Ce que vous dites me fait aise, & j'aurois toutes les envies du monde de vous croire ; mais on m'a toujou dit qu'il ne faut jamais croire les Monsieux, & que vous autres courtisans êtes des enjoleux, qui ne songez qu'à abuser les filles.

D. JUAN.

Je ne suis pas de ces gens-là.

SGANARELLE *à part*.

Il n'a garde.

CHARLOTTE.

Voyez-vous, Monsieu ? Il n'y a pas de plaisir à se laisser abuser. Je suis une pauvre Paysanne ; mais j'ai l'honneur en recommandation, & j'aimerois mieux me voir morte, que de me voir déshonorée.

D. JUAN.

Moi, j'aurois l'ame assez méchante pour abuser une personne comme vous ? je serois assez lâche pour vous déshonorer ? non, non, j'ai trop de conscience pour cela. Je vous aime, Charlotte, en tout bien & en tout honneur ; &, pour vous montrer que je vous dis vrai, sçachez que je n'ai point d'autre dessein que de vous épouser. En voulez-vous un plus grand témoignage ? M'y voilà prêt, quand vous voudrez ; & je prends à témoins l'homme que voilà, de la parole que je vous donne.

SGANARELLE.

Non, non, ne craignez point. Il se mariera avec vous tant que vous voudrez.

D. JUAN.

Ah! Charlotte, je vois bien que vous ne me connoiſſez pas encore. Vous me faites grand tort de juger de moi par les autres; & s'il y a des fourbes dans le monde, des gens qui ne cherchent qu'à abuſer des filles, vous devez me tirer du nombre, & ne pas mettre en doute la ſincérité de ma foi; & puis votre beauté vous aſſure de tout. Quand on eſt faite comme vous, on doit être à couvert de toutes ces ſortes de craintes; vous n'avez point l'air, croyez-moi, d'une perſonne qu'on abuſe; &, pour moi, je l'avoue, je me percerois le cœur de mille coups, ſi j'avois eu la moindre penſée de vous trahir.

CHARLOTTE.

Mon guieu! je ne ſçais ſi vous dites vrai, ou non; mais vous faites que l'on vous croit.

D. JUAN.

Lorſque vous me croirez, vous me rendrez juſtice aſſurément, & je vous réitere encore la promeſſe que je vous ai faites: Ne l'acceptez-vous pas, & ne voulez-vous pas conſentir à être ma femme?

CHARLOTTE.

Oui, pourvu que ma tante le veuille.

D. JUAN.

Touchez donc-là, Charlotte, puiſque vous le voulez bien de votre part.

CHARLOTTE.

Mais au moins, Monſieu, ne m'allez pas tromper, je vous prie; il y auroit de la conſcience à vous, & vous voyez comme j'y vas à la bonne foi.

D. JUAN.

Comment? Il ſemble que vous doutiez encore de ma ſincérité; voulez-vous que je faſſe des ſermens épouvantables? Que le ciel....

CHARLOTTE.

Mon guieu! Ne jurez point, je vous crois.

D. JUAN.

COMEDIE. 265

D. JUAN.

Donnez-moi donc un petit baiser pour gage de votre parole.

CHARLOTTE.

Oh! Monfieu, attendez que je foyons mariés, je vous prie. Après ça, je vous baiferai tant que vous voudrez.

D. JUAN.

Hé bien, belle Charlotte, je veux tout ce que vous voulez; abandonnez-moi feulement votre main, & fouffrez que, par mille baifers, je lui exprime le raviffement où je fuis.

SCENE III.

DOM JUAN, SGANARELLE, PIERROT, CHARLOTTE.

PIERROT pouffant D. Juan qui baife la main de Charlotte.

Tout doucement, Monfieu, tenez-vous, s'il vous plaît. Vous vous échauffez trop, & vous pourriez gagner la puréfie.

D. JUAN repouffant rudement Pierrot.

Qui m'amene cet impertinent?

PIERROT fe mettant entre D. Juan & Charlotte.

Je vous dis qu'ou vous tégniez, & qu'ou ne careffiais point nos accordées.

D. JUAN repouffant encore Pierrot.

Ah! Que de bruit!

PIERROT.

Jerniguienne, ce n'eft pas comme ça qu'il faut pouffer les gens.

CHARLOTTE prenant Pierrot par le bras.

Et laiffe-le faire auffi, Piarrot.

Tome III. M

LE FESTIN DE PIERRE,

PIERROT.

Quement, que je le laisse faire ? Je ne veux pas, moi.

D. JUAN.

Ah!

PIERROT.

Têtiguienne, parce qu'ous êtes Monsieu, vous viendrez caresser nos femmes à notre barbe ? Allez vs-en caresser les vôtres.

D. JUAN.

Hé!

PIERROT.

Hé! (*D. Juan lui donne un soufflet.*) Têtigué, ne me frappez pas. (*autre soufflet.*) Oh, jernigué. (*autre soufflet.*) Ventre gué. (*autre soufflet.*) Palsangué, morguienne, ça n'est pas bian de battre les gens, & ce n'est pas-là la récompense de vs-avoir sauvé d'être nayé.

CHARLOTTE.

Piarrot, ne te fâche point.

PIERROT.

Je veux me fâcher, & t'es une vilaine, toi, d'endurer qu'on te cajole.

CHARLOTTE.

Oh! Piarrot, ce n'est pas ce que tu penses. Ce Monsieu veut m'épouser, & tu ne dois pas te bouter en colere.

PIERROT.

Quement ? Jerni, tu m'es promise.

CHARLOTTE.

Ça n'y fait rian, Piarrot. Si tu m'aimes, ne dois-tu pas être bien aise que je devienne Madame ?

PIERROT.

Jerniguié, non. J'aime mieux te voir crevée que de te voir à un autre.

CHARLOTTE.

Va, va, Piarrot, ne te mets point en peine. Si je sis Madame, je te ferai gagner queuque cho-

COMEDIE.

ſe, & tu apporteras du beurre & du fromage cheux nous.

PIERROT.

Ventrèguene, je gni en porterai jamais, quand tu m'en pairais deux fois autant. Eſt-ce donc comme ça que t'écoutes ce qu'il te dit ? Morguenne, ſi j'avois ſçu ça tantôt, je me ferois bian gardé de le retirer de gliau, & je gli aurois baillé un bon coup d'aviron ſur la tête.

D. JUAN *s'approchant de Pierrot pour le frapper.*
Qu'eſt-ce que vous dites ?

PIERROT *ſe mettant derriere Charlotte.*
Jerniguiene, je ne crains parſonne.

D. JUAN *paſſant du côté où eſt Pierrot.*
Attendez-moi un peu.

PIERROT *repaſſant de l'autre côté.*
Je me moque de tout, moi.

D. JUAN *courant après Pierrot.*
Voyons cela.

PIERROT *ſe ſauvant encore derriere Charlotte.*
J'en avons bien vu d'autres.

D. JUAN.

Ouais !

SGANARELLE.

He, Monſieur, laiſſez-là ce pauvre miſérable. C'eſt conſcience de le battre.

(*à Pierrot, en ſe mettant entre lui & D. Juan.*)
Ecoute, mon pauvre garçon, retire-toi, & ne lui dis rien.

PIERROT *paſſant devant Sganarelle, & regardant fiérement D. Juan.*
Je veux lui dire, moi.

D. JUAN *levant la main pour donner un ſoufflet à Pierrot.*
Ah ! Je vous apprendrai.....

(*Pierrot baiſſe la tête, & Sganarelle reçoit le ſoufflet.*)

SGANARELLE *regardant Pierrot.*
Peſte ſoit du maroufle !

LE FESTIN DE PIERRE,

D. JUAN *à Sganarelle.*

Te voila payé de ta charité.

PIERROT.

Jarni, je vas dire à sa tante tout ce ménage-ci.

SCENE IV.

DOM JUAN, CHARLOTTE, SGANARELLE.

D. JUAN *à Charlotte.*

ENfin, je m'en vais être le plus heureux de tous les hommes, & je ne changerois pas mon bonheur contre toutes les choses du monde. Que de plaisir quand vous serez ma femme, & que....

SCENE V.

DOM JUAN, MATHURINE, CHARLOTTE, SGANARELLE.

SGANARELLE *appercevant Mathurine.*

AH, ah!

MATHURINE *à D. Juan.*

Monsieu, que faites-vous donc là aveuc Charlotte? Est-ce que vous lui parlez d'amour aussi?

D. JUAN *bas à Mathurine.*

Non. Au contraire, c'est elle qui me témoigne une envie d'être ma femme, & je lui répondois que j'étois engagé à vous.

CHARLOTTE *à Dom Juan.*

Qu'est-ce donc que vous veut Mathurine?

COMEDIE.

D. JUAN *bas à Charlotte.*

Elle est jalouse de me voir vous parler, & voudroit bien que je l'épousasse ; mais je lui dis que c'est vous que je veux.

MATHURINE.

Quoi, Charlotte...

D. JUAN *bas à Mathurine.*

Tout ce que vous lui direz sera inutile, elle s'est mis cela dans la tête.

CHARLOTTE.

Quement donc, Mathurine...

D. JUAN *bas à Charlotte.*

C'est en vain que vous lui parlerez, vous ne lui ôterez pas cette fantaisie.

MATHURINE.

Est-ce que...

D. JUAN *bas à Mathurine.*

Il n'y a pas moyen de lui faire entendre raison.

CHARLOTTE.

Je voudrois...

D. JUAN *bas à Charlotte.*

Elle est obstinée comme tous les diables.

MATHURINE.

Vrament...

D. JUAN *bas à Mathurine.*

Ne lui dites rien, c'est une folle.

CHARLOTTE.

Je pense...

D. JUAN *bas à Charlotte.*

Laissez-la là, c'est une extravagante.

MATHURINE.

Non, non, il faut que lui parle.

CHARLOTTE.

Je veux voir un peu ses raisons.

MATHURINE.

Quoi...

D. JUAN *bas à Mathurine.*

Je gage qu'elle va vous dire que je lui ai promis de l'épouser.

LE FESTIN DE PIERRE,

CHARLOTTE.

Je...

D. JUAN *bas à Charlotte.*

Gageons qu'elle vous soutiendra que je lui ai donné parole de la prendre pour femme.

MATHURINE.

Holà, Charlotte, ça n'est pas bian de courir su le marché des autres.

CHARLOTTE.

Ça n'est pas honnête, Mathurine, d'être jalouse que Monsieu me parle.

MATHURINE.

C'est moi que Monsieu a vu la premiere.

CHARLOTTE.

S'il vous a vu la premiere, il m'a vu la seconde, & m'a promis de m'épouser.

D. JUAN *bas à Mathurine.*

Hé bien, que vous ai-je dit ?

MATHURINE *à Charlotte.*

Je vous baise les mains ; c'est moi, & non pas vous qu'il a promis d'épouser.

D. JUAN *bas à Charlotte.*

N'ai-je pas deviné ?

CHARLOTTE.

A d'autres, je vous prie ; c'est moi, vous dis-je.

MATHURINE.

Vous vous moquez des gens, c'est moi encore un coup.

CHARLOTTE.

Le vlà qui est pour le dire, si je n'ai pas raison.

MATHURINE.

Le vlà qui est pour me démentir, si je ne dis pas vrai.

CHARLOTTE.

Est-ce, Monsieu, que vous lui avez promis de l'épouser ?

D. JUAN *bas à Charlotte.*

Vous vous raillez de moi.

COMEDIE. 271
MATURINE.
Eſt-il vrai, Monſieu, que vous lui avez donné parole d'être ſon mari ?

D. JUAN. *bas à Mathurine.*
Pouvez-vous avoir cette penſée !

CHARLOTTE.
Vous voyez qu'al le ſoutient.

D. JUAN *bas à Charlotte.*
Laiſſez-la faire.

MATHURINE.
Vous êtes témoin comme al l'aſſure.

D. JUAN *bas à Mathurine.*
Laiſſez-la dire.

CHARLOTTE.
Non, non, il faut ſçavoir la vérité.

MATURINE.
Il eſt queſtion de juger ça.

CHARLOTTE.
Oui, Mathurine, je veux que Monſieu vous montre votre bec jaune.

MATHURINE.
Oui, Charlotte, je veux que Monſieu vous rende un peu camuſe.

CHARLOTTE.
Monſieu, vuidez la querelle, s'il vous plaît.

MATHURINE.
Mettez-nous donc d'accord, Monſieu.

CHARLOTTE *à Maturine.*
Vous allez voir.

MATURINE *à Charlotte.*
Vous aller voir vous-même.

CHARLOTTE *à D. Juan.*
Dites.

MATHURINE *à D. Juan.*
Parlez.

D. JUAN.
Que voulez-vous que je diſe ? Vous ſoutenez également toutes deux que je vous ai promis de vous

M 4

prendre pour femmes. Est-ce que chacune de vous ne sçait pas ce qui en est, sans qu'il soit nécessaire que je m'explique davantage ? Pourquoi m'obliger là-dessus à des redites ? Celle à qui j'ai promis effectivement, n'a-t-elle pas, en elle-même, de quoi se moquer des discours de l'autre, & doit-elle se mettre en peine, pourvu que j'accomplisse ma promesse ? Tous les discours n'avancent point les choses. Il faut faire & non pas dire ; & les effets décident mieux que les paroles. Aussi n'est-ce que par-là que je vous veux mettre d'accord, & l'on verra quand je me marierai laquelle des deux a mon cœur. (*bas à Mathurine.*) Laissez-lui croire ce qu'elle voudra. (*bas à Charlotte.*) Laissez-la se flatter dans son imagination. (*bas à Mathurine.*) Je vous adore. (*bas à Charlotte.*) Je suis tout à vous. (*bas à Marthurine.*) Tous les visages sont laids auprès du vôtre. (*bas à Charlotte.*) On ne peut plus souffrir les autres quand on vous a vue.

(*haut.*)

J'ai un petit ordre à donner, je viens vous retrouver dans un quart-d'heure.

SCENE VI.

CHARLOTTE, MATHURINE, SGANARELLE.

CHARLOTTE *à Maturine.*

JE suis celle qu'il aime au moins.

MATHURINE *à Charlotte.*

C'est moi qu'il épousera.

SGANARELLE *arrêtant Charlotte & Mathurine.*

Ah ! Pauvres filles que vous êtes, j'ai pitié de votre innocence, & je ne puis souffrir de vous voir courir à votre malheur. Croyez-moi l'une & l'autre, ne vous amufez point à tous les contes qu'on vous fait, & demeurez dans votre village.

SCENE VII.
DOM JUAN, CHARLOTTE, MATHURINE, SGANARELLE.

D. JUAN *dans le fond du Théatre, à part.*

JE voudrois bien fçavoir pourquoi Sganarelle ne me fuit pas.

SGANARELLE.

Mon maître eft un fourbe, il n'a deffein que de vous abufer, & en a bien abufé d'autres; c'eft l'époufeur *(appercevant D. Juan.)* du genre-humain, &... Cela eft faux, & quiconque vous dira cela, vous lui devez dire qu'il en a menti. Mon maître n'eft point l'époufeur du genre-humain, il n'eft point fourbe; il n'a pas deffein de vous tromper, & n'en a point abufé d'autres. Ah! Tenez, le voilà. Demandez-le plutôt à lui-même.

D. JUAN *regardant Sganarelle, & le foupçonnant d'avoir parlé.*

Oui.

SGANARELLE.

Monfieur, comme le monde eft plein de médifans, je vais au-devant des chofes; & je leur difois que, fi quelqu'un leur venoit dire du mal de vous, elles fe gardaffent bien de le croire, & ne manquaffent pas de lui dire qu'il en auroit menti.

D. JUAN.

Sganarelle.

SGANARELLE *à Charlotte & à Mathurine.*

Oui, Monfieur eft homme d'honneur; je le garantis tel.

LE FESTIN DE PIERRE,
D. JUAN.
Hon.

SGANARELLE.

Ce sont des impertinens.

SCENE VIII.
DOM JUAN, LA RAMÉE, CHARLOTTE, MATHURINE, SGANARELLE.

LA RAMÉE *bas à D. Juan*.

Monsieur, je viens vous avertir qu'il ne fait pas bon ici pour vous.

D. JUAN.

Comment ?

LA RAMÉE.

Douze hommes à cheval vous cherchent, qui doivent arriver ici dans un moment ; je ne sçais pas par quel moyen ils peuvent vous avoir suivi ; mais j'ai appris cette nouvelle d'un paysan qu'ils ont interrogé, & auquel ils vous ont dépeint. L'affaire presse ; & le plutôt que vous pourrez sortir d'ici, sera le meilleur.

SCENE IX.
DOM JUAN, CHARLOTTE, MATHURINE, SGANARELLE.

D. JUAN *à Charlotte. & à Mathurine*.

Une affaire pressante m'oblige de partir d'ici ; mais je vous prie de vous ressouvenir de la parole que je vous ai donnée, & de croire que vous aurez de mes nouvelles avant qu'il soit demain au soir.

SCENE X.

D. JUAN, SGANARELLE.

D. JUAN.

COmme la partie n'est pas égale, il faut user de stratagême, & éluder adroitement le malheur qui me cherche. Je veux que Sganarelle se revête de mes habits, & moi...

SGANARELLE.

Monsieur, vous vous moquez. M'exposer à être tué sous vos habits, &...

D. JUAN.

Allons vîte, c'est trop d'honneur que je vous fais; & bienheureux est le valet qui peut avoir la gloire de mourir pour son maître.

SGANARELLE.
(seul.)

Je vous remercie d'un tel honneur. O, ciel! puisqu'il s'agit de mort, fais-moi la grace de n'être point pris pour un autre.

Fin du second Acte.

ACTE III.

SCENE PREMIERE.

DOM JUAN *en habit de campagne*, SGANARELLE *en Médecin*.

SGANARELLE.

MA foi, Monsieur, avouez que j'ai eu raison, & que nous voilà l'un & l'autre déguisés à merveille. Votre premier dessein n'étoit point du tout à propos, & ceci nous cache mieux que tout ce que vous vouliez faire.

D. JUAN.

Il est vrai que te voilà bien ; & je ne sçais où tu as été déterrer cet attirail ridicule.

SGANARELLE.

Oui : c'est l'habit d'un vieux Médecin, qui a été laissé en gage au lieu où je l'ai pris, & il m'en a coûté de l'argent pour l'avoir. Mais sçavez-vous, Monsieur, que cet habit me met déjà en considération, que je suis salué des gens que je rencontre, & que l'on me vient consulter ainsi qu'un habile homme !

D. JUAN.

Comment donc ?

SGANARELLE.

Cinq ou six paysans ou paysannes, en me voyant passer, me sont venus demander mon avis sur différentes maladies.

D. JUAN.

Tu leur as répondu que tu n'y entendois rien.

COMEDIE.

SGANARELLE.

Moi? Point du tout. J'ai voulu soutenir l'honneur de mon habit, j'ai raisonné sur le mal; & leur ai fait des ordonnances à chacun.

D. JUAN.

Et quels remedes encore leur as-tu ordonnés?

SGANARELLE.

Ma foi, Monsieur, j'en ai pris par où j'en ai pu attraper; j'ai fait mes ordonnances à l'aventure; & ce seroit une chose plaisante, si les malades guérissoient, & qu'on m'en vînt remercier.

D. JUAN.

Et pourquoi non? Par quelllle raison n'aurois-tu pas les mêmes priviléges qu'ont tous les autres Médecins? Ils n'ont pas plus de part que toi aux guérisons des malades, & tout leur Art est pure grimace. Ils ne font rien que recevoir la gloire des heureux succès; & tu peux profiter, comme eux, du bonheur du malade, & voit attribuer à tes remedes tout ce qui peut venir des faveurs du hasard, & des forces de la nature.

SGANARELLE.

Comment, Monsieur? Vous êtes aussi impie en médecine?

D. JUAN.

C'est une des grandes erreurs qui soient parmi les hommes.

SGANARELLE.

Quoi! Vous ne croyez pas au séné, ni à la casse, ni au vin émétique?

D. JUAN.

Et pourquoi veux-tu que j'y croie?

SGANARELLE.

Vous avez l'ame bien mécréante. Cependant vous voyez depuis un tems, que le vin émétique fait bruire ses fuseaux. Ses miracles ont converti les plus incrédules esprits, & il n'y a pas trois semaines que j'en ai vu, moi qui vous parle, un effet merveilleux.

D. JUAN.

Et quel ?

SGANARELLE.

Il y avoit un homme, qui depuis six jours, étoit à l'agonie ; on ne sçavoit plus que lui ordonner, & tous les remedes ne faisoient rien ; on s'avisa à la fin de lui donner de l'émétique.

D. JUAN.

Il réchappa, n'est-ce pas ?

SGANARELLE.

Non, il mourut.

D. JUAN.

L'effet est admirable.

SGANARELLE.

Comment ? Il y avoit six jours entiers qu'il ne pouvoit mourir, & cela le fit mourir tout d'un coup. Voulez-vous rien de plus efficace ?

D. JUAN.

Tu as raison.

SGANARELLE.

Mais laissons-là la Médecine où vous ne croyez point, & parlons des autres choses ; car cet habit me donne de l'esprit, & je me sens en humeur de disputer contre vous. Vous sçavez bien que vous me permettez les disputes, & que vous ne me défendez que les remontrances.

D. JUAN.

Hé bien ?

SGANARELLE.

Je veux sçavoir vos pensées à fond, & vous connoître un peu mieux que je ne fais. Ça, quand voulez-vous mettre fin à vos débauches, & mener la vie d'un honnête-homme ?

D. JUAN *leve la main pour lui donner un soufflet.*
Ah, maître sot ! Vous allez d'abord aux remontrances.

SGANARELLE *en se reculant.*
Morbleu, je suis bien sot en effet de vouloir m'a-

muser à raisonner avec vous ; faites tout ce que vous voudrez, il m'importe bien que vous vous perdiez ou non, & que...

D. JUAN.

Tais-toi. Songeons à notre affaire: Ne serions-nous point égarés ? appelle cet homme que voilà là-bas, pour lui demander le chemin.

SCENE II.

DOM JUAN, SGANARELLE, FRANCISQUE.

SGANARELLE.

Olà ho, l'homme. Ho, mon compere. Ho, l'ami. Un petit mot, s'il vous plaît. Enseignez-nous un peu le chemin qui mene à la ville.

FRANCISQUE.

Vous n'avez qu'à suivre cette route, Messieurs, & détourner à main droite quand vous serez au bout de la forêt. Mais je vous donne avis que vous devez vous tenir sur vos gardes, & que, depuis quelque-tems, il y a des voleurs ici autour.

D. JUAN.

Je te suis bien obligé, mon ami, & je te rends graces de tout mon cœur de ton bon avis.

SCENE III.

DOM JUAN, SGANARELLE.

SGANARELLE.

AH! Monsieur, quel bruit, quel cliquetis?
D. JUAN *regardant dans la forêt.*
Que vois-je là ? Une homme attaqué par trois autres ! la partie est trop inégale ; & je ne dois pas souffrir cette lâcheté.
(*Il met l'épée à la main, & court au lieu du combat.*)

SCENE IV.

SGANARELLE *seul,*

Mon maître est un vrai enragé d'aller se présenter à un péril qui ne le cherche pas ; mais, ma foi, le secours a servi, & les deux ont fait fuir les trois.

SCENE V.

DOM JUAN, DOM CARLOS, SGANARELLE, *au fond du Théatre.*

D. CARLOS *remettant son épée.*

ON voit, par la fuite de ces voleurs, de quel secours est votre bras. Souffrez, Monsieur, que je vous rende grâce d'une action si généreuse, & que...

D. JUAN.

Je n'ai rien fait, Monsieur, que vous n'eussiez fait en ma place. Notre propre honneur est intéressé dans de pareilles aventures ; & l'action de ces coquins étoit si lâche, que c'eût été y prendre part que de ne s'y pas oposer. Mais par quelle rencontre vous êtes-vous trouvé entre leurs mains ?

D. CARLOS.

Je m'étois, par hasard, égaré d'un frere, & de tous ceux de notre suite ; & comme je cherchois à les rejoindre, j'ai fait rencontre de ces voleurs, qui d'abord ont tué mon cheval, & qui, sans votre valeur, en auroient fait autant de moi.

D. JUAN.

Votre dessein est-il d'aller du côté de la ville?

D. CARLOS.

Oui, mais sans y vouloir entrer ; & nous nous voyons obligés, mon frere & moi, à tenir la campagne pour une de ces fâcheuses affaires qui réduisent les gentilshommes à se sacrifier eux & leur famille à la sévérité de leur honneur, puisqu'enfin le plus doux succès en est toujours funeste, & que, si l'on ne quitte pas la vie, on est contraint de quitter le Royaume, & c'est en quoi je trouve la condition d'un gentilhomme malheureuse, de ne pouvoir point s'assurer sur toute la prudence & toute l'honnêteté de sa conduite, d'être asservi par les loix de l'honneur au déréglement de la conduite d'autrui, & de voir sa vie, son repos & ses biens dépendre de la fantaisie du premier téméraire, qui s'avisera de lui faire une de ces injures pour qui un honnête-homme doit périr.

D. JUAN.

On a cet avantage qu'on fait courir le même risque, & passer aussi mal le tems à ceux qui prennent fantaisie de nous venir faire une offense de gaieté de cœur. Mais ne seroit-ce point une indiscrétion que de vous demander quelle peut être votre affaire ?

D. CARLOS.

La chose est aux termes de n'en plus faire de secret ; & lorsque l'injure a une fois éclaté notre honneur ne va point à vouloir cacher notre honte, mais à faire éclater notre vengeance, & à publier même le dessein que nous en avons. Ainsi, Monsieur, je ne feindrai point de vous dire que l'offense que nous cherchons à venger, est une sœur séduite, & enlevée d'un couvent, & que l'auteur de cette offense est un Dom Juan Tenorio, fils de Dom Louis Tenorio. Nous le cherchons depuis quelques jours, & nous l'avons suivi ce matin sur le rapport d'un valet, qui nous a dit qu'il sortoit à cheval, accompagné de quatre ou cinq, & qu'il avoit pris le long de cette côte ; mais tous nos soins ont été inutiles, & nous n'avons pu découvrir ce qu'il est devenu.

D. JUAN.

Le connoissez vous, Monsieur, ce Dom Juan dont vous parlez ?

D. CARLOS.

Non, quant à moi. Je ne l'ai jamais vu, & je l'ai seulement oui dépeindre à mon frere ; mais la renommée n'en dit pas force bien, & c'est un homme dont la vie.....

D. JUAN.

Arrêtez, Monsieur, s'il vous plaît. Il est un peu de mes amis, & ce seroit à moi une espece de lâcheté, que d'en ouïr dire du mal.

D. CARLOS.

Pour l'amour de vous, Monsieur, je n'en dirai rien du tout. C'est bien la moindre chose que je vous doive, après m'avoir sauvé la vie, que de me taire devant vous d'une personne que vous connoissez, lorsque je ne puis en parler sans en dire du mal ; mais quelque ami que vous lui soyez, j'ose espérer que vous n'approuverez pas son action, & ne trouverez pas étrange que nous cherchions d'en prendre vengeance.

COMEDIE.

D. JUAN.

Au contraire, je vous y veux servir, & vous épargner des soins inutiles. Je suis ami de Dom Juan, je ne puis pas m'en empêcher ; mais il n'est pas raisonnable qu'il offense impunément des gentilshommes, & je m'engage à vous faire faire raison par lui.

D. CARLOS.

Et quelle raison peut-on faire à ces sortes d'injures ?

D. JUAN.

Toute celle que votre honneur peut souhaiter ; & sans vous donner la peine de chercher Dom Juan davantage, je m'oblige à le faire trouver au lieu que vous voudrez, & quand il vous plaira.

D. CARLOS.

Cet espoir est bien doux, Monsieur, à des cœurs offensés ; mais, après ce que je vous dois, ce me seroit une trop sensible douleur, que vous fussiez de la partie.

D. JUAN.

Je suis si attaché à Dom Juan, qu'il ne sçauroit se battre que je ne me batte aussi, mais enfin, j'en réponds comme de moi-même, & vous n'avez qu'à dire quand vous voulez qu'il paroisse, & vous donne satisfaction.

D. CARLOS.

Que ma destinée est cruelle ! faut-il que je vous doive la vie, & que Don Juan soit de vos amis !

SCENE VI.

DOM ALONSE, DOM CARLOS, D. JUAN, SGANARELLE.

D. ALONSE *parlant à ceux de sa suite, sans voir Dom Carlos ni Dom Juan.*

Faites boire-là mes chevaux, & qu'on les amene après nous, je veux un peu marcher à pied.
(*Les appercevant tous deux.*)
O ciel ! Que vois-je ici ? Quoi, mon frere, vous voilà avec notre ennemi mortel ?

D. CARLOS.
Notre ennemi mortel ?

D. JUAN *mettant la main sur la garde de son épée.*
Oui, je suis Dom Juan, & l'avantage du nombre ne m'obligera pas à vouloir déguiser mon nom.

D. ALONSE *mettant l'épée à la main.*
Ah ! Traître, il faut que tu périsses, &....
(*Sganarelle court se cacher.*)

D. CARLOS.
Ah ! Mon frere, arrêtez. Je lui suis redevable de la vie; & sans le secours de son bras, j'aurois été tué par des voleurs que j'ai trouvés.

D. ALONSE.
Et voulez-vous que cette considération empêche notre vengeance ? Tous les services que nous rend une main ennemie, ne sont d'aucun mérite pour engager notre ame ; & s'il faut mesurer l'obligation à l'injure, votre reconnoissance, mon frere, est ici ridicule ; &, comme l'honneur est infiniment plus précieux que la vie, c'est ne devoir rien proprement, que d'être redevable de la vie à qui nous a ôté l'honneur.

COMEDIE.

D. CARLOS.

Je sçais la différence, mon frere, qu'un gentilhomme doit toujours mettre entre l'un & l'autre, & la reconnoissance de l'obligation n'efface point en moi le ressentiment de l'injure ; mais souffrez que je lui rende ici ce qu'il m'a prêté, que je m'acquitte sur le champ de la vie que je lui dois, par un délai de notre vengeance, & lui laisse la liberté de jouir durant quelques jours du fruit de son bienfait.

D. ALONSE.

Non, non, c'est hazarder notre vengeance que de la reculer, & l'occasion de la prendre peut ne plus revenir. Le Ciel nous l'offre ici, c'est à nous d'en profiter. Lorsque l'honneur est blessé mortellement, on ne doit point songer à garder aucunes mesures ; & si vous répugnez à prêter votre bras à cette action, vous n'avez qu'à vous retirer, & laisser à ma main la gloire d'un tel sacrifice.

D. CARLOS.

De grace, mon frere....

D. ALONSE.

Tous ces discours sont superflus ; il faut qu'il meure.

D. CARLOS.

Arrêtez-vous, vous dis-je, mon frere. Je ne souffrirai point du tout qu'on attaque ses jours ; & je jure le Ciel que je le défendrai ici contre qui que ce soit, & je sçaurai lui faire un rempart de cette même vie qu'il a sauvée ; &, pour adresser vos coups, il faudra que vous me perciez.

D. ALONSE.

Quoi ? Vous prenez le parti de notre ennemi contre moi ; & loin d'être saisi à son aspect des mêmes transports que je sens, vous faites voir pour lui des sentimens pleins de douceur ?

D. CARLOS.

Mon frere, montrons de la modération dans une action légitime ; & ne vengeons point notre honneur avec cet emportement que vous témoignez.

Ayons du cœur dont nous foyons les maîtres, une valeur qui n'ait rien de farouche, & qui se porte aux choses par une pure délibération de notre raison, & non point par le mouvement d'une aveugle colere. Je ne veux point, mon frere, demeurer redevable à mon ennemi, & je lui ai une obligation dont il faut que je m'acquitte avant toutes choses. Notre vengeance, pour être différée, n'en sera pas moins éclatante ; au contraire, elle en tirera de l'avantage, & cette occasion de l'avoir pu prendre, la fera paroître plus juste aux yeux de tout le monde.

D. ALONSE.

O l'étrange foiblesse, & l'aveuglement effroyable, de hasarder ainsi les intérêts de son honneur pour la ridicule pensée d'une obligation chimérique !

D. CARLOS.

Non, mon frere, ne vous mettez pas en peine. Si je fais une faute, je sçaurai bien la réparer, & je me charge de tout le soin de notre honneur ; je sçais à quoi il nous oblige, & cette suspension d'un jour que ma reconnoissance lui demande ne fera qu'augmenter l'ardeur que j'ai de le satisfaire. D. Juan, vous voyez que j'ai soin de vous rendre le bien que j'ai reçu de vous ; & vous devez par-là juger du reste ; croire que je m'acquitte avec même chaleur de ce que je dois, & que je ne ferai pas moins exact à vous payer l'injure que le bienfait. Je ne veux point vous obliger ici à expliquer vos sentimens, & je vous donne la liberté de penser à loisir aux résolutions que vous avez à prendre. Vous connoissez assez la grandeur de l'offense que vous nous avez faite, & je vous fais juge vous-même des réparations qu'elle demande. Il est des moyens doux pour nous satisfaire : il en est de violens & de sanglans ; mais enfin, quelque choix que vous fassiez, vous m'avez donné parole de me faire faire raison par D. Juan. Songez à me la faire, je vous prie, & vous ressouvenez que, hors d'ici, je ne dois plus qu'à mon honneur.

COMEDIE.

D. JUAN.
Je n'ai rien exigé de vous, & vous tiendrai ce que j'ai promis.

D. CARLOS.
Allons, mon frere, un moment de douceur ne fait aucune injure à la févérité de notre devoir.

SCENE VII.

D. JUAN, SGANARELLE.

D. JUAN.
Holà, hé, Sgnarelle.

SGANALLE *fortant de l'endroit où il étoit caché.*
Plaît-il?

D. JUAN.
Comment, coquin, tu fuis quand on m'attaqu?

SGANARELLE.
Pardonnez-moi, Monfieur, je viens feulement d'ici près. Je crois que cet habit eft purgatif, & que c'eft prendre médecine que de le porter.

D. JUAN.
Pefte foit l'infolent! Couvre au moins ta poltronnerie d'un voile plus honnête. Sçais-tu bien qui eft celui à qui j'ai fauvé la vie?

SGANARELLE.
Moi? non.

D. JUAN.
C'eft un frere d'Elvire.

SGANARELLE.
Un....

D. JUAN.
Il eft affez honnête-homme, il en a bien ufé, & j'ai regret d'avoir démêlé avec lui.

SGANARELLE.
Il vous feroit aifé de pacifier toutes chofes.
D. JUAN.
Oui, mais ma paffion eft ufée pour Done Elvire, & l'engagement ne compatit point avec mon humeur. J'aime la liberté en amour, tu le fçais, & je ne fçaurois me réfoudre à renfermer mon cœur entre quatre murailles. Je te l'ai dit vingt fois, j'ai une pente naturelle à me laiffer aller à tout ce qui m'attire. Mon cœur eft à toutes les belles; & c'eft à elles à le prendre tour à tour, & à le garder tant qu'elles le pourront. Mais quel eft le fuperbe édifice que je vois entre ces arbres?
SGANARELLE.
Vous ne le fçavez pas?
D. JUAN.
Non vraiment.
SGANARELLE.
Bon, c'eft le tombeau que le Commandeur faifoit faire lorfque vous le tuâtes.
D. JUAN.
Ah! Tu as raifon. Je ne fçavois pas que c'étoit de ce côté-ci qu'il étoit. Tout le monde m'a dit des merveilles de cet ouvrage, auffi-bien que de la ftatue du Commandeur; & j'ai envie de l'aller voir.
SGANARELLE.
Monfieur, n'allez point-là.
D. JUAN.
Pourquoi?
SGANARELLE.
Cela n'eft pas civil, d'aller voir un homme que vous avez tué.
D. JUAN.
Au contraire, c'eft une vifite dont je lui veux faire civilité, & qu'il doit recevoir de bonne grace, s'il eft galant homme. Allons, entrons dedans.

(Le tombeau s'ouvre, & l'on voit la ftatue du Commandeur.)

SGANARELLE.

SGANARELLE.

Ah, que cela eſt beau ! Les belles ſtatues ! Le beau marbre ! Les beaux piliers ! Ah, que cela eſt beau ! Qu'en dites-vous, Monſieur ?

D. JUAN.

Qu'on ne peut voir aller plus loin l'ambition d'un homme mort ; & ce que je trouve admirable, c'eſt qu'un homme qui s'eſt paſſé durant ſa vie d'une aſſez ſimple demeure, en veuille avoir une ſi magnifique, pour quand il n'en a plus que faire.

SGANARELLE.

Voici la ſtatue du Commandeur.

D. JUAN.

Parbleu, le voilà bon avec ſon habit d'Empereur Romain.

SGANARELLE.

Ma foi, Monſieur, voilà qui eſt bien fait. Il ſemble qu'il eſt en vie, & qu'il s'en va parler. Il jette des regards ſur nous qui me feroient peur ſi j'étois tout ſeul, & je penſe qu'il ne prend pas plaiſir de nous voir.

D. JUAN.

Il auroit tort ; & ce ſeroit mal recevoir l'honneur que je lui fais. Demande-lui s'il veut venir ſouper avec moi.

SGANARELLE.

C'eſt une choſe dont il n'a pas beſoin, je crois.

D. JUAN.

Demande-lui, te dis-je.

SCANARELLE.

Vous moquez-vous ? Ce feroit être fou que d'aller parler à une ſtatue.

D. JUAN.

Fais ce que je te dis.

SGANARELLE.

(à part.)

Quelle bizarrerie ! Seigneur Commandeur... Je ris de ma ſottiſe ; mais c'eſt mon maître qui me la fait faire. (haut.) Seigneur Commandeur, mon maître

Dom Juan vous demande si vous voulez lui faire l'honneur de venir souper avec lui.

(*La Statue baisse la tête.*)

Ah!

D. JUAN.

Qu'est-ce? Qu'as-tu? Dis donc. Veux-tu parler?

SGANARELLE *baissant la tête comme la Statue.*

La Statue...

D. JUAN.

Hé bien, que veux-tu dire, traître?

SGANARELLE.

Je vous dis que la Statue...

D. JUAN.

Hé bien, la Statue? Je t'assomme, si tu ne parles.

SGANARELLE.

La Statue m'a fait signe.

D. JUAN.

La peste le coquin!

SGANARELLE.

Elle m'a fait signe, vous dis-je, il n'est rien de plus vrai. Allez-vous-en lui parler vous-même pour voir. Peut-être...

D. JUAN.

Viens, maraud, viens. Je te veux bien faire toucher au doigt ta poltronerie, prends garde. Le Seigneur Commandeur voudroit-il venir souper avec moi?

(*La Statue baisse encore la tête.*)

SGANARELLE.

Je ne voudrois pas en tenir dix pistoles. Hé bien, Monsieur?

D. JUAN.

Allons, sortons d'ici.

SGANARELLE *seul.*

Voilà de mes esprits forts, qui ne veulent rien croire.

Fin du troisieme Acte.

ACTE IV.

SCENE PREMIERE.
DOM JUAN, SGANARELLE, RAGOTIN.

D. JUAN *à Sganarelle.*

Quoi qu'il en soit, laissons cela. C'est une bagatelle, & nous pouvons avoir été trompés par un faux jour, ou surpris de quelque vapeur qui nous ait troublé la vue.

SGANARELLE.

Hé, Monsieur, ne cherchez point à démentir ce que nous avons vu des yeux que voilà. Il n'est rien de plus véritable que ce signe de tête ; & je ne doute point que le Ciel, scandalisé de votre vie, n'ait produit ce miracle pour vous convaincre, & pour vous retirer de...

D. JUAN.

Ecoute. Si tu m'importunes de tes sottes moralités, si tu me dis encore le moindre mot là-dessus, je vais appeller quelqu'un, demander un nerf de bœuf, te faire tenir par trois ou quatre, & te rotter de mille coups. M'entends-tu bien ?

SGANARELLE.

Fort bien, Monsieur, le mieux du monde. Vous vous expliquez clairement, c'est ce qu'il y a de bon en vous, que vous n'allez point chercher de détours ; vous dites les choses avec une netteté admirable.

D. JUAN.

Allons, qu'on me fasse souper le plutôt que l'on pourra. Une chaise, petit garçon.

SCENE II.

DOM JUAN, SGANARELLE, LA VIOLETTE, RAGOTIN.

LA VIOLETTE.

Monsieur, voilà votre marchand, Monsieur Dimanche, qui demande à vous parler.

SGANARELLE.

Bon. Voilà ce qu'il nous faut qu'un compliment de créancier. De quoi s'avise-t-il de nous venir demander de l'argent ; & que ne lui disois-tu, que Monsieur n'y est pas !

LA VIOLETTE.

Il y a trois quarts d'heure que je lui dis ; mais il ne veut pas le croire, & s'est assis là-dedans pour attendre.

SGANARELLE.

Qu'il attende tant qu'il voudra.

D. JUAN.

Non, au contraire faites-le entrer. C'est une fort mauvaise politique que de se faire celer aux créanciers. Il est bon de les payer de quelque chose ; & j'ai le secret de les renvoyer satisfaits, sans leur donner un double.

SCENE III.

DOM JUAN, Mr. DIMANCHE, SGANARELLE, LA VIOLETTE, RAGOTIN.

D. JUAN.

AH, Monsieur Dimanche, approchez. Que je suis ravi de vous voir, & que je veux de mal à mes gens, de ne vous pas faire entrer d'abord ! J'avois donné ordre qu'on ne me fît parler à personne ; mais cet ordre n'est pas pour vous ; & vous êtes en droit de ne trouver jamais de porte fermée chez moi.

M. DIMANCHE.

Monsieur, je vous suis fort obligé.

D. JUAN *parlant à la Violette, & à Ragotin.*

Parbleu, coquins, je vous apprendrai à laisser Monsieur Dimanche dans une antichambre, & je vous ferai connoître les gens.

M. DIMANCHE.

Monsieur, cela n'est rien.

D. JUAN *à M. Dimanche.*

Comment ? Vous dites que je n'y suis pas, à Monsieur Dimanche, au meilleur de mes amis ?

M. DIMANCHE.

Monsieur, je suis votre serviteur. J'étois venu...

D. JUAN.

Allons vîte, un siege pour Monsieur Dimanche.

M. DIMANCHE.

Monsieur, je suis bien comme cela.

D. JUAN.

Point, point, je veux que vous soyez assis comme moi.

294 LE FESTIN DE PIERRE,
M. DIMANCHE.
Cela n'est point nécessaire.
D. JUAN.
Otez ce pliant, & aportez un fauteuil.
M. DIMANCHE.
Monsieur, vous vous moquez, &...
D. JUAN.
Non, non, je sçais ce que je vous dois; & je ne veux point qu'on mette de différence entre nous deux.
M. DIMANCHE.
Monsieur....
D. JUAN.
Allons, asseyez-vous.
M. DIMANCHE.
Il n'est pas besoin, Monsieur; & je n'ai qu'un mot à vous dire. J'etois....
D. JUAN.
Mettez-vous là, vous dis-je.
M. DIMANCHE.
Non, Monsieur je suis bien. Je viens pour...
D. JUAN.
Non, je ne vous écoute point, si vous n'êtes point assis.
M. DIMANCHE.
Monsieur, je fais ce que vous voulez. Je...
D. JUAN.
Parbleu, Monsieur Dimanche, vous vous portez bien.
M. DIMANCHE.
Oui, Monsieur, pour vous rendre service. Je suis venu....
D. JUAN.
Vous avez un fond de santé admirable, des lévres fraîches, un teint vermeil, & des yeux vifs.
M. DIMANCHE.
Je voudrois bien...
D. JUAN.
Comment se porte Madame Dimanche, votre épouse?

COMÉDIE.

M. DIMANCHE.
Fort bien, Monfieur, Dieu merci.

D. JUAN.
C'eft une brave femme.

M. DIMANCHE.
Elle eft votre fervante, Monfieur. Je venois...

D. JUAN.
Et votre petite fille Claudine, comment fe porte-t-elle ?

M. DIMANCHE.
Le mieux du monde.

D. JUAN.
La jolie petite fille que c'eft! je l'aime de tout mon cœur.

M. DIMANCHE.
C'eft trop d'honneur que vous lui faites, Monfieur. Je vou...

D. JUAN.
Et le petit Colin fait-il toujours bien du bruit avec fon tambour ?

M. DIMANCHE.
Toujours de même, Monfieur. Je...

D. JUAN.
Et votre petit chien Brufquet, gronde-t-il toujours auffi fort, & mord-il toujours bien aux jambes les gens qui vont chez vous ?

M. DIMANCHE.
Plus que jamais, Monfieur, & nous ne fçaurions en chevir.

D. JUAN.
Ne vous étonnez pas fi je m'informe des nouvelles de toute la famille ; car j'y prends beaucoup d'intérêt.

M. DIMANCHE.
Nous vous fommes, Monfieur, infiniment obligés. Je...

D. JUAN *lui tendant la main.*
Touchez donc-là, Monfieur Dimanche. Etes-vous bien de mes amis ?

M. DIMANCHE.
Monfieur, je fuis vous ferviteur.
D. JUAN.
Parbleu, je fuis à vous de tout mon cœur.
M. DIMANCHE.
Vous m'honorez trop. Je...
D. JUAN.
Il n'y a rien que je ne fiffe pour vous.
M. DIMANCHE.
Monfieur, vous avez trop de bonté pour moi.
D. JUAN.
Et cela fans intérêt, je vous prie de le croire.
M. DIMANCHE.
Je n'ai point mérité cette grace affurément ; mais, Monfieur...
D. JUAN.
Oh ça, Monfieur Dimanche, fans façon, voulez-vous fouper avec moi ?
M. DIMANCHE.
Non, Monfieur, il faut que je m'en retourne tout à l'heure. Je...
D. JUAN *fe levant.*
Allons, vîte un flambeau, pour conduire Monfieur Dimanche, & que quarte ou cinq de mes gens prennent des moufquetons pour l'efcorter.
M. DIMANCHE *fe levant auffi.*
Monfieur, il n'eft pas néceffaire ; & je m'en irai bien tout feul. Mais...

(*Sganarelle ôte les fieges promptement.*)
D. JUAN.
Comment ? Je veux qu'on vous efcorte, & je m'intéreffe trop à vôtre perfonne. Je fuis votre ferviteur, & de plus votre débiteur.
M. DIMANCHE.
Ah ! Monfieur...
D. JUAN.
C'eft une chofe que je ne cache pas, & je le dis à tout le monde.

COMEDIE. 297

M. DIMANCHE.

Si....

D. JUAN.

Voulez-vous que je vous reconduise?

M. DIMANCHE.

Ah! Monsieur, vous vous moquez. Monsieur...

D. JUAN.

Embrassez-moi donc, s'il vous plaît. J vous prie encore une fois d'être persuadé que je suis tout à vous, qu'il n'y a rien au monde que je ne fisse pour votre service.

SCENE IV.

M. DIMANCHE, SGANARELLE.

SGANARELLE.

IL faut avoüer que vous avez en Monsieur un homme qui vous aime bien.

M. DIMHNCHE.

Il est vrai; il me fait tant de civilités & tant de complimens que je ne sçaurois jamais lui demander de l'argent.

SGANARELLE.

Je vous assure que toute sa maison périroit pour vous; & je voudrois qu'il vous arrivât quelque chose, que quelqu'un s'avisât de vous donner des coups de bâton, vous verriez de quelle maniere...

M. DIMANCHE.

Je le crois; mais, Sganarelle, je vous prie de lui dire un petit mot de mon argent.

SGANARELLE.

Oh! Ne vous mettez pas en peine, il vous paiera le mieux du monde.

M. DIMANCHE.

Mais vous, Sganarelle, vous me devez quelque chose en votre particulier.

SGANARELLE.

Fi, ne me parlez pas de cela.

M. DIMANCHE.

Comment ? Je...

SGANARELLE.

Ne sçais-je pas bien que je vous dois ?

M. DIMANCHE.

Oui. Mais...

SGANARELLE.

Allons, Monsieur Dimanche, je vais vous éclairer.

M. DIMANCHE.

Mais mon argent...

SGANARELLE *prenant M. Dimanche par le bras.*

Vous moquez-vous ?

M. DIMANCHE.

Je veux...

SGANARELLE *le tirant.*

Hé.

M. DIMANCHE.

J'entends...

SGANARELLE *le poussant vers la porte.*

Bagatelles.

M. DIMANCHE.

Mais....

SGANARELLE. *le poussant encore.*

Fi.

M. DIMANCHE.

Je....

SGANARELLE *le poussant tout à fait hors du Théâtre.*

Fi, vous dis-je.

SCENE V.

DOM JUAN, LA VIOLETTE, SGANARELLE.

LA VIOLETTE à D. Juan.

Monsieur, voilà Monsieur votre pere.

D. JUAN.

Ah! me voici bien. Il me falloit cette visite pour me faire enrager.

SCENE VI.

DOM LOUIS, DOM JUAN, SGANARELLE.

D. LOUIS.

Je vois bien que je vous embarrasse, & que vous vous passeriez fort aisément de ma venue. A dire vrai nous nous incommodons étrangement l'un & l'autre ; & si vous êtes las de me voir, je suis bien las aussi de vos déportemens. Hélas! que nous ne sçavons peu ce que nous faisons, quand nous ne laissons pas au Ciel le soin des choses qu'il nous faut, quand nous voulons être plus avisés que lui, & que nous venons l'importuner par nos souhaits aveugles, & nos demandes inconsidérées ! j'ai souhaité un fils avec des ardeurs nompareilles, je l'ai demandé sans relâche avec des transports incroyables ; & ce fils que j'obtiens en fatigant le Ciel de vœux, est le chagrin & le supplice de cette vie même dont je croyois qu'il devoit être la joie & la consolarion. De quel œil, à votre avis, penſez-vous que je puiſſe voir cet amas d'actions indignes dont on a peine aux yeux du monde d'adoucir le mauvais viſage, cette ſuite continuelle de méchantes affaires, qui nous réduiſent à toute heure à laſſer les bontés du ſouverain, & qui ont épuiſé auprès de lui le mérite de mes ſervices, & le crédit de mes amis ? Ah ! quelle baſſeſſe eſt la vôtre ! Ne rougiſſez-vous point de mériter ſi peu votre naiſſance ? Etes-vous en droit dites-moi, d'en tirer quelque vanité, & qu'avez-vous fait dans le monde pour être gentilhomme ? Croyez-vous qu'il ſuffiſe d'en porter le nom & les armes, & que ce nous ſoit une gloire d'être ſorti d'un ſang noble, lorſque nous vivons en infâmes ? Non, non, la naiſſance n'eſt rien où la vertu n'eſt pas. Auſſi nous n'avons part à la gloire de nos ancêtres, qu'autant que nous nous efforçons de leur reſſembler ; & cet éclat de leurs actions qu'ils répandent ſur nous, nous impoſe un engagement de leur faire le même honneur de ſuivre les pas qu'ils nous tracent, & de ne point dégénérer de leur vertu, ſi nous voulons être eſtimés leurs véritables deſcendans. Ainſi vous deſcendez en vain des aïeux dont vous êtes né, ils vous déſavouent pour leur ſang, & tout ce qu'ils ont fait d'illuſtre ne vous donne aucun avantage, au contraire, l'éclat n'en rejaillit ſur vous qu'à votre deshonneur, & leur gloire eſt un flambeau qui éclaire aux yeux d'un chacun la honte de vos actions. Apprenez enfin, qu'un gentilhomme qui vit mal eſt un monſtre dans la nature, que la vertu eſt le premier titre de nobleſſe, que je regarde bien moins au nom qu'on ſigne, qu'aux actions qu'on fait, & que je ferois plus d'état du fils d'un crocheteur, qui ſeroit honnête-homme, que du fils d'un Monarque qui vivroit comme vous.

D. JUAN.

Monſieur, ſi vous étiez aſſis, vous en ſeriez mieux pour parler.

COMEDIE.
D. LOUIS.

Non, insolent, je ne veux point m'asseoir, ni parler davantage, & je vois bien que toutes mes paroles ne font rien sur ton ame ; mais sçache, fils indigne, que la tendresse paternelle est poussée à bout par tes actions, que je sçaurai, plutôt que tu ne penses, mettre une borne à tes déréglemens, prévenir sur toi le courroux du Ciel, & laver, par ta punition, la honte de t'avoir fait naître.

SCENE VII.
DOM JUAN, SGANARELLE.

D. JUAN *adressant encore la parole à son pere, quoiqu'il soit sorti.*

HÉ, mourez le plutôt que vous pourrez, c'est le mieux que vous puissiez faire. Il faut que chacun ait son tour, & j'enrage de voir des peres qui vivent autant que leurs fils.
(*Il se met dans un fauteuil.*)
SGANARELLE.
Ah ! Monsieur, vous avez tort.
D. JUAN *se levant.*
J'ai tort ?
SGANARELLE *tremblant.*
Monsieur.
D. JUAN.
J'ai tort ?
SGANARELLE.
Oui, Monsieur, vous avez tort d'avoir souffert ce qu'il vous a dit, & vous le deviez mettre dehors par les épaules. A-t-on jamais rien vu de plus impertinent ? Un pere venir faire des remontrances à son fils, & lui dire de corriger ses actions, de se ressouvenir de sa naissance, de mener une vie d'honnête-hom-

me, & cent autres sottises de pareille nature ! Cela se peut-il souffrir à un homme comme vous, qui sçavez comme il faut vivre. J'admire votre patience ; &, si j'avois été en votre place, je l'aurois envoyé promener.

(*bas à part.*)
O complaisance maudite, à quoi me réduis-tu ?
D. JUAN.
Me fera-t-on souper bientôt.

SCENE VIII.
D. JUAN, SGANARELLE, RAGOTIN.

RAGOTIN.

Monsieur, voici un Dame voilée qui vient vous parler
D. JUAN.
Que pourroit-ce être ?
SGANARELLE.
Il faut voir.

SCENE IX.
DONE ELVIRE *voilée*, DOM JUAN, SGANARELLE.

D. ELVIRE.

Ne soyez point surpris, Dom Juan, de me voir à cette heure & dans cet équipage. C'est un motif pressant qui m'oblige à cette visite, & ce que j'ai à vous dire ne veut point du tout de retardement. Je ne viens point ici pleine de ce courroux que j'ai tantôt fait éclater, & vous me voyez bien changée de ce que j'étois ce matin. Ce n'est plus cette Done Elvire qui faisoit des vœux contre vous, & dont l'ame irritée ne jettoit que menaces, & ne respiroit que vengeance. Le Ciel a banni de mon ame toutes ces indignes ardeurs que je sentois pour vous, tous ces transports tumultueux d'un attachement criminel, tous ces honteux emportemens d'un amour terrestre & grossier ; & il n'a laissé, dans mon cœur pour vous, qu'une flamme épurée de tout le commerce des sens, une tendresse toute sainte, un amour détaché de tout, qui n'agit point pour soi, & ne se met en peine que de votre intérêt.

D. JUAN *bas à Sganarelle.*
Tu pleures, je penses ?

SGANARELLE.
Pardonnez-moi.

D. ELVIRE.
C'est ce parfait & pur amour qui me conduit ici pour votre bien, pour vous faire part d'un avis du Ciel, & tâcher de vous retirer du précipice où vous courez. Oui, Dom Juan, je sçais tous les déréglemens de votre vie ; & ce même Ciel qui m'a touché le cœur, & fait jetter les yeux sur les égaremens de ma conduite, m'a inspiré de vous venir trouver, & de vous dire de sa part que vos offenses ont épuisé sa miséricorde, que sa colere redoutable est prête de tomber sur vous, qu'il est en vous de l'éviter par un prompt repentir ; & que, peut-être, vous n'avez pas encore un jour à vous pouvoir soustraire au plus grand de tous les malheurs. Pour moi je ne tiens plus à vous par aucun attachement du monde. Je suis revenuë, grace au Ciel, de toutes mes folles pensées, ma retraite est résolue, & je ne demande qu'assez de vie pour pouvoir expier la faute que j'ai faite, & mériter, par une austere pénitence, le pardon de l'aveuglement où m'ont plongé les transports d'une passion condamnable. Mais, dans cette retraite, j'aurois une douleur extrême qu'une person-

ne que j'ai chérie tendrement, devint un exemple funeste de la justice du Ciel ; & ce me sera une joie incroyable, si je puis vous porter à détourner de dessus votre tête, l'épouvantable coup qui vous menace. De grace, Dom Juan, accordez-moi pour derniere faveur, cette douce consolation, ne me refusez point votre salut, que je vous demande avec larmes ; & si vous n'êtes point touché de votre intérêt, soyez-le au moins de mes prieres, & m'épargnez le cruel déplaisir de vous voir condamner à des supplices éternels.

SGANARELLE à part.

Pauvre femme !

D. ELVIRE.

Je vous ai aimé avec une tendresse extrême, rien au monde ne m'a été si cher que vous, j'ai oublié mon devoir pour vous, j'ai fait toutes choses pour vous ; & toute la récompense que je vous en demande, c'est de corriger votre vie, & de prévenir votre perte. Sauvez-vous, je vous prie, ou pour l'amour de vous, ou pour l'amour de moi. Encore une fois, D. Juan, je vous le demande avec larmes, & si ce n'est assez des larmes d'une personne que vous avez aimée, je vous en conjure par tout ce qui est le plus capable de vous toucher.

SGANARELLE à part, regardant Dom Juan.

Cœur de tigre !

D. ELVIRE.

Je m'en vais après ce discours, & voilà tout ce que j'avois à vous dire.

D. JUAN.

Madame, il est tard, demeurez ici. On vous y logera le mieux qu'on pourra.

D. ELVIRE.

Non, Dom Juan, ne me retenez pas davantage.

D. JUAN.

Madame, vous me ferez plaisir de demeurer ici, je vous assure.

COMEDIE.
D. ELVIRE.

Non, vous dis-je, ne perdons point de tems en discours superflus. Laissez-moi vîte aller, ne faites aucune instance pour me conduire, & songez seulement à profiter de mon avis.

SCENE X.

DOM JUAN, SGANARELLE.

D. JUAN.

Sçais-tu bien que j'ai encore senti quelque peu d'émotion pour elle, que j'ai trouvé de l'agrément dans cette nouveauté bizarre, & que son habit négligé, son air languissant, & ses larmes, ont réveillé en moi quelques petits restes d'un feu éteint.

SGANARELLE.

C'est-à-dire que ses paroles n'ont fait aucun effet sur vous.

D. JUAN.

Vîte à souper.

SGANARELLE.

Fort bien.

SCENE XI.

DOM JUAN, SGANARELLE, LA VIOLETTE, RAGOTIN.

D. JUAN *se mettant à table*.

Sganarelle, il faut songer à s'amender pourtant.

SGANARELLE.

Oui-dà.

D. JUAN.

Oui, ma foi, il faut s'amender. Encore vingt ou trente ans de cette vie-ci, & pui nous songerons à nous.

SGANARELLE.

Oh!

D. JUAN.

Qu'en dis-tu?

SGANARELLE.

Rien. Voilà le soupé.

(*Il prend un morceau d'un des plats qu'on apporte, & le met dans sa bouche.*)

D. JUAN.

Il me semble que tu as la joue enflée, qu'est-ce que c'est? Parle donc. Qu'as-tu là?

SGANARELLE.

Rien.

D. JUAN.

Montre un peu. Parbleu, c'est une fluction qui lui est tombée sur la joue. Vîte une lancette pour percer cela. Le pauvre garçon n'en peut plus, & cet abcès le pourroit étouffer. Attend, voyez comme il étoit mûr. Ah! Coquin que vous êtes....

SGANARELLE.

Ma foi, Monsieur, je voulois voir si votre cuisinier n'avoit point mis trop de sel, ou trop de poivre.

D. JUAN.

Allons, mets-toi là & mange. J'ai affaire de toi, quand j'aurai soupé. Tu as faim, à ce que je vois.

SGANARELLE *se mettant à table.*

Je le crois bien, Monsieur, je n'ai point mangé depuis ce matin. Tâtez de cela, voilà qui est le meilleur du monde.

(*à Ragotin, qui à mesure que Sganarelle met quelque chose sur son assiette la lui ôte dès que Sganarelle tourne la tête.*)

Mon assiette, mon assiette. Tout doux, s'il vous

COMEDIE. 307

plaît, Vertubleu, petit compere, que vous êtes habile à donner des affiettes nettes. Et vous, petit la Violette, que vous fçavez prefenter à boire à propos!

(*Pendant que la Violette donne à boire à Sganarelle, Ragotin ôte encore son affiette.*)

D. JUAN.
Qui peut frapper de cette forte?

SGANARELLE.
Qui, diable, nous vient troubler dans notre repas?

D. JUAN.
Je veux fouper en repos, au moins, & qu'on ne laiffe entrer perfonne.

SGANARELLE.
Laiffez-moi faire, & je m'y en vais moi-même.

D. JUAN *voyant revenir Sganarelle effrayé.*
Qu'eft-donc? Qu'y a-t-il?

SGANARELLE.
(*baiffant la tête comme la Statue.*)
Le.... qui eft-là.

D. JUAN.
Allons voir, & montrons que rien ne me fçauroit ébranler.

SGANARELLE.
Ah, pauvre Sganarelle! où te cacheras-tu?

SCENE XII.

D. JUAN, LA STATUE du Commandeur, SGANARELLE, LA VIOLETTE, RAGOTIN.

D. JUAN *à ses gens.*

Une chaife & un couvert. Vîte donc.
(*Dom Juan & la Statue se mettent à table.*)
à Sganarelle.
Allons, mets-toi à table.

SGANARELLE.

Monsieur, je n'ai plus de faim.

D. JUAN.

Mets-toi là, te dis-je. A boire. A la santé du Commandeur. Je te la porte, Sganarelle. Qu'on lui donne du vin.

SGANARELLE.

Monsieur, je n'ai pas soif.

D. JUAN.

Bois, & chante ta chanson, pour régaler le Commandeur.

SGANARELLE.

Je suis enrhumé, Monsieur.

D. JUAN.

(*à ses gens.*)

Il n'importe. Allons. Vous autres, venez, accompagner sa voix.

LA STATUE.

Dom Juan, c'est assez. Je vous invite à venir demain souper avec moi. En aurez-vous le courage ?

D. JUAN.

Oui. J'irai accompagné du seul Sganarelle.

SGANARELLE.

Je vous rends graces, il est demain jeûne pour moi.

D. JUAN *à Sganarelle.*

Prends ce flambeau.

LA STATUE.

On n'a pas besoin de lumiere quand on est conduit par le Ciel.

Fin du quatrieme Acte.

ACTE V.

SCENE PREMIERE.
DOM LOUIS, DOM JUAN, SGANARELLE.

D. LOUIS.

Quoi ! Mon fils, seroit-il possible que la bonté du Ciel eût exaucé mes vœux ? Ce que vous me dites est-il bien vrai ? Ne m'abusez-vous point d'un faux espoir, & puis-je prendre quelqu'assurance sur la nouveauté surprenante d'une telle conversion ?

D. JUAN.

Oui, vous me voyez revenu de toutes mes erreurs, je ne suis plus le même d'hier au soir ; & le Ciel tout d'un coup a fait en moi un changement qui va surprendre tout le monde. Il a touché mon ame, & décillé mes yeux ; & je regarde avec horreur le long aveuglement où j'ai été, & les désordres criminels de la vie que j'ai menée. J'en repasse dans mon esprit toutes les abominations, & m'étonne comme le Ciel les a pu souffrir si long-tems, & n'a pas vingt fois, sur ma tête, laissé tomber les coups de sa justice redoutable. Je vois les graces que sa bonté m'a faites en ne me punissant point de mes crimes ; & je prétends en profiter comme je dois, faire éclater aux yeux du monde un soudain changement de vie, réparer par-là le scandale de mes actions passées, & m'efforcer d'en obtenir du Ciel une pleine rémission. C'est à quoi je vais travailler, & je vous prie, Monsieur, de vouloir bien contribuer à ce dessein, & de m'aider vous-même à faire choix d'une personne qui me serve de guide, & sous la conduite de qui je puisse marcher surement dans le chemin où je m'en vais entrer.

D. LOUIS.

Ah ! Mon fils, que la tendreſſe d'un pere eſt aiſément rappellée, & que les offenſes d'un fils s'évanouiſſent vîte au moindre mot de repentir ! Je ne me ſouviens plus déjà de tous les déplaiſirs que vous m'avez donnés, & tout eſt effacé par les paroles que vous venez de me faire entendre. Je ne me ſens pas, je l'avoue ; je jette des larmes de joie, tous mes vœux ſont ſatisfaits ; & je n'ai plus rien déſormais à demander au Ciel. Embraſſez-moi, mon fils ; & perſiſtez, je vous conjure, dans cette louable penſée. Pour moi, j'en vais tout de ce pas, porter l'heureuſe nouvelle à votre mere, partager avec elle les doux tranſports du raviſſement où je ſuis, & rendre grace au Ciel des ſaintes réſolutions qu'il a daigné vous inſpirer.

SCENE II.

DOM JUAN, SGANARELLE.

SGANARELLE.

AH ! Monſieur, que j'ai de joie de vous voir converti ! Il y a long-tems que j'attendois cela ; & voilà, grace au Ciel, tous mes ſouhaits accomplis.

D. JUAN.

La peſte, le benêt.

SGANARELLE.

Comment, le benêt !

D. JUAN.

Quoi ! Tu prends pour de bon argent ce que je viens de dire, & tu crois que ma bouche étoit d'accord avec mon cœur ?

SGANARELLE.

Quoi ! Ce n'eſt pas.... Vous me.... Votre....
(à part.)
O quel homme ! Quel homme ! Quel homme !

COMEDIE. 311

D. JUAN.
Non, non, je ne suis point changé, & mes sentimens sont toujours les mêmes.

SGANARELLE.
Vous ne vous rendez pas à la surprenante merveille de cette Statue mouvante & parlante ?

D. JUAN.
Il a bien quelque chose la-dedans que je ne comprends pas; mais, quoi que ce puisse être, cela n'est pas capable, ni de convaincre mon esprit ni d'ébranler mon ame ; & si j'ai dit que je voulois corriger ma conduite, & me jetter dans un train de vie exemplaire, c'est un dessein que j'ai formé par pure politique, un stratagême utile, une grimace nécessaire où je veux me contraindre, pour ménager un pere dont j'ai besoin, & me mettre à couvert du côté des hommes, de cent fâcheuses aventures qui pourroient m'arriver. Je veux bien, Sganarelle, t'en faire confidence, & je suis bien-aise d'avoir un témoin des véritables motifs qui m'obligent à faire les choses.

SGANARELLE.
Quoi ! Toujours libertin & débauché, vous voulez cependant vous ériger en homme de bien ?

D. JUAN.
Et pourquoi non ? Il y en a tant d'autres comme moi, qui se mêlent de ce métier, & qui se servent du même masque pour abuser le monde.

SGANARELLE à part.
Ah, quel homme ! quel homme !

D. JUAN.
Il n'y a plus de honte maintenant à cela, l'hypocrisie est un vice à la mode, & tous les vices à la mode passent pour vertus. La profession d'hypocrite a de merveilleux avantages. C'est un art de qui l'imposture est toujours respectée ; &, quoiqu'on la découvre, on n'ose rien dire contr'elle. Tous les autres vices des hommes sont exposés à la censure, &

chacun a la liberté de les attaquer hautement; mais l'hypocrisie est un vice privilégié, qui, de sa main, ferme la bouche à tout le monde, & jouit en repos d'une impunité souveraine. On lie, à force de grimaces, une société étroite avec tous les gens du parti. Qui en choque un, se les attire tous sur les bras; & ceux que l'on fait même agir de bonne-foi là-dessus, & que chacun connoît pour être véritablement touchés, ceux-là, dis-je, sont le plus souvent les dupes des autres, ils donnent bonnement dans le panneau des grimaciers, & appuient aveuglément les signes de leurs actions. Combien crois-tu que j'en connoisse, qui, par ce stratagème, ont rhabillé adroitement les désordres de leur jeunesse, & sous un dehors respecté, ont la permission d'être les plus méchans des hommes du monde? On a beau sçavoir leurs intrigues, & les connoître pour ce qu'ils sont, ils ne laissent pas pour cela d'être en crédit parmi les gens; & quelque baissement de tête, un soupir mortifié, & deux roulemens d'yeux rajustent dans le monde tout ce qu'ils peuvent faire. C'est sous cet abri favorable que je veux mettre en sûreté mes affaires. Je ne quitterai point mes douces habitudes, mais j'aurai soin de me cacher & me divertirai à petit bruit. Que si je viens à être découvert, je verrai, sans me remuer, prendre mes intérêts à toute ma cabale, & je serai défendu par elle envers & contre tous. Enfin, c'est le vrai moyen de faire impunément tout ce que je voudrai. Je m'érigerai en censeur des actions d'autri, jugerai mal de tout le monde, & n'aurai bonne opinion que de moi. Dès qu'une fois on m'aura choqué tant soit peu, je ne pardonnerai jamais, & garderai, tout doucement, une haine irréconciliable. Je serai le vengeur de la vertu opprimée; &, sous ce prétexte commode, je pousserai mes ennemis, je les accuserai d'impiété, & sçaurai déchaîner contr'eux des zélés indiscrets, qui, sans connoissance de cause, crieront contr'eux, qui les accableront d'injures,

&

COMEDIE.

& les damneront hautement de leur autorité privée. C'est ainfi qu'il faut profiter des foibleffes des hommes, & qu'un fage efprit s'accommode aux vices de fon fiecle.

SGANARELLE.

O ciel! Qu'entends-je ici ? Il ne vous manquoit plus que d'être hypocrite pour vous achever de tout point, & voilà le comble des abominations. Monfieur, cette derniere-ci m'emporte, & je ne puis m'empêcher de parler. Faites-moi tout ce qu'il vous plaira, battez-moi, l'affommez-moi de coups, tuez-moi, fi vous voulez, il faut que je décharge mon cœur, & qu'en valet fidele, je vous dife ce que je dois. Sachez, Monfieur, que tant va la cruche à l'eau, qu'enfin elle fe brife; & comme dit fort bien cet Auteur que je ne connois pas, l'homme eft, en ce monde, ainfi que l'oifeau fur la branche, la branche eft attachée à l'arbre, qui s'attache à l'arbre fuit de bons préceptes, les bons préceptes valent mieux que les belles paroles, les belles paroles fe trouvent à la cour, à la cour font les courtifans, les courtifans, fuivent la mode, la mode vient de la fantaifie, la fantaifie eft une faculté de l'ame, l'ame eft ce qui nous donne la vie, la vie finit par la mort... &... fongez à ce que vous deviendrez.   D. JUAN.
O le beau raifonnement !

SGANARELLE.

Après cela, fi vous ne vous rendez, tant pis pour vous.

SCENE III.

DOM CARLOS, DOM JUAN, SGANARELLE.

D. CARLOS.

DOm Juan, je vous trouve à propos & fuis bien aife de vous parler ici plutôt que chez vous pour vous demander vos réfolutions. Vous favez que ce foin me regarde, & que je me fuis, en votre prefence, chargé de cette affaire. Pour moi, je ne le cele point, je fouhaite fort que les chofes aillent dans la douceur ; & il n'y a rien que je ne faffe pour porter votre efprit à vouloir prendre cette voie, & pour vous voir publiquement confirmer à ma fœur le nom de votre femme.

D. JUAN *d'un ton hypocrite.*

Hélas ! Je voudrois bien de tout mon cœur vous donner la fatisfaction que vous fouhaitez ; mais le Ciel s'y oppofe directement, il a infpiré à mon ame le deffein de changer de vie, & je n'ai point d'autres penfées maintenant, que de quitter entiérement tous les attachemens, de me dépouiller au plutôt de toutes fortes de vanités, & de corriger déformais, par une auftere conduite, tous les déréglemens criminels, où m'a porté le feu d'une aveugle jeuneffe.

D. CARLOS.

Ce deffein, Dom Juan, ne choque point ce que je dis ; & la compagnie d'une femme légitime peut bien s'accommoder avec les louables penfées que le Ciel vous infpire.

D. JUAN.

Hélas ! point du tout. C'eft un deffein que votre fœur elle-même a pris ; elle a réfolu fa retraite, & nous avons été touchés tous deux en même-tems.

D. CARLOS.

Sa retraite ne peut nous fatisfaire, pouvant être imputée au mépris que vous feriez d'elle, & de notre famille ; & notre honneur demande qu'elle vive avec vous.

D. JUAN.

Je vous affure que cela ne fe peut. J'en avois pour moi toutes les envies du monde, & je me fuis même encore aujourd'hui confeillé au Ciel pour cela ; mais, lorfque je l'ai confulté, j'ai entendu une voix qui m'a dit que je ne devois point fonger à votre fœur, & qu'avec elle affurément je ne ferois point mon falut.

COMEDIE.

D. CARLOS.
Croyez-vous, Dom Juan, nous éblouir par ces belles excuses ?

D. JUAN.
J'obéis à la voix du Ciel.

D. CARLOS.
Quoi ! Vous voulez que je me paie d'un semblable discours ?

D. JUAN.
C'est le Ciel qui le veut ainsi.

D. CARLOS.
Vous aurez fait sortir ma sœur d'un couvent pour la laisser ensuite ?...

D. JUAN.
Le Ciel l'ordonne de la sorte.

D. CARLOS.
Nous souffrirons cette tache en notre famille ?

D. JUAN.
Prenez-vous-en au Ciel.

D. CARLOS.
Hé quoi ! toujours le Ciel ?

D. JUAN.
Le Ciel le souhaite comme cela.

D. CARLOS.
Il suffit, Dom Juan, je vous entends. Ce n'est pas ici que je veux vous prendre, & le lieu ne le souffre pas ; mais, avant qu'il soit peu, je saurai vous trouver.

D. JUAN.
Vous ferez ce que vous voudrez. Vous savez que je ne manque point de cœur, & que je sais me servir de mon épée quand il le faut. Je m'en vais passer tout-à-l'heure dans cette petite rue écartée qui mene au grand couvent ; mais je vous déclare, pour moi, que ce n'est point moi qui me veux battre, le Ciel m'en défend la pensée ; &, si vous m'attaquez, nous verrons ce qui en arrivera.

D. CARLOS.
Nous verrons, de vrai, nous verrons.

SCENE IV.

DOM JUAN, SGANARELLE.

SGANARELLE.

Monsieur, quel diable de style prenez-vous-là ? Ceci est bien pis que le reste, & je vous aimerois bien mieux encore comme vous étiez auparavant. J'espérois toujours de votre salut ; mais c'est maintenant que j'en désespere, & je crois que le Ciel, qui vous a souffert jusqu'ici, ne pourra souffrir du tout cette derniere horreur.

D. JUAN.

Va, va, le Ciel n'est pas si exact que tu penses ; & si toutes les fois que les hommes.

SCENE V.

DOM JUAN, SGANARELLE, UN SPECTRE en femme voilée.

SGANARELLE appercevant le spectre.

AH ! Monsieur, c'est le Ciel qui vous parle, & c'est un avis qu'il vous donne.

D. JUAN.

Si le Ciel me donne un avis, il faut qu'il parle un peu plus clairement, s'il veut que je l'entende.

LE SPECTRE.

Dom Juan n'a plus qu'un moment à pouvoir profiter de la miséricorde du Ciel ; &, s'il ne se repent ici, sa perte est résolue.

COMEDIE.

SGANARELLE.
Entendez-vous, Monsieur ?

D. JUAN.
Qui ose tenir ces paroles ? Je crois connoître cette voix.

SGANARELLE.
Ah ! Monsieur, c'est un spectre, je le reconnois au marcher.

D. JUAN.
Spectre, fantôme, ou diable, je veux voir ce que c'est.

(Le Spectre change de figure, & représente le Tems avec sa faulx à la main.)

SGANARELLE.
O Ciel ! Voyez-vous, Monsieur, ce changement de figure ?

D. JUAN.
Non, non, rien n'est capable de m'imprimer de la terreur ; & je veux éprouver, avec mon épée, si c'est un corps ou un esprit.

(Le Spectre s'envole dans le tems que Dom Juan veut le frapper.)

SGANARELLE.
Ah ! Monsieur, rendez-vous à tant de preuves, & jettez-vous vîte dans le repentir.

D. JUAN.
Non, non, il ne sera pas dit, quoiqu'il arrive, que je sois capable de me repentir. Allons, suis-moi.

SCENE VI.

LA STATUE du Commandeur, D. JUAN, SGANARELLE.

LA STATUE.

Arrêtez, Dom Juan, vous m'avez hier donné parole de venir manger avec moi.

D. JUAN.
Oui. Où faut-il aller ?

LA STATUE.

Donnez-moi la main.

D. JUAN.

La voilà.

LA STATUE.

Dom Juan, l'endurcissement au péché traîne une mort funeste ; & les graces du Ciel que l'on renvoie, ouvrent un chemin à sa foudre.

D. JUAN.

O Ciel ! que sens-je ? Un feu invisible me brûle, je n'en puis plus, & tout mon corps devient un brasier ardent. Ah !

(Le tonnerre tombe avec un grand bruit & de grands éclairs sur Dom Juan. La terre s'ouvre & l'abyme ; & il sort de grands feux de l'endroit où il est tombé.

SCENE DERNIERE.

SGANARELLE *seul*.

Voilà, par sa mort, un chacun satisfait. Ciel offensé, loix violées, filles séduites, familles deshonorées, parens outragés, femmes mises à mal, maris poussés à bout, tout le monde est content. Il n'y a que moi seul de malheureux, qui, après tant d'années de service, n'ai point d'autre récompense que de voir à mes yeux l'impiété de mon maître punie par le plus épouvantable châtiment du monde.

FIN.

L'AMOUR
MÉDECIN,
COMÉDIE-BALLET.

AU LECTEUR.

CE n'eſt ici qu'un ſimple crayon, un petit inpromptu dont le Roi a voulu ſe faire un divertiſſement. Il eſt le plus précipité de tous ceux que Sa Majeſté m'ait commandés; & lorſque je dirai qu'il a été propoſé, fait, appris, & repreſenté en cinq jours, je ne dirai, que ce qui eſt vrai. Il n'eſt pas néceſſaire de vous avertir qu'il y a beaucoup de choſes qui dépendent de l'action. On ſçait bien que les Comédies ne ſont faites que pour être jouées, & je ne conſeille de lire celle-ci qu'aux perſonnes qui ont des yeux pour découvrir dans la lecture tout le jeu du Théatre. Ce que je vous dirai, c'eſt qu'il ſeroit à ſouhaiter que ces ſortes d'ouvrages pûſſent toujours ſe montrer à vous avec les ornemens qui les accompagnent chez le Roi. Vous les verriez dans un état beaucoup plus ſupportable; & les airs & les ſymphonies de l'incomparable Monſieur Lully, mêlés à la beauté des voix, & à l'adreſſe des dangers, leur donnent ſans doute des graces dont ils ont toutes les peines du monde à ſe paſſer.

ACTEURS DU PROLOGUE.

LA COMÉDIE.
LA MUSIQUE.
LE BALLET.

ACTEURS DE LA COMÉDIE.

SGANARELLE, Pere de Lucinde.
LUCINDE, Fille de Sganarelle.
CLITANDRE, Amant de Lucinde.
AMINTE, Voisine de Sganarelle.
LUCRECE, Niece de Sganarelle.
LISETTE, Suivante de Lucinde.
M. GUILLAUME, Marchand de Tapisseries.
M. JOSSE, Orfevre.
M. TOMES,
M. DESFONANDRÉS,
M. MACROTON, } Médecins.
M. BAHIS,
M. FILLERIN,
UN NOTAIRE.
CHAMPAGNE, Valet de Sganarelle.

ACTEURS DU BALLET.

PREMIERE ENTRÉE.

CHAMPAGNE, Valet de Sganarelle, dansant.
QUATRE MEDECINS, dansans.

DEUXIEME ENTRÉE.

UN OPÉRATEUR, chantant.
TRIVELINS ET SCARAMOUCHES, dansans, de la suite de l'Opérateur.

TROISIEME ENTRÉE.

LA COMÉDIE.
LA MUSIQUE.
LE BALLET.
JEUX, RIS, PLAISIRS, dansans.

L'AMOUR MÉDECIN,

COMÉDIE-BALLET.

PROLOGUE.
LA COMÉDIE, LA MUSIQUE, LE BALLET.

LA COMÉDIE.

Quittons, quittons notre vaine querelle,
Ne nous disputons point nos talens tour à tour ;
   Et d'une gloire plus belle,
    Piquons-nous en ce jour.
Unissons-nous tous trois d'une ardeur sans seconde,
Pour donner du plaisir au plus grand Roi du monde.

TOUS TROIS ENSEMBLE.
Unissons-nous tous trois d'une ardeur sans seconde,
Pour donner du plaisir au plus grand Roi du monde.

LA MUSIQUE.
De ses travaux, plus grands qu'on ne peut croire,
Il se vient quelquefois délasser parmi nous.

LE BALLET.
   Est-il de plus grande gloire ?
   Est-il de bonheur plus doux ?
Unissons-nous tous trois d'une ardeur sans seconde,
Pour donner du plaisir au plus grand Roi du monde.

Fin du Prologue.

Tome II.

L'AMOUR MEDECIN

L'AMOUR
MÉDECIN,
COMÉDIE-BALLET.

ACTE PREMIER.

SCENE PREMIERE.

SGANARELLE, AMINTE, LUCRECE,
M. GUILLAUME, M. JOSSE.

SGANARELLE.

AH, l'étrange chose que la vie, & que je puis bien dire, avec ce grand Philosophe de l'antiquité, que *qui terre a, guerre a*, & qu'un malheur ne vient jamais sans l'autre ! Je n'avois qu'une femme qui est morte.

M. GUILLAUME.
Et combien donc en vouliez-vous avoir?

O 6

SGANARELLE.

Elle est morte, Monsieur Guillaume mon ami. Cette perte m'est très-sensible, & je ne puis m'en ressouvenir sans pleurer. Je n'étois pas fort satisfait de sa conduite, & nous avions le plus souvent dispute ensemble ; mais enfin, la mort rajuste toutes choses. Elle est morte, je la pleure. Si elle étoit en vie, nous nous querellerions. De tous les enfans que le Ciel m'a donnés, il ne m'a laissé qu'une fille, & cette fille est toute ma peine. Car enfin, je la vois dans une mélancolie la plus sombre du monde, dans une tristesse épouvantable dont il n'y a pas moyen de la retirer, & dont je ne sçaurois même apprendre la cause. Pour moi, j'en perds l'esprit, & j'aurois besoin d'un bon conseil sur cette matiere. (*à Lucrece*) Vous êtes ma niéce ; (*à Aminte.*) Vous, ma voisine ; (*à M. Guillaume & à M. Josse.*) & vous, mes comperes & mes amis, je vous prie de me conseiller tout ce que je dois faire.

M. JOSSE.

Pour moi, je tiens que la braverie, que l'ajustement, est la chose qui réjouit le plus les filles ; &, si j'étois que de vous, je lui acheterois dès aujourd'hui une belle garniture de diamans, ou de rubis, ou d'émeraudes.

M. GUILLAUME.

Et moi, si j'étois en votre place, j'acheterois une belle tenture de tapisserie de verdure, ou à personnages, que je ferois mettre dans sa chambre pour lui réjouir l'esprit & la vue.

AMINTE.

Pour moi, je ne ferois pas tant de façon. Je la marierois fort bien, & le plutôt que je pourrois, avec cette personne qui vous la fit, dit-on, demander, il y a quelque-tems.

LUCRECE.

Et moi, je tiens que votre fille n'est point du tout

propre pour le mariage. Elle eft d'une complexion trop délicate & trop peu faine ; & c'eft la vouloir envoyer bientôt en l'autre monde, que de l'expo--fer comme elle eft, à faire des enfans. Le monde n'eft point du tout fon fait ; & je vous confeille de la mettre dans un couvent, où elle trouvera des divertiffemens qui feront mieux de fon humeur.

SGANARELLE.

Tous ces confeils font admirables, affurément ; mais je les trouve un peu intéreffés, & trouve que vous me confeillez fort bien pour vous. Vous êtes orfevre, Monfieur Joffe, & votre confeil fent fon homme qui a envie de fe défaire de fa marchandife. Vous vendez des tapifferies, Monfieur Guillaume, & vous avez la mine d'avoir quelque tenture qui vous incommode. Celui que vous aimez, ma voifine, a, dit-on, quelque inclination pour ma fille, & vous ne feriez pas fâchée de la voir femme d'un autre. Et quant à vous, ma chere niece, ce n'eft pas mon deffein, comme on fçait, de marier ma fille avec qui que ce foit, & j'ai mes raifons pour cela ; mais le confeil que vous me donnez de la faire religieufe, eft d'une femme qui pourroit bien fouhaiter charitablement d'être mon héritiere univerfelle. Ainfi, Meffieurs & Mefdames, quoique tous vos confeils foient les meilleurs du monde, vous trouverez bon, s'il vous plaît, que je n'en fuive aucun. (*feul.*) Voilà de mes donneurs de confeils à la mode.

SCENE II.
LUCINDE, SGANARELLE.
SGANARELLE.

AH ! voilà ma fille qui prend l'air. Elle ne me voit pas. Elle foupire. Elle leve les yeux au Ciel.
(*à Lucinde.*)
Dieu vous gard. Bon jour, ma mie. Hé bien, qu'eft-ce, comme vous en va ? Hé quoi ! toujours trifte & mélancolique comme cela, & tu ne veux pas me dire ce que tu as ? Allons donc, découvre moi ton petit cœur. Là, ma pauvre mie, dis, dis, dis tes petites penfées à ton petit papa mignon. Courage. Veux-tu que je te baife ? Viens.
(*à part.*)   (*à Lucinde.*)
J'enrage de la voir de cette humeur-là. Mais, dis-moi, me veux-tu faire mourir de déplaifir, & ne puis-je fçavoir d'où provient cette grande langueur ? Découvre-m'en la caufe, & je te promets que je ferai toutes chofes pour toi. Oui, tu n'as qu'à me dire le fujet de ta trifteffe, je t'affure ici, & te fais ferment qu'il n'y a rien que je ne faffe pour te fatisfaire, c'eft tout dire. Eft-ce que tu es jaloufe de quelqu'une de tes compagnes que tu voies plus brave que toi, & feroit-il quelque étoffe nouvelle dont tu vouluffes avoir un habit ? Non. Eft-ce que ta chambre ne te femble pas affez parée, & que tu fouhaiterois quelque cabinet de la foire faint Laurent ? Ce n'eft pas cela. Aurois-tu envie d'apprendre quelque chofe, & veux-tu que je te donne un maître pour te montrer à jouer du claveffin ? Nenni. Aimerois-tu quelqu'un, & fouhaiterois-tu d'être marié ? (*Lucinde fait figne qu'oui.*)

SCENE III.

SGANARELLE, LUCINDE, LISETTE.

LISETTE.

HÉ bien, Monsieur, vous venez d'entretenir votre fille. Avez-vous sçu la cause de sa mélancolie?

SGANARELLE.

Non. C'est une coquine qui me fait enrager.

LISETTE.

Monsieur, laissez-moi faire, je m'en vais la sonder un peu.

SGANARELLE.

Il n'est pas nécessaire; & puisqu'elle veut être de cette humeur, je suis d'avis qu'on l'y laisse.

LISETTE.

Laissez-moi faire, vous dis-je. Peut-être qu'elle se découvrira plus librement à moi qu'à vous. Quoi, Madame, vous ne nous direz point ce que vous avez, & vous voulez affliger ainsi tout le monde? Il me semble qu'on n'agit point comme vous faites; & que si vous avez quelque répugnance à vous expliquer à un pere, vous n'en devez avoir aucune à me découvrir votre cœur. Dites-moi, souhaitez-vous quelque chose de lui? il nous a dit plus d'une fois qu'il n'épargneroit rien pour vous contenter. Est-ce qu'il ne vous donne pas toute la liberté que vous souhaiteriez, & les promenades & les cadeaux ne tenteroient-ils point votre ame? Hé! avez-vous reçu quelque déplaisir de quelqu'un? Hé! n'auriez-vous point quelque secrete inclination, avec qui vous souhaiteriez que votre pere vous mariât? Ah! je vous entends. Voilà l'affaire. Que diable! pourquoi tant de façons, Monsieur, le mystere est découvert? &...

SGANARELLE.

Va, fille ingrate, je ne te veux plus parler, & je te laisse dans ton obstination.

LUCINDE.

Mon pere, puisque vous voulez que je vous dise la chose....

SGANARELLE.

Oui, je perds toute l'amitié que j'avois pour toi.

LISETTE.

Monsieur, sa tristesse....

SGANARELLE.

C'est une coquine qui me veut faire mourir.

LUCINDE.

Mon pere, je veux bien....

SGANARELLE.

Ce n'est pas-là la récompense de t'avoir élevée comme j'ai fait.

LISETTE.

Mais, Monsieur...

SGANARELLE.

Non, je suis contr'elle dans une colere épouventable.

LUCINDE.

Mais, mon pere....

SGANARELLE.

Je n'ai plus aucune tendresse pour toi.

LISETTE.

Mais...

SGANARELLE.

C'est une friponne.

LUCINDE.

Mais....

SGANARELLE.

Une ingrate.

LISETTE.

Mais....

SGANARELLE.

Une coquine qui ne me veut pas dire ce qu'elle a.

COMEDIE.

LISETTE.
C'est un mari qu'elle veut.
SGANARELLE *faisant semblant de ne pas entendre.*
Je l'abandonne.

LISETTE.
Un mari.

SGANARELLE.
Je la déteste.

LISETTE.
Un mari.

SGANARELLE.
Et la renonce pour ma fille.

LISETTE.
Un mari.

SGANARELLE.
Non, ne m'en parlez point.

LISETTE.
Un mari.

SGANARELLE.
Ne m'en parlez point.

LISETTE.
Un mari.

SGANARELLE.
Ne m'en parlez point.

LISETTE.
Un mari, un mari, un mari.

SCENE IV.
LUCINDE, LISETTE.

LISETTE.
ON dit bien vrai, qu'il n'y a point de pires sourds que ceux qui ne veulent pas entendre.

LUCINDE.
Hé bien, Lisette, j'avois tort de cacher mon dé-

plaisir, & je n'avois qu'à parler pour avoir tout ce que je souhaitois de mon pere. Tu le vois.

LISETTE.
Par ma foi, voilà un vilain homme; & je vous avoue que j'aurois un plaisir extrême à lui jouer quelque tour. Mais d'où vient donc, Madame, que jusqu'ici vous m'avez caché votre mal?

LUCINDE.
Hélas! de quoi m'auroit servi de te le découvrir plutôt, & n'aurois-je pas autant gagné à le tenir caché toute ma vie? Crois-tu que je n'aie pas bien prévu tout ce que tu vois maintenant, que je ne sçusse pas à fond tous les sentimens de mon pere, & que le refus qu'il a fait porter à celui qui m'a demandée par un ami, n'ait pas étouffé dans mon ame toute sorte d'espoir?

LISETTE.
Quoi, c'est cet inconnu qui vous a fait demander, pour qui vous.....

LUCINDE.
Peut-être n'est-il pas honnête à une fille de s'expliquer si librement; mais enfin, je t'avoue que, s'il m'étoit permis de vouloir quelque chose, ce seroit lui que je voudrois. Nous n'avons eu ensemble aucune conversation, & sa bouche ne m'a point déclaré la passion qu'il a pour moi; mais, dans tous les lieux où il m'a pu voir, ses regards & ses actions m'ont toujours parlé si tendrement, & la demande qu'il a fait faire de moi, m'a paru d'un si honnête-homme, que mon cœur n'a pu s'empêcher d'être sensible à ses ardeurs; &, cependant, tu vois où la dureté de mon pere réduit toute cette tendresse.

LISETTE.
Allez, laissez-moi faire. Quelque sujet que j'aie de me plaindre de vous du secret que vous m'avez fait, je ne veux pas laisser de servir votre amour; &, pourvu que vous ayez assez de résolution....

COMÉDIE.

LUCINDE.

Mais que veux-tu que je fasse contre l'autorité d'un pere? Et s'il est inexorable à mes vœux....

LISETTE.

Allez, allez il ne faut pas se laisser mener comme un oison ; &, pourvu que l'honneur n'y soit pas offensé, on se peut libérer un peu de la tyrannie d'un pere. Que prétend-il que vous fassiez ? N'êtes-vous pas en âge d'être mariée, & croit-il que vous soyez de marbre? Allez, encore un coup, je veux servir votre passion ; je prends dès à present sur moi tout le soin de ses intérêts, & vous verrez que je sçais des détours.... Mais je vois votre pere. Rentrons, & me laissez agir.

SCENE V.

SGANARELLE *seul.*

IL est bon quelquefois de ne point faire semblant d'entendre les choses qu'on n'entend que trop bien ; & j'ai fait sagement, de parer la déclaration d'un desir que je ne suis pas résolu de contenter. A-t-on jamais rien vu de plus tyrannique que cette coutume où l'on veut assujétir les peres ? Rien de plus impertinent, & de plus ridicule, que d'amasser du bien avec de grands travaux, & élever une fille avec beaucoup de soin & de tendresse, pour se dépouiller de l'un de l'autre entre les mains d'un homme qui ne nous touche de rien ? non, non, je me moque de cet usage ; & je veux garder mon bien & ma fille pour moi.

SCENE VI.

SGANARELLE, LISETTE.

LISSETTE *courant sur le Théatre & feignant de ne pas voir Sganarelle.*

AH, malheur ! Ah, disgrace ! Ah, pauvre Seigneur Sganarelle ! où pourrai-je te rencontrer.

SGANARELLE *à part.*
Que dit-elle-là ?

LISETTE *courant toujours.*
Ah ! Misérable pere, que feras-tu, quand tu sçauras cette nouvelle ?

SGANARELLE *à part.*
Que sera-ce ?

LISETTE.
Ma pauvre maîtresse !

SGANARELLE *à part.*
Je suis perdu.

LISETTE.
Ah !

SGANARELLE *courant après Lisette.*
Lisette.

LISETTE.
Quelle infortune !

SGANARELLE.
Lisette.

LISETTE.
Quel accident !

SGANARELLE.
Lisette.

LISETTE.
Quelle fatalité ?

COMEDIE.
SGANARELLE.
Lisette.

LISETTE *s'arrêtant.*
Ah! Monsieur.

SGANARELLE.
Qu'est-ce?

LISETTE.
Monsieur.

SGANARELLE.
Qu'y a-t-il?

LISETTE.
Votre fille.....

SGANARELLE.
Ah! ah!

LISETTE.
Monsieur, ne pleurez donc point comme cela, car vous me feriez rire.

SGANARELLE.
Dis-donc vîte.

LISETTE.
Votre fille, toute saisie des paroles que vous lui aviez dites, & de la colere effroyable où elle vous a vu, contr'elle, est montée vîte dans sa chambre, &, pleine de désespoir, a ouvert la fenêtre qui regarde sur la riviere.

SGANARELLE.
Hé bien?

LISETTE.
Alors, levant les yeux au Ciel: non, a-t-elle dit, il m'est impossible de vivre avec le courroux de mon pere; & puisqu'il me renonce pour sa fille, je veux mourir.

SGANARELLE.
Elle s'est jettée?

LISETTE.
Non, Monsieur. Elle a fermé tout doucement la fenêtre, & s'est allée mettre sur le lit. Là, elle s'est prise à pleurer amérement, &, tout d'un

coup son visage a pâli, ses yeux se sont tournés, le cœur lui a manqué, & elle est demeurée entre mes bras.

SGANARELLE.

Ah, ma fille ! elle est morte.

LISETTE.

Non, Monsieur. A force de la tourmenter, je l'ai fait revenir ; mais cela lui reprend de moment en moment, & je crois qu'elle ne passera pas la journée.

SGANARELLE.

Champagne, Champagne, Champagne.

SCENE VII.
SGANARELLE, CHAMPAGNE, LISETTE.

SGANARELLE.

Vite, qu'on m'aille querir des Médecins, & en quantité. On n'en peut trop avoir dans une pareille aventure. Ah, ma fille ! ma pauvre fille !

SCENE VIII.
PREMIERE ENTRÉE.

Champagne valet de Sganarelle, frappe, en dansant, aux portes de quatre Médecins.

✳

COMEDIE.

SCENE IX.

Les quatre Médecins danfent, & entrent avec cérémonie chez Sganarelle.

Fin du premier Acte.

ACTE II.

SCENE PREMIERE.
SGANARELLE, LISETTE.

LISETTE.

Que voulez-vous donc faire, Monsieur, de quatre Médecins ? n'est-ce pas assez d'un pour tuer une personne ?

SGANARELLE.

Taisez-vous. Quatre conseils valent mieux qu'un.

LISETTE.

Est-ce que votre fille ne peut pas bien mourir sans le secours de ces Messieurs-là ?

SGANARELLE.

Est-ce que les Médecins font mourir ?

LISETTE.

Sans doute ; & j'ai connu un homme qui prouvoit par bonnes raisons, qu'il ne faut jamais dire, une telle personne est morte d'une fievre & d'une fluxion sur la poitrine, mais elle est morte de quatre Médecins, & de deux Apothicaires.

SGANARELLE.

Chut. N'offensez pas ces Messieurs-là.

LISETTE.

Ma foi, Monsieur, notre chat est réchappé depuis peu d'un saut qu'il fit du haut de la maison dans la rue, & il fut trois jours sans manger, & sans pouvoir remuer ni pied ni patte ; mais il est bienheureux de ce qu'il n'y a point de chats Médecins,

COMÉDIE.

car ses affaires étoient faites, & ils n'auroient pas manqué de le purger & de le saigner.

SGANARELLE.
Voulez-vous vous taire, vous dis-je ? Mais voyez quelle impertinence ! Les voici.

LISETTE.
Prenez garde, vous allez être bien édifié. Ils vous diront en Latin que votre fille est malade.

SCENE II.

Mrs TOMÉS, DES FONANDRÉS, MACROTON, BAHIS, SGANARELLE, LISETTE.

SGANARELLE.
Hé bien, Messieurs ?

M. TOMÉS.
Nous avons vu suffisamment la malade, & sans doute qu'il y a beaucoup d'impuretés en elle.

SGANARELLE.
Ma fille est impure ?

M. TOMÉS.
Je veux dire qu'il y a beaucoup d'impureté dans son corps, quantité d'humeurs corrompues.

SGANARELLE.
Ah ! Je vous entends.

M. TOMÉS.
Mais... Nous allons consulter ensemble.

SGANARELLE.
Allons, faites donner des sieges.

LISETTE *à Monsieur Tomés.*
Ah ! Monsieur, vous en êtes ?

SGANARELLE à *Lisette*.
De quoi donc, connoissez-vous, Monsieur !

LISETTE.
De l'avoir vu l'autre jour chez la bonne amie de Madame votre niece.

M. TOMÉS.
Comment se porte son cocher ?

LISETTE.
Fort bien. Il est mort.

M. TOMÉS.
Mort ?

LISETTE.
Oui.

M. TOMÉS.
Cela ne se peut.

LISETTE.
Je ne sçais pas si cela se peut ; mais je sçais bien que cela est.

M. TOMÉS.
Il ne peut pas être mort, vous dis-je.

LISETTE.
Et moi je vous dis qu'il est mort & enterré.

M. TOMÉS.
Vous vous trompez.

LISETTE.
Je l'ai vu.

M. TOMÉS.
Cela est impossible. Hyppocrate dit que ces sortes de maladies ne se terminent qu'au quatorze, ou au vingt-un ; & il n'y a que six jours qu'il est tombé malade.

LISETTE.
Hyppocrate dira ce qu'il lui plaira ; mais le cocher est mort.

SGANARELLE.
Paix, discoureuse. Allons, sortons d'ici. Messieurs, je vous suplie de consulter de la bonne maniere. Quoique ce ne soit pas la coutume de payer aupara-

COMÉDIE.

vant, toutefois, de peur que je ne l'oublie, & afin que ce foit une affaire faite, voici...

(*Il leur donne de l'argent, & chacun en le recevant, fait un géſte différent.*)

SCENE III.
MESSIEURS DES FONANDRÉS, TOMÉS, MACROTON, BAIHS.

(*Ils s'aſſeient & touſſent.*)

M. DES FONANDRÉS.

PARIS eſt étrangement grand, & il faut faire de longs trajets, quand la pratique donne un peu.

M. TOMÉS.

Il faut avouer que j'ai une mule admirable pour cela, & qu'on a peine à croire le chemin que je lui fais faire tous les jours.

M. DES FONANDRÉS.

J'ai un cheval merveilleux, & c'eſt un animal infatigable.

M. TOMÉS.

Sçavez-vous le chemin que ma mule a fait aujourd'hui ? J'ai été premiérement tout contre l'arſenal, de l'arſenal au bout du fauxbourg ſaint Germain, du faubourg ſaint Germain au fond du marais, du fond du marais à la porte ſaint Honoré, de la porte ſaint Honoré au fauxbourg ſaint Jacques, du fauxboug ſaint Jacques à la porte de Richelieu, de la porte de Richelieu ici, d'ici je dois aller encore à la Place Royale.

M. DES FONANDRÉS.

Mon cheval a fait tout cela aujourd'hui ; &, de plus, j'ai été à Ruel voir un malade.

P 2

M. TOMES.

Mais à propos, quel parti prenez-vous dans la querelle des deux Médecins! Théophraste & Artémius? Car c'est une affaire qui partage tout notre corps.

M. DES FONANDRÉS.

Moi, je suis pour Arténius.

M. TOMÉS.

Et moi aussi. Ce n'est pas que son avis, comme on a vu, n'ait tué le malade, & que celui de Théophraste ne fût beaucoup meilleur assurément ; mais enfin, il a tort dans les circonstances, & il ne devoit pas être d'un autre avis que son ancien. Qu'en dites-vous ?

M. DES FONANDRÉS.

Sans doute. Il faut toujours garder les formalités, quoiqu'il puisse arriver.

M. TOMÉS.

Pour moi, j'y suis sévére en diable, à moins que ce ne soit entre amis ; & l'on nous assembla un jour, trois de nous autres, avec un Médecin de dehors, pour une consultation où j'arrêtai toute l'affaire, & ne voulus point endurer qu'on opinât, si les choses n'alloient dans l'ordre. Les gens de la maison faisoient ce qu'il pouvoient, & la maladie pressoit ; mais je n'en voulus point démordre, & la malade mourut bravement pendant cette contestation.

M. DES FONANDRÉS.

C'est fort bien fait d'apprendre aux gens à vivre, & de leur montrer leur béjaune.

M. TOMÉS.

Un homme mort, n'est qu'un homme mort, & ne fait point de conséquence ; mais une formalité négligée porte un notable préjudice à tout le corps des Médecins.

SCENE IV.

SGANARELLE, Mrs TOMÉS, DES FONANDRÉS, MACROTON, BAHIS.

SGANARELLE.

Messieurs, l'oppression de ma fille augmente, je vous prie de me dire vîte, ce que vous avez résolu.

M. TOMÉS *à M. des Fonandrés.*

Allons, Monsieur.

M. DES FONANDRÉS.

Non, Monsieur, parlez, s'il vous plaît.

M. TOMÉS.

Vous vous mocquez.

M. DES FONANDRÉS.

Je ne parlerai pas le premier.

M. TOMÉS.

Monsieur.

M. DES FONANDRÉS.

Monsieur.

SGANARELLE.

Hé, de grace, Messieurs, laissez toutes ces cérémonies, & songez que les choses pressent.

(*Ils parlent tout quatre à la fois.*)

M. TOMÉS.

La maladie de votre fille....

M. DES FONANDRÉS.

L'avis de tout ces Messieurs tous ensemble....

M. MACROTON.

A-près a-voir bien con-sul-té....

M. BAHIS.

Pour raisonner....

SGANARELLE.

Hé, Messieurs, parlez l'un après l'autre, de grace.

M. TOMÉS.

Monsieur, nous avons raisonné sur la maladie de votre fille, & mon avis, à moi, est que cela procéde d'une grande chaleur de sang ; ainsi je conclus à la saigner le plutôt que vous pourrez.

M. DES FONANDRÉS.

Et moi, je dis que sa maladie est une pourriture d'humeur causée par une trop grande réplétion, ainsi je conclus à lui donner de l'émétique.

M. TOMÉS.

Je soutiens que l'émétique la tuera.

M. DES FONANDRÉS.

Et moi, que la saignée la fera mourir.

M. TOMÉS.

C'est bien à vous de faire l'habile homme ?

M. DES FONANDRÉS.

Oui, c'est à moi ; & je vous prêterai le collet en tout genre d'érudition.

M. TOMÉS.

Souvenez-vous de l'homme que vous fites crever ces jours passés.

M. DES FONANDRÉS.

Souvenez-vous de la Dame que vous avez envoyée en l'autre monde il y a trois jours.

M. TOMÉS *à Sganarelle.*

Je vous ai dit mon avis.

M. DES FONANDRÉS *à Sganarelle.*

Je vous ai dit ma pensée.

M. TOMÉS.

Si vous ne faites saigner tout-à-l'heure votre fille, c'est une personne morte.

(*Il sort.*)

M. DES FONANDRÉS.

Si vous la faites saigner, elle ne sera pas envie dans un quart d'heure.

(*Il sort.*)

COMEDIE.

SCENE V.
SGANARELLE, Mrs MACROTON, BAHIS.

SGANARELLE.

A Qui croire des deux, & quelle résolution prendre sur des avis si opposés ? Messieurs, je vous conjure de déterminer mon esprit, & de me dire, sans passion, ce que vous croyez le plus propre à soulager ma fille.

M. MACROTON.

Mon-si-eur-, dans-ces-ma-ti-é-res-là-, il-faut-procé-der-avec-que-cir-cons-pec-ti-on, &-ne-ri-en-faire-, com-me-on-dit, à-la-vo-lée-; d'au-tant-que-les-fau-tes-qu'on-y-peut-fai-re-sont-, se-lon-no-tre-maî-tre-Hyp-po-cra-te-, d'u-ne-dan-ge-reu-se-con-sé-quen-ce.

M. BAHIS *bredouillant*.

Il est vrai. Il faut bien prendre garde à ce qu'on fait ; car ce ne sont point ici des jeux d'enfant ; &, quand on a failli, il n'est pas aisé de réparer le manquement, & de rétablir ce qu'on a gâté. *Experimentum periculosum*. C'est pourquoi il s'agit de raisonner auparavant comme il faut, de peser mûrement les choses, de regarder le tempérament des gens, d'examiner les causes de la maladie, & de voir les remedes qu'on y doit apporter.

SGANARELLE *à part*.

L'un va en tortue, & l'autre court la poste.

M. MACROTON.

Or, Mon-si-eur-, pour-ve-nir-au-fait-, je-trou-ve-que-vo-tre-fil-le-a-u-ne-ma-la-di-e-chro-ni-que-, &-qu'el-le-peut-pé-ri-cli-ter-, si-on-ne-lui-don-ne-du-se-cours-, d'au-tant-que-les-symp-to-mes-qu'el-le-a-sont-in-di-ca-tifs-d'u-ne-va-peur-fu-li-gi-neu-se-&-

mor-di-can-te-qui-lui-pi-co-te-les-mem-bra-nes-du-cer-veau. Or-cet-te-va-peur-, que-nous-nom-mons-en-Grec-, *At-mos-*, eſt-cau-ſé-e-par-des-hu-meurs-pu-tri-des-, te-na-ces-, con-glu-ti-neu-ſes-, qui-ſont-con-te-nu-es-dans-le-bas-ven-tre.

M. BAHIS.

Et comme ces humeurs ont été là engendrées par une longue ſucceſſion de tems, elles s'y ſont recuites, & ont acquis cette malignité qui fume vers la region du cerveau.

M. MACROTON.

Si-bien-donc-que-, pour-ti-rer-, dé-ta-cher, ar-ra-cher, ex-pul-ſer, é-va-cu-er, leſ-di-tes-hu-meurs-, il-fau-dra-u-ne-pur-gati-on-vi-gou-reu-ſe. Mais-au-pré-a-la-ble-, je-trou-ve-à-pro-pos-, & il-n'y-a-pas-d'in-con-vé-ni-ent-, d'u-ſer-de-pe-tits-re-me-des-a-no-dins-, c'eſt-à-di-re-, de-pe-tits-la-ve-mens-ré-mol-li-ens-&-dé-ter-ſifs, de-ju-leps-&-de-ſi-rops-ra-fraî-chiſ-ſans-qu'on-mê-le-ra-dans-ſa-pti-ſa-ne.

M. BAHIS.

Après nous en viendrons à la purgation, & à la ſaignée, que nous réitérerons s'il en eſt beſoin.

M. MACROTON.

Ce-n'eſt-pas-qu'à-vec-que-tout-ce-là-vo-tre-fil-le-puiſ-ſe-mou-rir- ; mais-au-moins-, vous-au-rez-fait-quel-que-cho-ſe-, &-vous-au-rez-la-con-ſo-la-tion-qu'el-le-ſe-ra-mor-te-dans-les-for-mes.

M. BAHIS.

Il vaux mieux mourir ſelon les regles, que de réchapper contre les regles.

M. MACROTON.

Nous-vous-di-ſons-ſin-ce-re-ment-no-tre-pen-ſé-e.

M. BAHIS.

Et nous avons parlé comme nous parlerions à notre frere.

SGANARELLE.

(*à M. Macroton en allongeant ſes mots.*)

Je-vous-rends-très-hum-bles-gra-ces.

COMÉDIE.

(*à M. Bahys en bredouillant.*)
Et vous suis infiniment obligé de la peine que vous avez prise.

SCENE VI.
SGANARELLE *seul*.

ME voilà justement un peu plus incertain que je n'étois auparavant. Morbleu, il me vient une fantaisie. Il faut que j'aille acheter de l'Orviétan, & que je lui en fasse prendre. L'Orviétan est un remede dont beaucoup de gens se sont bien trouvés. Holà.

SCENE VII.
DEUXIEME ENTRÉE.
SGANARELLE, UN OPÉRATEUR.
SGANARELLE.

MOnsieur, je vous prie de me donner une boîte de votre Orviétan, que je m'en vais vous payer.
   L'OPÉRATEUR *chante*.
L'or de tous les climats qu'entoure l'océan,
Peut-il jamais payer ce secret d'importance ?
Mon remede guérit, par sa rare excellence,
Plus de maux qu'on n'en peut nombrer dans tout
 un an ;

   La gale,
   La rogne,
   La teigne,
   La fièvre,
   La peste,
   La goute ;

Vérole,
Defcente,
Rougeole.
O grande puiffance
De l'Orviétan !

SGANARELLE.

Monfieur, je crois que tout l'or du monde n'eft pas capable de payer votre remede ; mais, pourtant, voici une piece de trente fols que vous prendrez, s'il vous plaît.

L'OPÉRATEUR chante.

Admirez mes bontés, & le peu qu'on vous vend
Ce tréfor merveilleux que ma main vous difpenfe.
Vous pouvez, avec lui, braver en affurance
Tous les maux que, fur nous, l'ire du Ciel répand,
La gale,
La rogne,
La teigne,
La fievre,
La pefte,
La goute,
Vérole,
Defcente,
Rougeole,
O grande puiffance
De l'Orviétan !

SCENE VIII.

Plufieurs Trivelins, & plufieurs Scaramouches, Valets de l'Opérateur, fe réjouiffent en danfant.

Fin du fecond Acte.

ACTE III.

SCENE PREMIERE.
Mrs FILLERIN, TOMÉS, DESFONANDRÉS.

M. FILLERIN.

N'Avez-vous, point de honte, Messieurs, de montrer si peu de prudence pour des gens de votre âge, & de vous être querellés comme de jeunes étourdis ? Ne voyez-vous pas bien quel tort ces sortes de querelles nous font parmi le monde, & n'est-ce pas assez que les Sçavans voient les contrariétés & les dissensions qui sont entre nos auteurs, & nos anciens maîtres, sans découvrir encore au peuple, par nos débats & nos querelles, la forfanterie de notre art ? Pour moi, je ne comprends rien du tout à cette méchante politique de quelques-uns de nos gens, & il faut confesser que toutes ces contestations nous ont décriés depuis peu, d'une étrange manière ; & que, si nous n'y prenons garde, nous allons nous ruiner nous-mêmes. Je n'en parle pas pour mon intérêt ; car, Dieu merci, j'ai déjà établi mes petites affaires. Qu'il vente, qu'il pleuve, qu'il grêle, ceux qui sont morts, sont morts, & j'ai de quoi me passer des vivans ; mais enfin, toutes ces disputes ne valent rien pour la médecine. Puisque le Ciel, nous fait la grace que, depuis tant de siecles on demeure infatué de nous, ne désabusons point les hommes avec nos cabales extravagantes, & profitons de leurs sottises le plus doucement que nous pourrons. Nous ne sommes pas les seuls, comme vous sçavez, qui tâchons à nous prévaloir de la foiblesse humaines. C'est-là que va l'étude de la plupart du monde, & chacun s'efforce de prendre les hommes par leur foible, pour en tirer quelque profit. Les flatteurs, par exemple, cherchent à profiter de l'amour que les hommes ont pour les louanges, en leur donnant tout le vain encens qu'ils souhaitent, & c'est un art où l'on fait, comme on voit, des fortunes considérables. Les alchymistes tâchent à profiter de la passion que l'on a pour les richesses, en promettant des montagnes d'or à ceux qui les écoutent ; & les diseurs d'horoscopes, par leurs prédictions trompeuses, profitent de la vanité & de l'ambition des crédules esprits. Mais le plus grand foible des hommes, c'est l'amour qu'ils ont pour la vie ; & nous en profitons, nous autres, par notre pompeux galimathias, & sçavons prendre nos avantages, de cette vénération que la peur de mourir leur donne pour notre métier. Conservons-nous donc dans le degré d'estime où leur foiblesse nous a mis, & soyons de concert auprès des malades, pour nous attribuer les heureux succès de la maladie, & rejetter sur la nature toutes les bévues de notre art. N'allons point, dis-je, détruire sottement les heureuses préventions d'une erreur qui donne du pain à tant de personnes, & de l'argent de ceux que nous mettons en terre, nous fait élever de tous côtés de si beaux héritages.

M. TOMÉS.

Vous avez raison en tout ce que vous dites ; mais ce sont chaleur de sang, dont par fois on n'est pas le maître.

M. FILLERIN.

Allons donc, Messieurs, mettez bas toute rancune, & faisons votre accommodement.

M. DES FONANDRÉS.

J'y consens. Qu'il me passe mon émétique pour la malade dont il s'agit ; & je lui passerai tout ce qu'il voudra pour le premier malade dont il sera question.

COMEDIE.

M. FILLERIN.

On ne peut pas mieux dire ; & voilà se mettre à la raison.

M. DES FONANDRÉS.

Cela est fait.

M. FILLERIN.

Touchez donc-là. Adieu. Une autrefois montrez plus de prudence.

SCENE II.

M. TOMÉS, M. DES FONANDRÉS, LISETTE.

LISETTE.

Quoi, Messieurs, vous voilà, & vous ne songez pas à réparer le tort qu'on vient de faire à la médecine.

M. TOMÉS.

Comment ? Qu'est-ce ?

LISETTE.

Un insolent, qui a eu l'effronterie d'entreprendre sur votre métier ; &, sans votre ordonnance, vient de tuer un homme d'un grand coup d'épée au travers du corps.

M. TOMÉS.

Ecoutez, vous faites la railleuse, mais vous passerez par nos mains quelque jour.

LISETTE.

Je vous permets de me tuer, lorsque j'aurai recours à vous.

SCENE III.

CLITANDRE *en habit de Médecin*;
LISETTE.

CLITANDRE.

HÉ bien Lisette, que dis-tu, de mon équipage ? Crois-tu qu'avec cet habit, je puisse duper le bon homme ? me trouves-tu bien ainsi ?

LISETTE.

Le mieux du monde, & je vous attendois avec impatience. Enfin le Ciel m'a fait d'un naturel le plus humain du monde, & je ne puis voir deux amans soupirer l'un pour l'autre, qu'il ne me prenne une tendresse charitable, & un désir ardent de soulager les maux qu'ils souffrent. Je veux, à quelque prix que ce soit, tirer Lucinde de la tyrannie, où elle est, & la mettre en votre pouvoir. Vous m'avez plu d'abord; je me connois en gens, & elle ne peut pas mieux choisir, l'amour risque des choses extraordinaires; & nous avons concerté ensemble une maniere de stratagême, qui pourra peut-être nous réussir. Toutes nos mesures sont déjà prises, l'homme à qui nous avons affaire n'est pas des plus fins de ce monde; &, si cette aventure nous manque, nous trouverons mille autres voies, pour arriver à notre but. Attendez-moi là seulement, je reviens vous quérir.

(*Clitandre se retire dans le fond du Théatre.*)

COMÉDIE.

SCENE IV.
SGANARELLE, LISETTE.

LISETTE.

Monsieur, allégresse! allégresse!

SGANARELLE.

Qu'est-ce?

LISETTE.

Réjouissez-vous.

SGANARELLE.

De quoi?

LISETTE.

Réjouissez-vous, vous dis-je.

SGANARELLE.

Dis-moi donc ce que c'est; & puis, je me réjouirai peut-être.

LISETTE.

Non. Je veux que vous vous réjouissiez auparavant, que vous chantiez, que vous dansiez.

SGANARELLE.

Sur quoi?

LISETTE.

Sur ma parole?

SGANARELLE.

(*il chante & danse.*)

Allons donc. La lera la la, la lera la. Que diable!

LISETTE.

Monsieur, votre fille est guérie.

SGANARELLE.

Ma fille est guérie.

LISETTE.

Oui. Je vous amene un Médecin; mais un Médecin d'importance, qui fait des cures merveilleuses, & qui se mocque des autres Médecins.

SGANARELLE.
Où est-il ?
LISETTE.
Je vais le faire entrer.
SGANARELLE *seul*.
Il faut voir si celui-ci fera plus que les autres.

SCENE V.
CLITANDRE *en habit de Médecin*, SGANARELLE, LISETTE.

LISETTE *amenant Clitandre*.

Le voici.

SGANARELLE.
Voilà un Médecin qui a la barbe bien jeune.

LISETTE.
La science ne se mesure pas à la barbe, & ce n'est pas par le menton qu'il est habile.

SGANARELLE.
Monsieur, on m'a dit que vous aviez des remedes admirables pour faire aller à la selle.

CLITANDRE.
Monsieur, mes remedes sont différens de ceux des autres. Ils ont l'émétique, les saignées, les médecines & les lavemens ; mais moi, je guéris par des paroles, par des sons, par des lettres, par des talismans, & des anneaux constellés.

LISETTE.
Que vous ai-je dit ?

SGANARELLE.
Voilà un grand homme !

LISETTE.
Monsieur, comme votre fille est-là toute habillée dans une chaise, je vais la faire passer ici.

COMEDIE.

SGANARELLE.
Oui. Fais.

CLITANDRE *tâtant le poux à Sganarelle.*
Votre fille est bien malade.

SGANARELLE.
Vous connoissez cela ici ?

CLITANDRE.
Oui, par la sympathie qu'il y a entre le pere & la fille.

SCENE VI.
SGANARELLE, LUCINDE, CLITANDRE, LISETTE.

LISETTE *à Clitandre.*

Tenez, Monsieur, voilà une chaise auprès d'elle.
(*à Sganarelle.*)
Allons, laissez-les là tous deux.

SGANARELLE.
Pourquoi ? Je veux demeurer là.

LISETTE.
(*Sganarelle & Lisette s'éloignent.*)
Vous moquez-vous ? Il faut s'éloigner. Un Médecin a cent choses à demander, qu'il n'est pas honnête qu'un homme entende.

CLITANDRE *bas à Lucinde.*
Ah ! Madame, que le ravissement où je me trouve est grand, & que je sçais peu par où vous commencer mon discours ! Tant que je ne vous ai parlé que des yeux, j'avois, ce me sembloit cent choses à vous dire ; & maintenant que j'ai la liberté de vous parler de la façon que je souhaitois, je demeure interdit, & la grande joie où je suis étouffe toutes mes paroles.

LUCINDE.
Je puis vous dire la même chose ; & je sens, comme

vous des mouvemens de joie qui m'empêchent de pouvoir parler.
CLITANDRE.
Ah! Madame, que je serois heureux, s'il étoi vrai que vous sentissiez tout ce que je sens, & qu'il me fût permis de juger de votre ame par la mienne? Mais, Madame, puis-je du moins croire que ce soit à vous à qui je doive la pensée de cet heureux stratagême qui me fait jouir de votre presence?
LUCINDE.
Si vous ne m'en devez pas la pensée, vous m'êtes redevable au moins d'en avoir approuvé la proposition avec beaucoup de joie.
SGANARELLE à *Lisette*.
Il me semble qu'il lui parle de bien près.
LISETTE à *Sganarelle*.
C'est qu'il observe sa phisionomie, & tous les traits de son visage.
CLITANDRE à *Lucinde*.
Serez-vous constante, Madame, dans ces bontés que vous me témoignez?
LUCINDE.
Mais vous, serez-vous ferme dans les résolutions que vous avez montrées.
CLITANDRE.
Ah! Madame, jusqu'à la mort. Je n'ai point de plus forte envie que d'être à vous, & je vais le faire paroître dans ce que vous m'allez voir faire.
SGANARELLE à *Clitandre*.
Hé bien, notre malade? Elle me semble un peu plus gaie.
CLITANDRE.
C'est que j'ai déjà fait agir sur elle un de ces remedes que mon Art m'enseigne. Comme l'esprit a grand empire sur le corps, & que c'est de lui, bien souvent, que procedent les maladies, ma coutume est de courir à guérir les esprits, avant que de venir au corps. J'ai donc observé ses regards, les traits

de son visage, & les lignes de ses deux mains ; &, par la science que le Ciel m'a donnée, j'ai reconnu que c'étoit de l'esprit qu'elle étoit malade, & que tout son mal ne venoit que d'une imagination déréglée, & d'un desir dépravé de vouloir être mariée. Pour moi, je ne vois rien de plus extravagant & de plus ridicule, que cette envie qu'on a du mariage.

SGANARELLE *à part.*
Voilà un habile homme !

CLITANDRE.
Et j'ai eu, & aurai pour lui, toute ma vie, une aversion effroyable.

SGANARELLE *à part.*
Voilà un grand Médecin !

CLITANDRE.
Mais, comme il faut flatter l'imagination des malades, & que j'ai vu en elle de l'aliénation d'esprit, & même qu'il y avoit du péril à ne lui pas donner un prompt secours, je l'ai prise par son foible, & lui ai dit que j'étois venu ici pour la demander en mariage. Soudain son visage a changé, son teint s'est éclairci, ses yeux se sont animés ; & si, vous voulez, pour quelques jours, l'entretenir dans cette erreur, vous verrez que nous la tirerons d'où elle est.

SGANARELLE.
Oui-dà, je le veux bien.

CLITANDRE.
Après, nous ferons agir d'autres remedes pour la guérir entiérement de cette fantaisie.

SGANARELLE.
Oui, cela est le mieux du monde. Hé bien, ma fille, voilà Monsieur qui a envie de t'épouser, & je lui ai dit que je le voulois bien.

LUCINDE.
Hélas ! Est-il possible ?

SGANARELLE.
Oui.
LUCINDE.
Mais, tout de bon ?
SGANARELLE.
Oui, oui.
LUCINDE à *Clitandre*.
Quoi ! vous êtes dans les sentimens d'être mon mari ?
CLITANDRE.
Oui, Madame.
LUCINDE.
Et mon pere y consent ?
SGANARELLE.
Oui, ma fille.
LUCINDE.
Ah, que je suis heureuse, si cela est véritable !
CLITANDRE.
N'en doutez point, Madame. Ce n'est pas d'aujourd'hui que je vous aime, & que je brûle de me voir votre mari. Je ne suis venu ici que pour cela ; &, si vous voulez que je vous dise nettement les choses comme elles sont, cet habit n'est qu'un pur prétexte inventé, & je n'ai fait le Médecin que pour m'approcher de vous, & obtenir plus facilement ce que je souhaite.
LUCINDE.
C'est me donner des marques d'un amour bien tendre, & j'y suis sensible autant que je puis.
SGANARELLE, *à part*.
O la folle ! O la folle ! O la folle !
LUCINDE.
Vous voulez donc bien, mon pere, me donner Monsieur pour époux ?
SGANARELLE.
Oui. Çà, donne-moi ta main. Donnez-moi aussi un peu la vôtre, pour voir.

COMEDIE. 357
CLITANDRE.
Mais, Monsieur.....
SGANARELLE *étouffant de rire.*
Non, non, c'est pour.... pour lui contenter l'esprit. Touchez-la. Voilà qui est fait.
CLITANDRE.
Acceptez, pour gage de ma foi, cet anneau que je
(bas à Sganarelle.)
vous donne. C'est un anneau constellé, qui guérit les égaremens d'esprit.
LUCINDE.
Faisons donc le Contrat, afin que rien n'y manque.
CLITANDRE.
(bas à Sganarelle.)
Hélas! Je veux bien, Madame. Je vais faire monter l'homme qui écrit mes remedes, & lui faire croire que c'est un Notaire.
SGANARELLE.
Fort bien.
CLITANDRE.
Holà. Faites monter le Notaire que j'ai amené avec moi.
LUCINDE.
Quoi! Vous aviez amené un Notaire?
CLITANDRE.
Oui, Madame.
LUCINDE.
J'en suis ravie.
SGANARELLE.
O la folle! O la folle!

SCENE VII.

LE NOTAIRE, CLITANDRE, SGANARELLE, LUCINDE, LISETTE.

(*Clitandre parle bas au Notaire.*)

SGANARELLE *au Notaire.*

Oui, Monsieur, il faut faire un Contrat pour
(*à Lucinde.*)
ces deux personnes-là. Ecrivez. Voilà le Contrat
(*au Notaire.*)
qu'on fait. Je lui donne vingt mille écus en mariage. Ecrivez.

LUCINDE.

Je vous suis bien obligée, mon pere.

LE NOTAIRE.

Voilà qui est fait. Vous n'avez qu'à venir signer.

SGANARELLE.

Voilà un Contrat bientôt bâti.

CLITANDRE *à Sganarelle.*

Mais, au moins, Monsieur....

SGANARELLE.
(*au Notaire.*)

Hé, non, vous dis-je. Sçait-on pas bien.... Allons,
(*à Lucinde.*)
donnez-lui la plume pour signer. Allons, signe, signe, signe. Va, va, je signerai tantôt moi.

LUCINDE.

Non, non, je veux avoir le Contrat entre mes mains.

SGANARELLE.
(*après avoir signé.*)

Hé bien, tien. Es-tu contente?

LUCINDE.

Plus qu'on ne peut s'imaginer.

COMEDIE.
SGANARELLE.

Voilà qui est bien, voilà qui est bien.

CLITANDRE.

Au reste, je n'ai pas eu seulement la précaution d'amaner un Notaire, j'ai eu celle encore de faire venir des voix, des instrumens, & des danseurs pour célébrer la fête, & pour nous réjouir. Qu'on les fasse venir. Ce sont des gens que je mene avec moi, & dont je me sers tous les jours pour pacifier avec leur harmonies & leurs danses, les troubles de l'esprit.

SCENE VIII.

SGANARELLE, LUCINDE, CLITANDRE, LISETTE,

TROISIEME ENTRÉE.

LA COMEDIE, LE BALLET, LA MUSIQUE, JEUX, RIS, PLAISIRS.

LA COMÉDIE, LE BALLET, LA MUSIQUE
ensemble.

Sans nous tous les hommes
Deviendroient mal sains ;
Et c'est nous qui sommes
Leurs grands Médecins.

LA COMEDIE.

Veut-on qu'on rabatte,
Par des moyens doux,
Les vapeurs de rate
Qui vous minent tous ?
Qu'on laisse Hippocrate,
Et qu'on vienne à nous.

TOUS TROIS ENSEMBLE.

Sans nous tous les hommes
Deviendroient mal fains ;
Et c'eſt nous qui ſommes
Leurs grands Médecins.

(*Pendant que les Jeux, les Ris, & les Plaiſirs d[an]*
ſent, Clitandre emmene Lucinde.)

SCENE DERNIERE.

SGANARELLE, LISETTE.

LA COMÉDIE, LA MUSIQUE, LE BALLE[T,]
JEUX, RIS, PLAISIRS.

SGANARELLE.

Voilà une plaiſante façon de guérir ! Où
donc ma fille & le Médecin ?

LISETTE.

Ils ſont allez achever le reſte du mariage.

SGANARELLE.

Comment le mariage ?

LISETTE.

Ma foi, Monſieur, la bécaſſe eſt bridée, & vo[us]
avec cru faire un jeu, qui demeure une vérité.

SGANARELLE.

Comment diable ! (*Il veut aller après Clitandre [&]*
Lucinde, les danſeurs les retiennent.) Laiſſez-m[oi]
aller, laiſſez-moi aller, vous dis-je. *Les danſeu[rs]*
le retiennent toujours.) Encore ? (*Ils veulent fai[re]*
danſer Sganarelle de force.) Peſte des gens !

Fin de Tome troiſieme.

www.ingramcontent.com/pod-product-compliance
Lightning Source LLC
Chambersburg PA
CBHW070448170426
43201CB00010B/1257